わたしの三河ふるさと辞典

岡崎・山綱ことば

髙橋昌也

風媒社

序

一、この辞典は音順の字引きですが、索引を方言で表記していますので、一度通読されることをおすすめします。作品として読んでいただくのも良いでしょう。三河中山間の「むら」の様子が頭に浮かぶようでしたら、著者として嬉しい限りです。

収録した語句は、著者が子どもであった昭和十年代の見聞から今日までの時代にわたっています。そのため、今は使わなくなった言葉も多く入っていると思います。地域を限定したことについては理由があるのですが、そのせいもあって、いささか「マイナー」なものも混入しているかも知れません。風景の一つとしてご容赦下さい。

二、辞典が対象とする「ふるさと」（旧山中村略図参照・七頁）は、現在岡崎市、旧山中村（額田郡）の大字山綱の通称一区です。狭く限定した理由は、①一村（学区）の内でも隣の大字（この辞典でいう「隣村」）と違う言葉がある②一地方の方言をなるべく詳しく掲げることで、他地域の方言との異同の比較がしやすいはず、このスタイルが、また別のふるさと辞典が生まれる端緒ともなればと望むからです。

三、方言を正しく伝えるのは、本はもちろん、優秀な器械をもってしても至難のことです。語句語彙の微妙な選択、さらにアクセント、話しぶり――。結局、方言が日常生活の中で使い続けられることに優るものはありません。方言は生活に密着したもの、よい方言は、圏域の住人が長い年月をかけて考えた、地域の生活についての意向のレベルの高さを映しているのだと思います。

四、私は目次に「方言」の部がある市町村誌を見ると買うようにしています。中でも、『小原村誌』（同村教育委員会発行、昭和五十二年復刻）は出色の事と拝読しました。ただ、私の前著以前の発行ながら他と同様に、本書の参考にはしていません。本書の中の「小原ことば」は私が耳にしたものです。

同村は国道が岐阜県東濃地方に通じ、その言葉の柔らかさの影響を受けているでしょう。他誌は「方言」と記すところを、「小原弁」の目次表記に意気を感じました。私の前著で「女性の話す小原弁を一等」と書きましたが、たぶん男女ともに一等と書くべきだったかと感じます。

凡例

・（男）（女）（子）（幼）は主に男性、女性、子供、幼児が使う言葉を表わします。
・（共）は共通語を表わします。
・［類］は類することば、［対］は対になる言葉を表わします。
・今日の観点から見て不適切と思われる表現がありますが、資料的意義を考慮し、収録した項目や用例もあります。

わたしの三河ふるさと辞典

岡崎・山綱ことば

目 次

序……3
旧山中村（四大字）略図……7
ア行……8
カ行……46
サ行……81
タ行……108
ナ行……140
ハ行……153
マ行……183
ヤ行……201
ラ行……211
ワ行……214
あとがき……218

【旧山中村（四大字）略図】

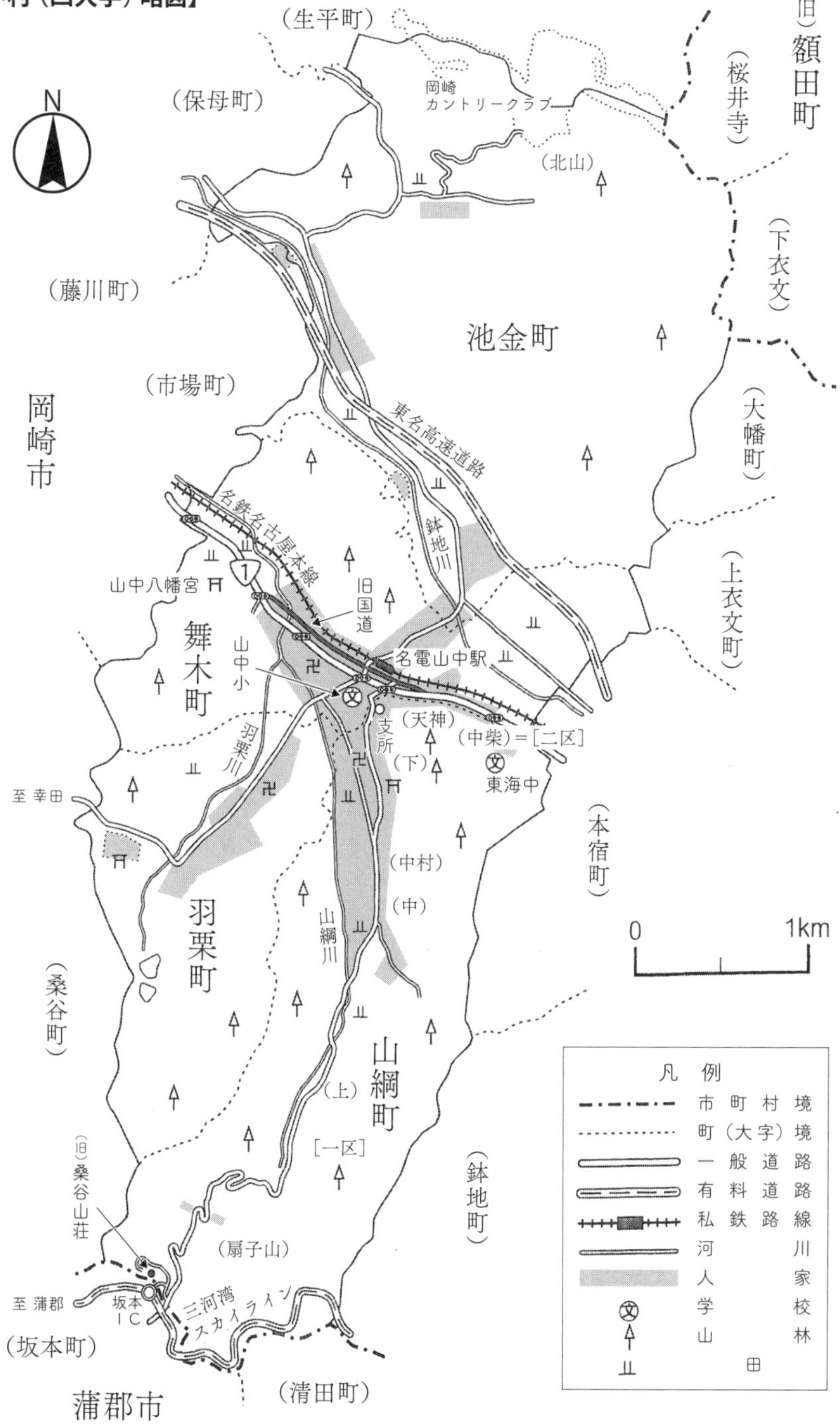
(生平町)
(保母町)
岡崎
カントリークラブ
(北山)
(旧)額田町
(桜井寺)
(下衣文)
(藤川町)
池金町
(市場町)
岡崎市
東名高速道路
(大幡町)
名鉄名古屋本線
鉢地川
(上衣文町)
山中八幡宮
旧国道
舞木町
山中小
名電山中駅
(天神)
支所
(中柴)＝[二区]
羽栗川
(下)
東海中
至 幸田
(本宿町)
(中村)
(中)
羽栗町
山綱川
0
1km
(桑谷町)
山綱町
(上)
[一区]
(旧)桑谷山荘
(鉢地町)
(扇子山)
至 蒲郡
坂本IC
三河湾スカイライン
(坂本町)
(清田町)
蒲郡市
凡 例
市町村境
町(大字)境
一般道路
有料道路
私鉄路線
河川
人家
学校
山林
田

ア

……ア……
粉ア振って、穴ア開けて。（共）の「を」に代えて、前の語の音（ア）を引っ張る一例

アア　――忙しくちゃ（あんなに）

アーカイフンドシ
「戦友」（ここは御国を……）の替え歌（発生は戦地かも）。女性の腰巻き（お腰）を「褌《ふんどし》」とは尾張名古屋にも「……紐で保つ」に歌う

アアシテミルト　実体験。コウシテミルト

アアセエコウセエ　気ぜわしい

アアダコウダ　――と煩さいコタア。アダコダユウ

アアデモネエコウデモネエ　ハヨ決めラッセ

アアヌキダンボ（子）　仰向き。アアヌキオヨギ＝背泳ぎ

アアヌキツバ、――ションベン
自分が発した災厄が結局自分に及ぶ。「天に唾する」

アーノヨウ
名古屋弁。悠長に聞こえるか（内緒話に不向き）

アーメンソウメン……（子）
――ヒヤソウメン。昭和四十年代、豊田。こんなのを聞くと（童心）何か嬉しい

アアモ
あんなにも、あんなに（アンネン）。①――……センデモ②――……ダカヤア

アアユウ、ドウユウ　あの如く、いかなる

アアユヤアコウユウ
文句の多いコタア。（戦中）アーユートコーユー＝モールス信号（海洋少年団！）

アイウエオ
（直前の母音を引いて一音に代える。先述……ア……）ウソオコケ／キキイイク／サガシイ……／チカラアオトサシタ／ミイイク、ミセエ……、ミリイ……

アイガナイ　前回と間が空かない

アイケンセ（子）
（スケンポン）じゃんけんのあいこ。アイコでホイ

アイサ　物と物、人と人との空間

アイサグイ　間食

アイシラウ　もてなす。あしらう

アイソモコソモナイ
ナンノアイソモナクテ。アイソ＝もてなし。鮨屋のおあい

そ（お勘定）に通ず

アイダケ
あれだけ。――こまかくちゃあ。――ゆっとくれヤア分かったダラ（忠告）

アイチミソ
本宿の神谷合名、万十印赤味噌。通称（旧）ゴウメイも。戦中、八連隊（名古屋）需要に注力のため、学校給食の手抜き（？）で評判を落とす

アイデ、アイデヤ
あれで、あれでも小学校じゃ一番だったげな

アイテニセンナン
相手にしない方がいいよ。末尾ナンと柔らかく

アイトル、アケタル
オイデルじゃないカン。開けっぱなしでもオルとは限らぬ。［対］トジメ

アイマコマ
時々（暇を見て）、合間（度々）。（東三河）エーマコマ

アイマチ　公傷

アオ　青米。粃《しいな》の一

アオオナル
青くなる＝大事態。赤くなるをアカアナルは他所

アオキサン
青木神社。小滝（雨乞い所）を合祀した水の神。山の青木を神様に遠慮してアオキと言わず。ミソバ

アオグ（子）
パンキの一手。風圧利用。冬の遊び、ハンテンの風でパンキ通過のあとにふわりとイク

アオジ
鳥の一。ホオジロ（より小）、メジロに次ぐ数だった。今は見ない？

アオジク　梅の一種。花や軸が青い

アオダクセエヤ
戦中、尺二寸くらいの細い柄。先端に小さな鎌、役にも立たんのを児童に配り稗を切りなさい。稲との区別、皆が葉の色、硬さ、根っこ、色々言う最後、隣村、羽栗のS君の決定的なこの一言

アオテン　セイテン晴れ。抜けるような青空

アオバツ　ホンバツ（茸）の別名

アカ　赤ん坊

アカゴノテヲヒネルヨウナ　いと易きこと

アカジジイ
旧山綱川に棲んだうち、最大の魚。繁殖期、腹が赤色を帯び

る。顎に歯のような突起が並ぶ。鱒系と思う。絶滅。別にアカババア

アカセン、アカミチ
公道。ヤシキ化した続きでも金網で塞いでは違法

アカツキガイイ　人の垢付き＝垢の付着

アカドン
旧山綱川に棲んだギギの種類（別種、クロドン）。飴色で鯰に似る。三河湾のぬるめごちにも似る

アカババア　魚。アカジジイの類（比べて小）

アカブンドル　目（充血）

アカベ（子）
アッカンベエダ。略してベダ（主に大人用）＝拒絶

アカベタ
陸軍最下位二等兵（＝星無し）の肩（胸）章。上官に逆らってこれで押し通した猛者（当地に非ず）は、それなりの評価を得る

アカヨオシロヨオ
運動会の最後「通学団リレー」、一方だけを応援するのでなく高揚

アガラシトクレン
（土間から上へ）上がらせて下さい。①（共）セのところシを使う②（末尾）ンは要望のナ

アカラム
（イロム）熟柿。虫が刺して赤らむ（ムシザシ）のも

アガリト　道から持ち山へ入る口のこと

アガリハナ
（エンバラ）入口から土間へ入ってとっつきの場所。ハナ＝端。アガリコム

アガリン、アガットクレン
命令。珪石の球石技能のKさん（池金）、秋田で座敷へ上がったバッカで「出らっしゃい」にまごつく。ナ↓ン

アガル
①田植え。堰から引水開始（ユガアガル）②閉経

アカン
（イカン）マアアカン、アカンクナル、イカンクナル。コヤカン＝こりゃ駄目だ

アキ　穫り入れで忙しい候をアキという。例、麦秋

アキショナシ　隙間（坐るトコ）がない

アグト　踵。カガト

アゲエカ　上げましょうか（アゲラア、ヤラアカ）

アケテビックリタマテバコ　たまげた。開けて悔しい――

アケボ

鎌倉街道三河八驛の一つ（山豆奈↓山綱）の荷駄に関係する姓（私説）。明保の明（アケ）は下《おろ》す。保（ボ）は荷物と解して。更に体躯の頑丈（血統）今に。山綱固有の姓が藤川へ流出二戸。この後、畔桝（クロヤナギ）登場

アゲラア、アゲトカア

ラア＝るわ、カア＝くわ。（共）「上げとコウ」が当地ではカアの変化となる。コウ＝縦、カア＝横の変化

アコウナル

赤くなる。（名古屋）アカナル、（岡崎旧市部）アカアナル。大空襲の照明弾の赤青の感想に対し町の子は大変（アカアナッタリ……）

アゴガタツ、アゴガタッシャナ

クチガウマイ、クチカラサキニウマレタ

アゴガハズレル　爆笑続き

アゴタ　顎。身体部位のことでなく、口先

アコデオン

アコーディオン。戦後白衣の戦士（東岡崎駅頭―明大寺橋）

アザイゴウヤク

愛知県江南（尾張）方面の産か。蛤の殻からマッチボセで黒い塊を取り、火で炮ってアカギレを埋める。アザイ＝浅井。越前の読みと同じ。西浅井（西尾）も同じ。西尾市への県道に信号アザイあり

アサガハヨウアケルデ

一家勤勉。（ヨノアケルノガハヤイ）。［対］アサガオソイ

アサグモ　朝の蜘蛛は縁起よし。［対］アサビー

アサッテノホウへ

シガサッテノホウとも。大暴投。諏訪哲史『アサッテの人』

アサッパラ　早朝

アサノウチ　（発音平坦）ウチ＝時間帯

アサハサンジカラオコサレテ

入営兵士の歌、と言っても怒鳴るような節

アサハヨカラ　こんねん早い内から↔ヨルオソーカラ

アサビー、ヒルビー（子）

オビーサン（尼僧）は珍しいので、朝見ると今日はいかんとか何だとか

アサブラ

履物。古タイヤ製もあった（これは反り返る）。当地ゴムジョウリ。語源、麻裏＝草履の延長上。アサは朝、ブラは銀ブラ（散歩）のブラ、商品の名称あるいは愛称と時代色

アシアト　田植。アトビッサリだから注意（ウキナエの因）

アシカケ

①鉄棒の初歩。カイグルから逆上りへ進歩②暦の計算、両

端入れ

アシノサキカラアタマノテッペンマデ　全身

アシモト　足踏み脱穀機の動力部分。土埃（ホコリ）

アショーアラウ　足を洗う。神州清潔の民

アスコ　秘密の部位、場所

アスビイイク

遊びに行く。結納が済んで公認、娘を町へ連れ出す

アゼカワ、アゼヌリ

山間ゆえ田に高低あり、畦塗りという余分な仕事。アゼカワをメクルのもヌルのも当主。畦土が柔かいと垂れてくっつかない。土地改良で作業不要に

アゼクサ

夏、田の畦草を刈る。丈が短いので難しい。一回で済まぬ

アゼゴシ

大雨の急流が川から土手を蔽い田にノル。あるいは上の田が満水で畦からノリコボレて下の田へ

アゼセセリ

畦を向こうへ曲げる＝田を広げる。犯人は当主。用具＝平鍬。アゼヲセル。［類］石が動く＝山の境石

アゼツチ　畦塗りの土。田へ水を回す溝を兼ねる

アセビショ　勤労、運動で汗まみれ

アセボ

馬酔木（あしび、あせび）。煮汁で馬の虱を取る

アゼマメ

畦を遊ばカイテはもったいない。当地は塗った畦に大豆を育てる

アソコラノ　家格。――が××セエカ（しない）

アソビニン　①シゴトセンキ（疝気）②遊蕩常習

アソブノガイソガシクテ　困ったことだ

アソボマイ（子）　近くの子同士、誘って。遊びましょう

アタケル

お祭りの正面の特設で駐在、今踊った奴連れて来い！ 女工さんのマドロスが、吸った煙草を客席へ投げた。これは「たける」であろう（猛る＝暴れる）。［類］アヤスイ

アタゴサン

愛宕山、愛宕神社。山中城の守護神か。夏祭り

アタコダ　アアダコウダ。あれやこれや

アタマアヒヤシン

頭をのところ、前音の母音アを継ぐ例

アタマガハゲルゾ　思い悩む人に対して（忠告？）

アタマテンテン……（幼）

――ヒジポンポン、トートノメーメ、ワクワクワク、子をあ

やす。口に掌、アブアブアブ。演者も夢中

アタマナリ

——を見る。牛、馬、犬↕人。お互い様、実力の観察

アタマニアル　以前の記憶があって。［類］ハラニアル

アタマノアタラシイウチニ　複雑なコタア今の内

アタマノクロイネズミ　人間のワルの仕業

アタマヲアゲル

台頭。甲子園の春夏エースに村から寸志の理由＝将来、頭を上げると（区長）。イカンデ

アタリガツク

機械の動きが快調へ。実用に馴れる。［類］慣らし運転

アタリキシャリキ　単にアタリキとも。当たり前

アタリドコ　身体打撲箇所。ブチドコ

アツガマ、ウスガマ

中鎌もあり。当地、山仕事では長い柄（足助など）は使わず厚鎌とエマガリ（鋸）

アッカンショー（子）

へまを見て。これとイイカンショー。囃す

アツケル　預ける。畑を——＝賃耕に出す

アッコ、アスコ　あそこ。（徳島）アシコ

アツゴオリ

↕ウスゴオリ。急拠大人が稲株を削り下駄スケート（字中村）。条件＝日陰

アッタハナシジャネエ　アッタ＝①有った②合った

アッチ　あちら

アッチャコッチャ

ハンタイゴッチャ、テレンクレン。（福知山）テレコ。隣村でアラコラ

アッチャナラン　起きてはいかん（こと）

アッチュウマ　一瞬。あっという間

アツイ

①熱い②暑い（「厚い」には使わない）。［類］タッカイ、ヤッスイ、コッスイ、ホッソイ。促音

アッテシジュウハチクセ

「なくて七癖」に続けて。［類］（桃栗……）に続けて、梅はスイスイ十三年

アッテショウガネエ　（池金）豊富に有る

アット！

①「あっ」に同じ。（共）おっと②「シャッタ！」と同じ意味。自分の所業がまずい結果に

アットイッタガコノヨノワカレ　（講談、浪曲調）

アツバン（子）

パンキの種類。ダイアツ。大きくて厚い。更にボール紙を貼ったり

アツメモノ
デモノ、お寺、お宮、生産組合その他いろいろ。年末ホウガ（芳賀）も

……アツラ　××当り（人、家格）。使われなくなった言葉

アツラエル　物を届けるのを託す

アテゴトトフンドシハマエカラハズレル　マエ＝事前

アテズッポ　当てずっぽう

アデル（男）　かつら。商品名由来

アテンナラン、アテニセンナン
アテン＝当てに。信用今一つ

アト　田の水の出口↕ミズクチ、クチモト（発音尻上がり）

アトデキガツクネショウベン
失敗したときの実感は斯くの如し。「アット！」「シャッタ！」も同義

アトニ
荷車、リヤカーの荷重が後ろに掛かり梶棒が浮く。後荷。下り坂不利（ケツニとも）

アトニモサキニモ　時代の先後を通じ

アトノコウカイサキニタタズ　辞書では「アトノ」は無し

アトビッサリ
後ろ退り。二代柳好「穴どろ」にこの語を用いるを聞く

アトレル　茫然自失。気後れ

アナタガタオレキレキレキ
雨降り、田んぼの蛙の鳴き方（殿様蛙）。げくげく

アナヅリ　鰻釣り。女竹の細い方で穴の奥へ針を導く

アニゴ（男）　兄貴（隣村）

アノーコドコノコボタモチガオデ（子）
——キナーコツケタラナオヨカロ。囃す

アノネコノネヨコチョノネ（子）
——ネエネエコトバハネ、シャレテルネ。東京の子から（縁故疎開）移入

アノノン、アンノン
あのねえ（もしもし）。当地の代表的言辞

アババ（女）
アカをあやす。口に掌を当てアバババ。母親が楽しそう

アヒルノギョウレツ
一時の某業界の求人。成績表が「2」の子ばかり

アブショー
油昇。油勘（アブカン、豊田）。油伝。石油を扱った商人を「アブ」と＝全国的か。戦中、石油組合メンバー

アブトヲカケタ（子）
昔、通学団登校前に走り回る遊び。学帽を用う。庇を前＝大将、横＝大佐、後ろ（バック）＝水兵。遊びの名は「水兵バック」。アブトはアウトでしょう。①よく走る②短時間

アブブウヲクウ
水あびの緊急事態。それっと助けるが、上がってもハアハア。唇が紫色

アベックベクベク……（子）
――アソコが（以下略）。からかう

ア・ホウ
礼を失するとして使われなくなった。［類］ア・ソ（昭和天皇）

アホクセエ　馬鹿らしい。ターケラシイ

アマカゼ　湿った雨模様の風（雨催いの風）＝甘い

アマゴイゴイショ
小滝の石に牛の鼻輪を通す穴（今、埋没）。縄を通し雨乞いの神事。その掛け声。のち青木神社に合祀

アマス、アマイチャウ　仕事がテニオエン（余る）

アマネ
ちがや（ツバナ、ツンバナ）の根。戦中、学童開墾のお馴染み。指で赤土をスッコキ噛むと甘い

アミダボネ
自転車の輪の骨。杉玉鉄砲の材料（クチュン＝不発）

アミボセ　編棒。ホセ＝細棒

アメノショボショボ……

……フルバンニ。戦争末期都会の子供と混じるころ流行。アメダガトックリモッテデテクルゾ

アメフリアゲク　雨上り

アメヲネブラセル
「飴と鞭」。飴で釣る。ネブル＝しゃぶる

アヤア、アヤ　①有れば②あれは

アヤスイ　易しい。容易。た易い

アヤヘン
無い。……ヘンは当地の特徴。（名古屋）アリセン、（渥美）アヤセンと同じ意味。ヘンは京ことば。昔官道の駅だった頃の遺物（私見）。当地の代表的言辞

アヨブ（幼）　歩く。歩むの系の言葉、アンヨに繋がる

アラ
①籾の粃、豆の虫喰いや青いの（――を拾う）。アラヒロイ②人、人事の欠点（――を探す）アラサガシ③魚の内臓

アラアカヤア
あるはずがない。（名古屋）アラスカ。（知立）アライデカ＝

あるがどうした
アライバ
センタクバ。立派な洗濯石や石橋が土地改良で不明に（山綱石）。不明とは表向き。他所に新井場の小字、洗い場？
アラカイタル
田畑。アライタル。シ→イの一例。カは強調
アラガミエル　隠しても
アラケナイ
おしとやかの反対。粗暴（移入？）、がさつ
アラコラ
隣村、池金。（アッチャコッチャ、テレンクレン）。あべこべ
アラジンショ　①新世帯②シンヤのスタート
アラス　新品（マッタラス）
アラマデベソ
意味は上半句（あらま）、デベソは成程（なるほぞ（臍））。軍隊（海軍）由来か
アリガトサン
定型の挨拶だが案外地域独特。矢作、六ッ美で使わず、山綱の言い方
アリキ、アリキサ
当番の人（朝、区長に御用を聞く）が各戸を触れて歩く。アルキから。昔は禅宗で叩くような厚板を三尺の棒に鉄環で吊るした（板には「傳」か「当番」か墨書＝年代物。字は掠れる）のを回した
アリセエル　隣村、池金。アッテショウガネエ
アリソナコトガナイ　可能性無し
アリモセンコトヲ　火のない所へ煙を立てる？
アリンゴ　蟻
アルコトナイコト　噂の種
アルダケ　――モットイキン（持って行って）
アルトセヤア　あるとすれば
アルニキマットル　（知立）アライデカ
アレケニ　あんなに。ケ＝具合。［類］コンゲニ、ソレケニ
アレッパカ　あんな少し
アワアクッテシンダヒトモオル　慌てる勿れ
アワテラカス　慌てさせる（急がせて）。シ→イの一例
アワテルカニハアナヘハイレン　慌てる勿れ
アワテルコジキハモライガスクナイ　慌てる勿れ
アワリ　お天気の巡り合わせ（照り降りの按配）
アヲンドロ
水質のきれいだった時代、水車の板製のミズミチ（水路）、青い藻が発生して尾を引く

アンキデオレル　アンキ＝安泰
アングラカス　胡座《あぐら》をかく。鼻が――
アンジャネエ　案ずるな（心配無用）
アンジュサン　（オビーサン）庵主
アンジレル　先が案じれる。心配になる。ら抜きの一等
アンタ
貴方と同義（言いやすい）。あなたは女、アンタは男、女に用う。発音は平板。東三河は頭に韻（男同士）
アンタントコ　あなた一家。ノ↓ン
アンナカ　あの中。ノ↓ン
アンナコトデ　――ヨカッタダカノン
アンナリ　あのまま
アンナン　あんなの。［類］コンナン、ホンナン。ノ↓ン
アンネエ
子供が日なたに集まるところへアラスのリヤカーの父子、色の白い私に「アンネエオルカ」、傍のワルキをパーンと割って帰る。はて、アンネエとは聞き馴れぬ
アンネエカカア　年上の女房
アンノン、アノノン　あのねえ
アンバイ　病状。お天気の進行
アンポンタン（子）
馬の小便水薬、鼻糞丸めて六神丸、それを飲む奴――
アンマリ　――気が進まぬ。余り
アンマリカ　あまりと言えば
アンモト
脱穀の扱手の脚元の土混じりの埃。ホコリとも
アンヨハジョウズ、コロブハオヘタ（幼）
あっという間に転ぶもの

イ

……イ……
あっちィ行ってこっちィ寄って。へ（エ）に代えて前の母音を引っ張る例多し。京ことば同じく（……ヘンの他にこれ）
イ↓エ
茨城（エバラギ）出の先生イとエ混用。「エブセマスズ」「エエイ」。当地エエコロ、エバル、エブス
イーイ?　よろしい？
イイオシメリダノン、イイオシメリダナンシ（女）
恵みの雨。ご挨拶
イイガ　……する（した）ことは――。事後に一抹の不安
イイカシャン

いいだか知らん。ドウダシャン。シャン＝知らん。イイカシレンダ。いいかも知れぬ

イイカヤア、イイダカヤア
見ちゃおレン。誰か言ってやらんと。一色でイイノカヤ。意味後者

イイカン、イイダカン
いいですか。いいのですか。ネ↓ン

イイカンショ(子)　(↕アッカンショ)囃す

イイキンナットル
いい気に……(チョウシヅイトル、(名古屋)チョウスイトルと聞こえる)

イイコトキイタミイキイタ(子)
——ミカンノカーワニヒガツイタ。囃す。[類]マネシマンザイ……、オンナノナカマニ……、バカノオオアシ……、オシャーレシャレテモ……。別項あり

イイコトハ　妙案あり

イイコトバッカハツヅカン　嘆息。[対]ヒノデノイキオイ

イイコニナル　自分一人良い子になる。自分中心

イイジカン　斯《か》くするうちに定刻接近

イイシキダ　わるい図だ

イイジャン　イイにきまっとるダ

イイセンイットル
世間水準。この語は学生でも芸人でもなく、サラリーマンの発生か

イイダ、イイダケンガ　よいのだ。ヨシトセエカ

イイダカヤア　アイデ、アンナフウデ——。注意を喚起

イイダカン　(一色)イイノカヤ

イイダケモットイキン(女)　畑にあるだけ進呈

イーチオール
布へアスファルトの如き液を塗る。お多福の頬に貼って四角い跡。膏薬代わりの塗布薬(大昔)

イイツギ
伝言リレー。ユイツギ。その元は下《しも》の区長に朝、お伺い。勿論徒歩から徒歩。[類]布令る

イイトキ　今が一番——

イイトコ……
①いいとこあるじゃん(見せ場)②いいとこ勝負。(共)どっこいどっこい③山綱はいいとこ(方々と同じく)

イイトコデ、イイトコダニ　また後演(ラジオ浪曲)

イイトコトッチャアクウトカネエワイ
曳車等労働の掛声。歩行に合わせ偶数の律

イイトコナシ　見せ場無し

イイトコノボッチャン　何となく上へ祀られる徳の人
イイトシコイテ　いい年して
イイトテ　いいとも
イイノヲヤットル　ふと目に留まる昼のこと
イイヒダナンシ(女)、イイヒダノン
いい日差しが目に浮かぶ。挨拶
イイフンナットル
検分、工夫がいい。フ=風(フウ)。参考に。ニ→ン
イイホウヘ〱　家運の回転好調
イイミブンダナア　人ごとながら祝福(羨望)?
イイメイワクダ　こっちが——
イイモン　——アゲル。掌を拡げると馬グソ(乾燥)(子)
イイヨウ(女)　(イイトテ)
イイヨウニサレトル　息子は言いなりだもんねえ
イイワイイワデ　諸事適当。甘ちゃん
イイワン(女)　いいわ、いいわよ。[類]カナワンワン
イカア、イカアトセル
行こう。行こうとする。(行こうをイカア、当地、縦を横に変化)
イカアカ
①行こうか、イカアカヤメエカ②行くものか、イカアスカ(名古屋のイカアスカは、だめの意にも)
イカアガイクマイガ
[類]ヤラアガヤルマイガ。マイは否定だが、単にイクマイの場合は「行きましょう」の意である
イカアズン
行くとしよう。行こう→イカア。京ことば「行かあず」+ン。[類]ヤラアズン。鎌倉街道三河八驛の名残、京ことばの「やらあず」。ンを付けたのは、語感を柔らかにするンではなく、強調の語調
イカケ
笊《ザル》や箕《ミ》との違いは、開口部があり、桁が口まで回してあること。餅米などの水切り用。竹製品
イカシタ、イカッセル　(オイキタ、オイキル=女)、敬語
イカッセ(男)
柔らかい命令。……カッセの他に……ッセの例、ヨサッセ、マタッセ、オガマッセ、ミラッセ、カワッセ……
イカニャイカン　行かねばならぬ
イカノコウヨリトシノコウ
戦後、肥料代わりの魚粉にイカノコウ(コウホネ)が混入。水にプカプカ。[類]カメノコウヨリ……
イカマイ、イカメーカ(男)

行きましょう、行こうか（イジャ、男）。イクマイ、イコマイは他所。疎開（千種）イコッケー、（名古屋）イコミャー

イガマンジュウ
お節句に米の粉を蒸して作り、色粉を用う。餡入り。三重県伊賀にイガモチを売る。はて？　当地、伊賀ではなく毬《いが》。表面に餅米の粒々を乗せるので

イカリブタイ
戦争末期、土方専門。本土決戦近し。屈強な年長者を徴用

イカル、イカットル　土中に埋まる。［類］イケル

イカレタ　イカシタと同じ、お行きになった。敬語に非ず

イカレポンチ　いかれ（やられ）放し

イカン、イカンダ
イカンに決まっとる。イカンチュヤイカン（ダ）。以上は否定だが、アカン（堪えられぬ）の用法も。（名古屋）ウマイデカンワ、（広島）イケン

イカンカッタ、イカンダル、イカンジャッタ
行かなかった、行かないままである。行かずに終わった。［類］ミン、ヤラン、センなど動詞の否定にカッタなどが付く

イカンチュットルジャン　何べんユヤア分かるダ

イカンチュヤ（ア）　聞いとらんだか。――イカンダ

イカンデ　いけないので。急がにゃイカンデ

イカンテ　そううまくは――。いくものではない

イカンテネエ　共感を呼ぶ

イカンナラン　イカント。行かねばならぬ

イカンワ、イカンダワ
……せんでイカン（ダ）わ。我を張るで――

イキガアガル
ツチゴエの発酵。ホコホコ白い息。手が火傷する程の高熱

イキガツケル　やれ一息

イキシニ　生死

イキソコナウ　行き損なう。逡巡の末。イカンジャッタ

イキテ　嫁入り希望者

イキトッタカ（男）　久し振り（高齢同士）

イキトモナイ
イキタカナイ、行きたがるの反対の意。［類］シトモナイ、ヤリトモナイ

イキナサル　敬語。お行きになる（小原弁）

イキナリダモンネ（女）
何事だと思うヨ。出し抜け。（豊川）テンナリ

……イキニ　……シタイキニ、コノイキニ。イキ＝機

イキャーヘン

行かない。……ヘンは地域の特徴。京ことば説（私見）

イキリアツイ　蒸し暑い。高温多湿

イギリガキレル　皮膚のひび

イギリスニッポンサンジュウシ……（子）
——シナゴリラロクジュウシ。縄跳び。数え唄

イキル　①蒸す②発酵して熱を発する③勃起（男）

イク、イカス（子）
（パンキ）相手が張ったのを裏返すルール

イクカエ（男）
行きますか。（男女）イクダカン（同）オイキルカン（敬語）

イクナン　行くな、を柔らかく

イクマイ　行きましょう。（名古屋）イコマイ（イコミャア）

イクミチ　町では来る道。岡崎へ——

イクラナンデモ　余りと言えば

イクラノコトニモ　我慢の限界

イケニソリバシ……（子）
団子にちんぼ。歌いながら土瓶の絵

イケモミ
池浚え。用水池に鯉や鰻、水を抜いて参加者大勢泥んこ。
山綱に池無し（廃池が一つ）

イケンカ　どんなにか（移入？）（ドネンカ）

イケンクナル
行けなくなる。……クナル＝ようになる。イケレンクナル

イコ……　一向に、から転訛？　滅多に

イコー
岩津の清酒（威光）。一杯行こうのイメージ。郡内外、全国
商標発想いろいろ

イコッケー（子）
（千種）縁故疎開の子、村の子に勝る元気の調子。移入せず。
イコミャア

イザラカス　ずらす

イザリノキンタマ　（人が）擦れとる（マイナー？）

イシカケ
石垣。山石が豊富にあったので村人も技能を持ち、随所に
積んだ。舞木町字欠ノ上、旧岡崎欠町、これらは「崖」。信玄
「人は石かけ」

イジクソガワリイ　意地が悪い。くそと冠するくらい

イジグリ（子）　旋毛。髪の毛の中の渦。二つもある！

イシナ（子）
小石。神社の鳥居の天辺に石を投げて落ちない。遊び

イシバイ
石灰。生石灰を水田《みずた》に使用、ぶくぶく泡、足を茶色に火傷。

川に撒いて魚が酔う。タンパン（硫酸銅）使用も

イシブクロ

鶏を料る。中の磨き砂様のスナは親指の腹と水で洗って除く。砂肝、砂袋

イシモモ　野生の桃

イジャ（男）

行くぞ。早ういじゃと京の臈《ろう》たけた物言いと同じだが、当地男子専用

イシャシャギ

仏花（葉もの）。葉が密生し庭でも育つ。ツツジ科しゃしゃんぼ。愛知県西三河事務所（昭和四十八年）「西三河地方における樹木」所載。ＪＡ男川、シャシャギの名で売る

イショコ、——ニスル　①まとめる②混同する

イジリマワシ

重い物を下に置いたまま移動、操作。例、俵装

イジル、イジクル

矢作でナブル、他所（福知山）でイラウ。イジルは辞書にあり＝（共）弄る。矢作川は言語境界である

イズレハダテ

（地名）山。イズレ＝いつか。ハダテ＝農地化

イセテ、イセクレル　わざと

イソギン、イソガニャ、イソガント　急ぎな。急がないとした↓イタの例。

……イタ

アマ、アラ（アラカ）、ウカ、ウゴカ、ウツ、ウム、オト、オド（カ）、カカラカ、カク、カラ（カ）、カワカ、ケヤ、クダ、クラ、ケッタオ、コガ、ゴマカ、コワ、サガ、スカ、タオ、チラ（カ）、ツブ、トウ、トカ、トバ、ナラ、ニガ、ヌカ、ヌガ、ネカ、ノコ、ホド、モヤ、ユル、ヨゴ、ワタ……

イタカナイ

アツカナイ、トロカナイ、ヤリタカナイなどのカはクハ↓カおよびクである

イチイッテキマース

着用したままで衣服に釦《ボタン》を縫い付けてもらうときの宣誓。各地の同様場面の言葉を収集したいものだ

イチエンゼン　ゼン（ゼニ）＝貨幣

イチガサイタ（子）

次々重なる八番目の手の甲をきつく抓る。「ハチガサイタ！」。遊び

イチカラ、マター　新規蒔き直し

イチコ

ビク。小型の機《はた》、石か木の重りで編む。旧幡豆郡に市子村、発祥の地か？（村史に記載無し）

イチゴウゲエ、ニゴウゾウスイ……

サンゴウメシ、シゴウモチ、ゴゴウゴウセンダイソンダ。腹を充たすに要する穀物の分量。粥は一合で一食を足すに対し餅などは……。（コウセンは大麦から作る）

イチゼンメシ
イヤジャアリマセンカグンタイハ……兵隊唄に登場

イチッコッコ（幼）　お先に御馳走様

イチニン
——勤まる。一人前（↕ハンニンソク）。日当の換算

イチバングサ
田の草。「今一番かね？」。その後、薬（除草剤）

イチバンハジメハイイチノミヤ（子）
東照宮、宗五郎、善光寺、出雲大社、村の鎮守……明治神宮。毬つきの唄

イチバンムスメ　一軒の家の衆目が推す娘

イチホメラレ……
二、そしられ、三、惚れられ、四、風邪惹く。はぁくしょん

イチモンガシ　駄菓子。詰め合わせてくるくるっと包装

イチモンノトクニモナラン　——にヨウやるなあ

イチモンメノイイースケサン（子）
イの字が嫌いで、一万一千一百石、一ト一ト一トマのお札に納めて二文目にワータシタ。数え唄

イチモンヤスイ　お婆さんがヒトネタで。人物査定

イチャイチャセル
ヒッツイタリハッツイタリ。河内節チョネチョネ

イチレツランパン……（子）
……ハレツシテ日清戦争始マッタ……ハレツは破裂（決裂）、ランパンは談判、リッコウショウ（李鴻章）の禿げ頭……、オジャミの歌

イチレンタイ
モヤシバリ（伐木の枝、雑木を整え、縄で結束）専門。後家（戦争未亡人）を主力の十人組。電車で大西開拓、険しい天狗沢（桑谷）までショイコを斜め遠征。高浜の瓦が活況。一束がどんどん軽量化、四トンの下から放り上げた。モヤは燃やす

イチワノトリヲ……　——ニワトリトユウガゴトシ

イチンチ
一にち。ツイタチの意でなく期間としての一日。イチンチフツカノウチニ、イチンチシゴト。［類］ハンニチシゴト

イチンチバナ
朝咲いて夕方閉じる花。野に置くが良し

イッカ、ニカ

カ＝荷。一人で前後担ぐを一荷。二人で一杯運ぶをカタニ

イツガイニモ　過去該当無し

イツカノムカシ　とっくの昔。イッツカ

イッカンノオワリ

カン＝巻（活動写真）。弁士の口上か。［類］シッパイノマキ

イックラデモ　いくらでも

イッコツ　一個宛

イッシヨ　オンナジ

イッショクタスカル　貰い物（食品）

イッショケン　一生懸命

イッソク　一束。束＝ソク。薪炭の結束単位。履物は一足

イッタイ　痛い。その瞬間、イテッ

イッタサキ　婚家

イッチク、ニンジン……（子）

サンショ、シイタケ、ゴンボ、モクロク、ナナクサ、ハッタケ、キュウリン、トウガン。イッチク＝いちじく？　数え唄

イッチャアナンダガ　口幅ったい。ユウトナンダガ

イッチョウロウソク　一張羅

イッチョマエ　一人前（小生意気）。口の利き様

イッツカ　うんと以前に。イツカノムカシ

イッテイイコトト……　――悪いことがある（戒め）

イッテオシマイタ（女）

逝去。シナシタ、チンポノクニへ……

イッテモキキャアヘン（子）

注意しても馬耳東風。聞き分けがない

イッテヤットクレン　他人からも注意して下さい

イットウ

一統。中心になる本家あるいは出色の人の縁者一族

イットカン　玄米保存用ブリキ缶の最小。一斗缶

（ホウ）イットラアト　ホンなこと言わずとも

イツナンドキ　突発事態は想定外

イツノカマニ　いつの間にか。音順の誤りに非ず

イッパイイッパイ　予算の関係。能力限界

イッパイスイマショ（子）　――スッス。オジャミ（古い）

イッポド

（ヨッポド）。イッポドカ。余程というより殊更の意

イッポンマツ

山綱の遠足場所、オオトウゲ。外に牛乗山（藤川）、桑谷山（桑谷）、新箱根（鉢地）。松は伊勢湾台風で折れた。大滝、小滝も小滝が埋没

イッポンミチ　山綱、桑谷など、来た道を下がる往還

イツマデイキトルツモリダ　予定は未定にして

イツマデツヅクコトヤラ 長続きせぬであろう。昔々、加茂タイムスから鷲見氏が分かれ、豊田日々新聞設立に当たり旧友中沢氏献辞「一続三難」＝ミスにあらず。それにしても名文句。一読三嘆のもじりとして古くからあったのか？

イツマデモアルトオモウナ ——親と金(至言)。五七五

イツンカ いつの日にか。ニ↓ン

イツンナッタラ ニ↓ンの例

イテ 得手。イテガワルイ(苦手)

イトガネ 針金

イトコゾイ 最も近い血縁婚。近親婚の弊もあるのが——

イトトリ この語、関西系とのこと(綾取りと言わぬ)

イトノキレタタコ 行方知れず(常習＝人)

イドヤ 厨屋

イトラン (正式名)糸蘭。年に一度七夕の短冊用に崖にあり。ヤシキ(邸)のセットとして、他に梅、青軸(梅)、柿、ぐみ、とくさ、葉蘭、枇杷(縁起上、外へ外すことも。銀杏同じ)、ゆすら(梅)、南天(ナルテン)

イナウ 肩で担う。昔、蒲郡(坂本)から上った山道。釘を前後にイナッタ江戸の番頭、銭の音と間違え殺される。現場に珍しい青石の立派な墓。浜の石とも違う様

イナカジミタ あんたナン、チイトなりを構やあ

イナカノコウスイ 下肥(シモゴエ)の臭い強烈

イナギッチョ 蝗。小学生横一列近くの田(今、国道)大群大波の引くごとし。給食用。額田カントリークラブ名物二匹佃煮(たらの芽もあり)

イナサル いらっしゃる(小原弁)

イナノヘソ 鯔の臍。煮魚の中に存在感

イヌガニシムキャオハヒガシ…… [類]雨の降る日は天気が悪い／兄貴ャ俺より年上だ(当たり前シリーズ)

イヌガハカ (地名)畑

イヌグ ぐりぐり。リンパ腺

イノグ (大幡)動く。話者の動作で語意通ず

イビヤミ (ユビヤミ)雑菌侵入、指痛

イボガエル イボイボが人に移りそうで。他に殿様蛙、雨蛙、赤蛙、青蛙。ヒキダカワズは鍬の先をのそっと。ゲクゲク〳〵ホーン〳〵

イマイクトコ　イマ……トコ。食べとる、寝る……ところ
イマゲンザイ　今日只今
イマジャウメボシババアダガ　この句調義太夫
イマデコソ　本を正せば、由緒
イマデユウト　今日風に言えば
イマナニヤットルダ
現職業。A教頭の問いにY氏「煙草を吸っとります」
イマニオヒマガデルゾ
オウチャクイデ。まごまごしとると、今夜にも
イマヒマナカン(女)　何が言いたかったズラ
イマントコ　今のところ。ノ↓ン
イマンナッテ、イマゴロンナッテ
随分以前のことを……。ニ↓ン
イミゾ、イミッチョ　溝。イは井
イミヤキ　忌み明け（ユミアキ）
イモ××サ
戦後甘藷（でんぷん）を集荷し商った人（各地）、のち村長も
イモアナ　藷穴、芋穴。冬、山裾の穴へ里芋をカコウ
イモキリ
藷切り干し。甘藷は食糧難に脚光。増産記録（反収）、澱粉需要（仲介、戦後一職種、通称イモ××サ）。器械も出現、舞台の照明用に似、輪切り
イモグラ
イモのクラ。甘藷の高畝。クラヲック、築くというくらい大きく盛ったが、麦の切り株へ土を寄せても良いと知れた。クラ＝鞍。食糧難に貢献。
イモコジ
桶の里芋を洗だく板でコジて洗うに似る風呂や水アビの混雑。風呂は竪型の五右衛門風呂
イモヂカラ　畑で鍛えた
イモニイ、イモネエ　イモは田舎の代名詞
イモノシロ
甘藷の苗床。発熱材は藁、ゴ、下肥たっぷり。枠は杭と麦稈
イモノツル
藷の苗。イモンヅルとも。大門の露店、農家も食糧難、油炒めを食した
イモメジ(子)
囮とモチで捕えたメジロ（目白）。自製のサシコにナルテンの止り木、イモとみかん。時々サナの糞を指で洗うが川に浸すので鳥がばたばた。今は禁鳥
イヤアガッテ　（関東）イイヤガッテ
イヤッタイ(女)　どうにも嫌

イヤナカオヒトツセンデ　お互い様（明日は吾が身）

イヨイヨダノン　嫁入り近し

イヨイヨトナッタラ　一旦緩急

イランコトニ、イランコトダ　センショ＝口出し

イランセワアヤイテ　――わるかったのん

イランセンショ

要らぬお世話。センショジジイ（ババアは無し）。他所の坊に向かってお節介、「くそぢぢい」の因

イロオトコダイナシ

例、眼瞼にネブツ＝本人がその身体表現を言ったり

イロケヨリクイケ　花より団子

イロノシロイハヒチナンカクス

おまんの嫁さん四十過ぎたら綺麗になるよ

イロム　（アカラム）色付く。熟す

イロメシ　五目飯、混ぜ御飯

イワアト　（そう）言わずに

イワシタ

敬語。イワッセル、イワロー。イワッセタ（豊田勘八辺、小原弁南限）

イワシトケ、イワシトキャア

ユウダケ――、――イイキンナッテ

イワニャアイイモノヲ　雉子も泣かずば

イワンバッカシ

言っとるようなもんだ。下句バッカシは碧海系（当地はバッカリ）。この語のルーツ？

……イン

ヌイジャイン、しちゃイン、食べちゃイン、やっちゃイン。命令（柔らか）。ナ↓ン。［類］ヌギン（これは強い命令）

インキモモ　低木。実を噛むとクチンナカが青インキ

インキョジョ　隠居部屋または棟

インクラ・イン

上屋敷の団体旅行（古い）で京都。なぜかインクで切らぬ形が伝わる。［類］ドンキ・ホーテ（これは新しい）

インチャンセ（子）

じゃんけんぽん。インチャンスケラカドンチャンホイ。あいこでホイ、あホイ

イントクブッシ

隠匿物資。敗戦造語。村の青年の飲食時などに残った語

インネ

（旧西加茂小原、勘八）否定。チガウインネダと言ったとか

インピツ（子）　（小学校低学年）鉛筆

ウ

ウイコト　運良く
ウイタカヒョウタン
マトモになれと抑えてもヒョイと浮き上がる（人）
ウーサヤマ
金持ち卯三郎氏の持ち山。青木神社の唐獅子「阿」の台座に名あり、昭和五年寄進。中屋敷の出でありましょう
ウエヘヤル　進学
ウエミヤキリナイ……　――シタミヤ……
ウエン　油煙《ゆえん》。風呂のカンテラすきま風（真横になびく）
ウカベル（オカベル）（子）
人を笑わす所作（オチョケル、チョーケル）
ウキグサ　田の草でお馴染。（共）ウキクサ
ウキナエ　指穴に納まらず、横になって浮く苗（田植）
ウキブタ
桶の風呂。釜の上に浮き板。水圧に抗して沈むのを乗った子が喜ぶ。浮遊体験
ウゲ
他所でどうまん。朝揚げると中の鰻でどさどさ揺れて。（共）筌《うけ》
ウケギリ
鋸の刃を上向きに挽く。鋸が締まるのを防止。刃が顔へ来る
ウケトク
立木伐採でめりめりと裂けぬようにあらかじめ倒れる側に切口。ウケギリ
ウケラシタ　敬語。むらの役を承知した由
ウゴク　働く。↕ウゴカン
ウサアサ　卯三郎氏。山綱からマチへ出た。ウーサヤマ
ウサギノワナ
針金で首吊りの仕掛け。山吹の垣。餌は白菜。しめこのうさ〳〵（歌舞伎）
ウシナエル　物をなくす（ノウセル）
ウシニナル　食事をしてすぐ横になると牛になる（教訓）
ウシネンボウ　畜牛
ウシノツメキリバ
共同で製作。場所は殿ヶ入。桧の丸太造り。中柴へ蹄鉄職のU氏（大阪被災）来て
ウシノヨダレ　たらたらと話が長い（内容乏し）
ウシマヤ　牛の厩舎

ウシャアガッタ　失せやがった＝よくも逃げたり

ウシロニメガナイ　バックは苦手。ご免ダヨ

ウシロヘテガマワル　悪事を戒しむ。ロウヤヘイレラレル、ジュンチョサンヲヨブ。今は前に手錠

ウスバン(子)　パンキ。軽いが全体を盛り上げるように周りを抑えて(カタヲツケル)風圧の侵入を防ぐと案外イカナイ

ウスヒキ　ロールビキ、トウスビキ。ヤシキ(十五軒くらい)に一台に付、慌ただしい。籾摺り。一句「利が良いと籾摺りの日に局の人」。藤川局、人数二名

ウセヨ　立ち去れ。ウシャーガレ

ウソ、ウソドリ　(バカ、モンツキ)梅に来る。ジョウビタキも

ウソウソットワラウ　[類]にそにそっと

ウゾゲ　髪の生え際の柔毛。版画、橋口五葉の「髪洗い」、歌川国芳の「顔剃り」

ウソコ(子)　パンキ、キンコ玉、カチン玉の勝負の後、お互い取り戻す。[対]ホンコ

ウソコキ、ウソーコケ　嘘つき。嘘つけ

ウソットナ(子)　朝の校庭でいろんなことが流行る。嘘で引っ掛けて「——」と遁走

ウソッポイ　嘘らしい感じ

ウソナキ(子)　常習？感心するくらい上手い。セクリあげて

ウソヲコイテヘヲコイテ　職人はとくに前言を翻すのを嫌う

ウダ、ウダンボ　湿田。人が呑まれる底無しでは長い杭を打ち、田舟で作業。ミズタ

ウタウ　(碧海か)陰口、悪口(密告)、人のワルを言い付ける。語源は「訴う」であろう。当地、ワロコク

ウタテイ、オタテイ　笑えちゃうことが起こりそうな

ウタハフシヨリコロビガジョウズ　何か意味深長な

ウチドコ　打撲箇所。ブチドコ。打ちどころ。「ヒドーブツ」

ウチヘビ

青大将。鼠の番。どさっと落ちて来ることがあるが移動の手段？家の番をする福の神とか。ウチ＝家

ウチミソ　自家製味噌

ウチヲホカットイテ　ほっつき歩いて

ウチンナカ　家庭内。ノ↓ン

ウツイタ　写した、移した。シ↓イ

ウツヒキ　仏壇に垂らす三角の飾り布。打敷（うちしき）

ウツブク　うつ向く

ウツル　昔、肺結核

ウナ　畝《うね》

ウナギノサカ

旧宝飯郡長沢村（現豊川市長沢）の旧東海道。よく冠水する場所とか

ウナギバリ　ステバリ、アナヅリともに同じ針（フトバリ）

ウネキリナワ　棕櫚縄製。巻いた棒で畝の間隔を測る

ウベ　むべ。あけびと並ぶ山の幸

ウマ

ワルキをツダムのに松の車枝（ツノ）を利用。前肢と首。山ではマタ（X字状）を打ち込んで代用

ウマイゾエ

村芝居に声。村に通はいない。隣村、羽栗（町）の老人

ウマイゾヘタクソ

マンニンコウ（素人村芝居）。隣村から達人来て野次。［対］ウマイゾエ。「コウセキ（口跡）ガワルイ」「バカイエカナシイトコダニ」これも隣村同士。かぶり付きのT君（別の隣村）「テヘッ」桟敷を見回す。森閑、星明かりの中、電気係の青年「びりっ」と来た様子

ウマイモノハヨイニクエ

旨さが倍加。この語、西堀栄三郎『石橋を叩けば渡れない』新版（一九九九年）に南極越冬隊員が使う

ウマガケイレイスル

馬に敬で「驚く」の洒落。男子の逸物に参ったと

ウマカナイ

甘くない。「カ」は方言。［類］早カナイ、暑カナイ、寒カナイ。カ＝クハ

ウマガワラウ　お主のは小さい（実際、馬はよく笑う）

ウマクデキトル　天の配剤。自動化の世の中

ウマソウニクットルナア（子）　隣を覗き込んで

ウマノクソ

鈴木、加藤姓＝当地。東京で田中、東北で佐藤。ごろごろ姓が多過ぎて

ウマノケツ　バケツ（馬穴）

ウマノションベンミズグスリ(子)
黄色が濃い。ハナクソマルメテ六神丸、ソレヲノムヤツ安本丹

ウマライジ
(地名)川。南から発する山綱川カミの最初の水アビ場。対岸の岩山で甲羅干し。松が懸る。湾曲の流れが底を削って砂がきらきら。深いのでウマイラズが正しいとも、別名マライジ

ウマレガイ　生まれ変わり

ウミベタ　海辺。カイガンベタ

ウム
①柿が熟す(イロム、膿む)=ウンダラ、ウンダラビッチ②土手。ウムは膿む、デキモンがウンデ来てハゼル。石カケの腹が膨れるのをウマレル、しまいにクム(崩れる)

ウムス(子)
教室でクルッテ上へ上へ腹這いに乗る。一番下の子はふらふら。蒸す。ふかす

ウムス、ウミル　藷を蒸す。蒸し上がる

ウメハスイスイジュウサンネン
桃栗三年、柿八年、——。スイスイは酸いに掛ける

ウメボシババア　[対]ハヌケジジイ

ウラ　先端の方。「木もと竹うら」。ウラッポ(先っぽ)

ウラッカワ　裏側↕オモテッカワ

ウリアゲニキョウリョク
協力する態で自らの腹を肥やす。武士は相身互い

ウリカイ
トランプ遊び。他にキリフ、ギンコウ、ババヌキ、ヒチナラベ

ウリカワ　田の草でお馴染みの水草

ウリバエ　瓜に来る小虫(ウリハ虫)

ウリボウ
幼猪。瓜坊。猪のコンボウ。縞柄、ウリカワとも。ヤシキで山裾へ壕、藷の蔓を這わす、二匹落ちて皿の行列。美味

ウルシ
餅米でない一般の米・粳(うるち)。これの餅もある。歯切れよし(マアーぺん食いたい)

ウルシガサワ　(地名)山

ウルホド
腐るほど。捨てるほど。(隣村、池金)アッテショウガネエ

ウレイガオ　憂い顔。持ち前の表情

ウロコク　うろたえる(移入?)。周章

ウワキ　上木。山林の立木(タチキ)

ウワズミ　濁りが沈み澄む部分。どぶろく

ウワツラ　上っ面

ウンダラ、ウンダラビッチ　年寄りに好評。熟柿

ウンチンニヤラレル

付随の出費で採算悪化。手数料、包装代など。モチヨリコガタカイ

ウントコ〱、ウントコドッコイ

荷車で坂を上る。見トランデオツケヨ！。岡町の神馬崎、助け合い

ウンネエ

大きな巻貝。村の海水浴で沖縄出身者の足で採る漁法が評判に

ウンモスンモナイ　否やは御座らん。即ＯＫ

エ

……エ(男)　丁寧な疑問。イイカエ、ドウスルエ

エエコロ、エエコロハチベエ

いい加減。(碧南)イイコロカゲン

エガミナリニマッスグニ

カーブを直進。曲がった畦に合わせて田植。エガム(歪む)

エコボ

えくぼ。Ｉ親分(八幡町)丸顔日焼け片えくぼ。露天(東中)でおもむろに当たりくじを捻り出して見せた

エダブリノイイマツ

何処かに——はネエカヤア。不景気に首吊らんとて

エッサカ〱　急ぐ(歩調)

エドカタ

桶かビクを前後二人でイナウ肩が左右違うこと(イドカタ？)

エドクル、ナゾクル　絵取る(なぞる)にクを入れて強調

エニカイタボタモチ　実現せず。画餅

エバラギ　茨城。いいえをエエイ。先生の担当は国語

エバル、エバットル　威張る。イ→エ。得手→イテ

エビガニ

ザリガニ。戦後、祖父と並び田起こし中、「サソリだ！」。渡来種。難点、床土(トコツチ)を破る

エブス　①燻す②屁を匂わす。当地イ→エ

エベッサン　オイベッサン、えびす講

エヘラエヘラ　追従笑い。エヘラオホラ

エマガリ　山仕事用の鋸。大木には直柄。銘は神澤、横田

エム、エミガイル　ひびが入る。エンデクル

エライ　①身体（急坂、重荷）②しんしょ。苦しい、難儀
エライキンナットル　凹ます方法は？　ニ↓ン
エライコト
①吃驚するくらいの量。――持って来たなあ。②――になったなあ。事件
エライサン
名古屋でエリャアサマ。某市長は使わない。エライヒト＝役職者または奥様のこと
エライシャッポ
失敗。シャッポ＝帽子。シャッポを脱ぐ（脱帽）事態
エラソウニ
言うことを聞いてやらんことにセマイ（しよう）
エランドル　選択が過ぎて婚期が遅れる
エレエメコイタ　想定外の被害。大変な目に遭った
エロー　えらく
エンゴー
またおやじサがワカランコトを言ットラロー
エンシュウ　小麦のクロンボが風で飛散。煙硝
エンデクル　ひび割れる
エンノシタ
縁側の下。鶏、兎を飼う。ホシモンの藁を収納
エンノモンダデ　どうなるだか分からん
エンバラ　（アガリハナ）＝室内
エンリョハソンリョウ　慎みがあって、この語あり

オ

オ……
オシマサ、オナカサ。女の人の呼び名の通例。戸籍でオが付いている場合もある
オ……ン（女）
命令形。オイキン、オセリン、オイデン。……しない（否定形）も同音。発音区別
オアガリトクレマショウ
①靴を脱いで――②お食べになって（オタベン）。……オクレマショウは東三河（渥美）、アガットクレンの方が当地らしい語
オアサオセイニオキョウ
ある家にあさ、せい、きょうの三人娘が居ました。共に朝が遅いのでオヤジサ「――」
オアタエ　巡り合わせの配材
オアリル　敬語。在らせられる。あるお方の現況

オイキタ、オイキル（女）
敬語。（イカシタ、イカッセル）動詞にオを冠す（オシニタ、オセリル）

オイキン
①お行きなさい②お行きにならない。①のナ↓ン②のヌ↓ン

オイクベ　風呂の追い焚き

オイシイツクツク　つくつく法師。法師蝉

オイテク　一人残される

オイデル
敬語。オラシタ。①在宅②来られる（コラシタ）。（小原弁）イナサル

オイデン　敬語。①おいでなさい②居られん。発音区別

オイベッサン
（甲州）オヨベッサンも同じ行事。エベッサン（恵比寿様）。神仏と別系統の信仰（他に稲荷も）

オウ（男）　返事

オウカン
往還（市道山綱線）。青木神社の辺の市道は高い土手。昔の大工事だが山の尻でもあるから。赤土も乾けば子らのスナモダコトに使える。昭和三十年代の市道拡幅は、バスを呼ぶ目的、お互い様の土地無償提供、地元事業で行ったがバスは来ず終い

オウジョウコイタ
往生した（ギブアップ）。［類］クタンコイタ（田原）

オウチャクイ
横着である。下のイ（形容詞・名詞に付着）については他にケッコイ、ジョウブイなどの例

オウチャクガマ
畑の草取道具。縁の下の鶏糞をがりがり掻く。箱の兎糞は鎌で。横着＝軽便？

オウトウゲ
（地名）山。大峠。扇子山。蒲郡市坂本との境。遠足の名勝一本松（昭和三十四年台風で消滅）。小学校一年生の遠足地だった。蒲郡（塩津）からも松は山綱道《やまつなみち》の目印であった

オウフクビンタ
ビンタヲツル。戦中小柄工員風代用教員（のち教頭！）、いきなり教壇を飛び降りて固い薄冊で。ビンタ＝横鬢。初年兵に洗礼の時代。殴る方も疲れるとか

オウリンマッチ
戦後、黄燐マッチ。家庭用マッチ不足の代用。進駐軍の、軍靴の底で擦る小金属棒のもあった

オエ、オーエ(男)　呼ぶ（対象の遠近）
オオアリナゴヤノキンノシャチホコ
「よくある話」。尾張――と洒落て
オオイリ　（地名）登記地名、大入沢。山
オオエイサン(女)
信仰厚く寺の念仏主導（高音）。品格（オオヤ、加えて東の出）、普通ならオエイサ、本名エイかオエイか。尊称
オオキナコエガデルゾ　肚に据えかねて。イマニ――
オオキナコエジャ　――言えんけど
オオキナトコ　大会社、役所（勤務先）
オオキョウナッタナア　チイト見ンカッタラ――。大きく
オオグライ　↕コジョク
オオグワ
道具の大きさではない。備中一閃で能力最大限の土塊を反転せんとする鍬使いを言う。「――に引っ掛ける」二人並べば更に効率良し
オオゼイマンゼイ
――押し掛けて。子から孫まで。多人数
オオタイズ　（西加茂、豊田）大まか、大雑把
オオダキ
駒ヶ滝。冬、青龍刀か象牙の如きつらら。子らが担いだ

オオダマ(子)
カチン玉の主役。枠の中の玉をコロで弾き出す
オオデ　田植。本数をニギヤカに植える（↕コデ）
オオデマチ　（地名）田。刈谷市大手町は亀城に縁
オオト
玄関が硝子戸になる前は大きな戸車の付いた板の大戸（脇に小さな潜り戸が付く）
オートサンリン
①学大（＝愛知学芸大学、後の愛知教育大学）（農場）の三輪。市電の道を疾走、屋根無しバーハンドル②農協の三輪。キックの度じゃらじゃらと音。クシーン〳〵プサダダドイドイ〳〵（子）物真似、腰掛を逆に跨り壁からスタート。方向指示器はワイヤのアポロ③サンカー、ヂャイアント、くろがね、みずしま……
オオナミコナミデ……(子)
――マーワシマーワシカキマワシ、イギリス日本三銃士、支那ゴリラ六銃士＝縄跳び。数え唄
オオネラ
大ネズミ。初代ブチ（熟練の大猫）と互角大相撲
オーハイリ(子)　縄跳び
オオバン

（パンキ）ダイアツと並ぶ大きさ比べて薄い。四隅を指でカタヲツケル（防御）

オオビラ　（地名）登記地名、大平沢。山

オオフ

（↔シマツ）いいだかやあ＝しんしょ。ダアダア。Ｉさん、三回中、二回目の召集がジャバ（ジャワ島）。湧いとるガソリンを汲んで車が動いたげな

オオマチガイ

大違い。オオミステーク。Ｏ先生「大チマガイ」は冗談

オオヤサン

息子が自分で言うだもんね。大家《たいけ》。「禄は――の蔵にあり」（マイナー？ 数え唄）。貸家の家主に非ず裕福な家

オオヤネオロシ　家相良しとされる。大屋根一枚葺

オオヤミ　大患い

オオユ、オオユガアガル

山綱最大のユが開《あ》く。田植えが賑やかく始まる緊張。ユ＝堰

オオワカイシュウ

名医のＴさん。腹の触診でわざと手を滑らせコヤ――だ。母「ホウッカン」。毎夏恒例の腸カタルが終熄を告げる

オカイコサン　蚕

オカイコノセンセイ

自転車、帽子に背広。農業普及員の前身

オカイタ

敬語。お買いになった。カワシタとも。［類］オイキタ、オセリタ、オシニタ。（小原）カイナサッタ

オガグルマ　乳母車。お婆ちゃん用

オガコ　鋸屑《のこくず》。オガは大鋸（オオガ）

オカシナモンデ　（いい方へ〳〵）自讃

オカシノカンカン

煎餅、ビスケット、湿気を避けて、おばあさんの魔法の缶。製缶業健在の由

オカシヲクバル

結婚式の翌朝シンヨメサンが縁側に坐って子供に菓子を配る

オカゼヲメシタ　上品な物言い。風邪をヒカシタ

オカマイコナシデ　お互い様ダニ

オカマヲオコス　お家再興

オカルハニカイデノベカガミ

歌舞伎忠臣蔵七段目。由良之助に届いた密書を展げるのを遊女お軽が手鏡で盗見。昔、鏡台に手鏡がセット。身近な道具の登場

オキャクニイク　在所（実家）へ里帰り

オギリ

貰った義理はカヤス。ギリガスマン、ギリガハタセン。往還で押し付け風景。まるで喧嘩

オギリニモ　自身に無理してでも

オキロオキロミナオキロー

起床ラッパ。当地なら、オキヨだが

オクメガイリ

（地名）登記地名、奥目ヶ入。山、宅地。隠し田あり

オクレタ　くださった。お呉れた＝遅れたと同音

オクレン

①下さい（クイ、クヨ）。東三河（田原）でオクレマショウ。奥三河でクリョウ、クロ②呉れない。発音区別。この場合のナ↓ン。名古屋でオクンナ、岡崎の街でも聞くが

オケジリ　（地名）山、田。上に唯一の溜池跡（底に榛の木）

オケッコー

髪形。若旦那（男）、職人向き。耳に紙巻煙草を挟んで、着物に羽織。別名、角刈り

オコシガオオイタケン　腰の負担、腰痛

オコジ　毛虫の一。刺すとドウデ痛い

オコス　田畑の耕起

オコツ　遺骨。オコツオサメ（納骨）

オコツボサン

餅を薄くノシ、鉄の丸い筒の刃先で径一センチメートル強に切る。門徒の行事。焼く時、網から落ちてオキにくっついてぷすぷす。ツボ＝粒。仏壇に六角の紙筒へたぺた貼る

オコドモシュウノオハオリ（子）

何色に染まった。花色に染まった。花色のぜには二十四文ターランデ……（オジャミ）。明治中期

オコランデモイイジャン（子）　それまで。慣用句

オコリ

病名、コレラ。他に（共）フウガン、（共）タンドク。昔の病気

オコリンボ（子）　オコリムシ

オコルナンヨ

気に障っても。怺《こら》えてね。優しく命令形

オコレル、オコレチャウ、オコレテナヤヘン

ようし、怒った

オコンバンワ

岡崎、豊田、芸者の挨拶。オは親近の心の発露か

オサカナコレニ

これとオツモリがないと田舎の祝言にならぬ。人数分だけ割いたするめの束。盃の回る度、一箸高く披露。客人

へぇっーと低頭。（東浦）オサカナココニ

オサガリ　御仏供《おぶく》さん。仲良く二つ逆さまに

オサミシイコトデ

通夜。淋見舞（サビシミマイ）、葬儀一連の挨拶

オサルサン

夏、旺盛に育つ稲の鞘を露の玉がすすっと上る。熊野社（羽栗）で幟へ吊るす赤いお猿さんは、稲作伝播の神ゆえ由緒あり

オシ（男）

お主。お主↓オンシ（碧海）。喧嘩腰で年貢を競う。三河武士、企業戦士の原形は碧海では

オシ、オモシ　漬物の重石

オシイ

オツユ。お味噌汁。オシルとも。その転。「オシイが欲しい」ご法事でＹ君

オシガイイ

押しが利く、押し出し。[対]オシガナイ＝積極性乏し

オシガレ（男）　オマンノウチ（一家）

オシギリ

一番怖い道具。（共）おしきり。刈草、麦稈の細断用器具。刃が上向き。板金で覆うのもあり。ギロチンそのもの。指を切断事故の場合は、医者へ指を忘れずに

オジゾウサン

地蔵ノ入に地蔵堂あり。帽子にヨド掛け。年に一度旗を並べ赤飯を配る。真宗に由縁とか

オジゴ　伯父、叔父

オシニタ（女）　敬語。死亡。シナシタ（男女）

オジブッツァン

持仏。座敷の仏壇を言う。本来は持ち回りの仏

オシマイタ（女）　敬語。逝って——（シナシタ）

オジヤ　（共）雑炊とは言わぬ

オシャーレシャレテモ（子）

——ホレテガナイ。往還一本道を下る盛装の先輩を囃す

オジャミ

お手玉。中身は小豆が良し。イッパイスイマショ、スッスッ（明治）。京都同語（同名小説、神狛しず）

オシャレ（男）　ホンナこと言うならオシやってミョウ

オシャンビー（女）　おしゃべり（＝放送局）

オショウシンデチョウロウイイ

「丁度いい」を斬くも長々。チョウロウの意は丁度。学校で言えば校長↓教頭

オショル　へし折る。足まで動員（道の筍＝真竹、ハチコ）

オショロサン
霊が宙に漂う。鍬の犠牲になった蛙やみみず。白い粉でできたような小さな蛾がそれと。隣の池金ではオイノコ、秋上り(アキアガリ)にぼた餅を供え慰めると。精霊

……オシン(女)　……しなさい。静かに……(オセリン)

オスキナヨウニ
好きにしたら。勝手にやっとくれん。好き勝手にというより俺は知らん↓ドウトモショーヤレ

オスネモチ(幼〜子)　ぐずる

オセエ　遅い

オセシュ　建築主。施主

オセッキョウ(共)　叱言。セッキョウヲクラウ

オセド、オセドノ　背戸。裏の宅。尊称なるも

オセリル、オセリン(女)
敬語。しなさる、なさらぬ。過去形オセリタ。オセリンは命令形(しなさい)にも(発音区別)。シナサルは小原弁

オセワニン　仲人。一方づつの場合、アイゼワニン

オソイコトナラネコデモスル
猫の食事から？仕事を急がす

オソエテ　教えて。オセーテ

オソーナル
遅くなる。江戸「遅なわりました」。オソーカラ

オソガイ　怖い。オッチョイ(幼)

オソガオソガ
恐る〳〵。[類]マグリマグリ、ネブタネブタ

オソガケ
遅方。終了間際参入。三遊亭圓生、今朝掛け、袈裟掛けで一席

オソカリシユラノスケ
村の寄り合いに遅刻(忠臣蔵の台詞)

オゾム、オゾンジャウ　手を出せず尻込みする。怯える

オソレオオクモカシコクモ　自称大物登場

オタイコ
①(共)帯の結び方②結婚話を持って行く実質月下氷人(オトリモチ)

オダテヤ……　——豚でも木へ登る

オタノモウシマス　お願いします

オタベン
(タベリン、タベラッセ)。敬語。(オアガリトクレマショー=タベトクレン)。ナ↓ン(命令、希求)

オタリキ
作業の傍に人がいれば手伝ってもらうのも礼儀。真宗の有

力地帯にこの言を聞くこと多し

オダヲキル

（共）オダヲアゲル。仲間仕事の合間に他愛もない話で時を費やす。斯道に練達の証し。オダは小田原評定（共）に由来

オチイサダンゴ

報恩講中庭で売った米の粉の平たい団子。村人の商いは珍しい

オチコ、オチコサン　（オチル）、小失敗反省の弁

オチツク

①代掻きで濁った田が澄んで土も収まって、さあ田植②長居する人の自戒（オチツイチャウ）。尻が――（長い）

オチャケ　お酒

オチャモダサンデ

別れの言葉。ヨウキトクレマシタと両用

オチョケル

（チョウケル）チョコチョコ滑稽なことをする。おどける。オチョクル（共）（他所）は似た語だが、冷やかす、の意だから別

オッカサン

母上のことをこう呼ぶ。某家の鶏「オッカサンオーエ」

オッケー　ＯＫ

オツケモッチャ（子）

――コーモーチャ、オサレテナクーナー。おしくらまんじゅう

オツケル　押す。大相撲、押っ付ける

オッコイ（幼）　（ケッコイ）。モンモイヤア＝オベベ

オッサブロー　乙三郎。髪形。撫でず梳かず収拾不能

オッサン　和尚さん

オッタ　居た

オッチョイ（幼）　（オソガイ）

オッツイ　一対。お対の変化か

オッツキサン

お月様。［類］オホッツァン、オテントサン。――幾つ、十三七つ、マダトシャワーカイネ。ホッホー「ホータル」コイ＝方言と同じ歌詞

オッテ　お手（犬）

オップップ（子）

にらめっこスタート。にらめっこしましょ、笑うと負けよ――

オツブレ　倒産。グリコのマーク＝お手上げと同じ意

オッペーラク　お構いなし

オツモリ

（共）祝言の最後、板前が包丁で大根の鶴亀。時刻は夜の十二時、ハイヤーは予約を忘れて来ない

オツリ

下肥が撥ねる。チョピン〳〵オツリヲヨコス。顔色すぐれずトイレ（和式）中座、B君。先輩Hさん、仇名「ツリ××」

オデエ

奥の客間。お出居（堀井令以知先生）。オダイかも

オテショ　手早く綺麗に作業する人。達者

オテラサン（共）　和尚。オミヤサンは神社のこと

オテラマイリ　シンヨメサン挨拶

オテラヤマ　寺有林。松茸付き（昔）

オテリ　晴天。［対］オシメリ

オテンタラ

調子のいいことバッカ言う。戦後行商（魚）の仇名、ナゴヤとも言った。口癖、それはもう「じぇったい」。もう一人は全聾H氏（名古屋）、田仕事の手伝いも

オテンテン、テンテン　頭脳。（幼）あたま

オテンノサン

天王祭。夏祭り（隣村、舞木）。有名は尾張の津島、同じく夏祭り

オトイタ

落とした。シ→イ。チカラアオトサシタ（敬語）。（名古屋）オトラキャータ、（東京）オッコトシタ

オドカス　驚《おどろ》かす

オドシヌク　恫喝

オトシミズ

風呂の汚水、捨て水。肥料用に貯める。臭いは我慢。米カシ水と合流

オトシモン　落とし物。［類］忘れ物（ワスレモン）

オトス（子）

炭がま。天井を踏んで大穴。大人は怒らなかった（ドンドン土橋同じく）

オトッポシ

（東三河）母の適齢を過ぎて生まれる末子。熟年出産の子

オトトイシ　おととし（一昨年）

オトナシムキ　連尺の呉服屋。着物の柄行

オトナッポイ　大人びる

オトマシイ　もったいない、目が潰れるぞ。特に仏関係

オトメ！（子）

両手を水平、両足をいっぱい。名鉄なら踏切の西、橋の下（先生が焚き付けてもやらないこと）

オトリコシ

年末、会場輪番で和尚と門徒が食事する。今、廃止（寺次第）。村は本願寺（派）、特にお西が多い。その行事

オドル
戦争末期、政権は海軍に。荒んだチンピラ工員（徴用）、白帽斜め、海軍ゲートル、ズボンにはチエン、喧嘩用。いっちょう踊るかと、祭日と同じく花（見せ）か

オドロキモモノキサンショノキ
肝がイモになった（O先生）

オナサケ　恩情。別名、トコロテン（進級）

オナサラ、オナオナ　そのために態々

オナリタ、ナラシタ　立派に、偉く——。敬語

オニガキ
家の仏、お彼岸の支度。稲苗を干してマグシネテおりんや具足を磨く

オニゴチャ（子）　鬼ごっこ。[類]ママゴチャ

オニシ
浄土真宗西本願寺（派）。山綱に多い。[対]オヒガシ

オニトンボ　鬼やんま

オニュウ　新品。アラス

オネリ　宗教行列。稚児（オチゴサン）行列もその一つ

オネンキ　仏教行事、年忌

オハカソウジ
伝道寺。墓は各住居の上の山が習慣。共同はここだけ、年末に行う。一緒に地代も払う

オバケヤシキ　清掃整理不全の家

オハズカシイヨウナ　——コトデ。——モノデ

オハツ！（子）
床屋へ行ったばかりの頭を見つけると平手で叩く

オハナア、ハナー（子）
児童のしきみ（お花、香花とも）売りの売声。岡崎の市街地他学区と縄張りも。二階（遊女）から笊とお金が下りる

オハナサバタ
農地解放ただし有料という歴史。元宅地か。乾いた崖にミソセンジ（昔）

オビーサン
永証寺の故シンコウさん。尼さん。ビーは女性のこと

オビノモチ　腹帯、戌の日、ザイショから届く

オヒマチ（共）　日待ち。ヤシキが集まり会食。近頃無しる

オヒャラカス
真面目な話をしとるに。他所（岡崎）のマチで（共）おちょく

オヒラチ

お平地。オニシの本宗寺。岡崎市美合町字平地。一向一揆、石川数正の墓所。山綱町（一区）は西本願寺（オニシ）が多い

オビンズルサンノヨウナ
色の黒い人。静岡県三ヶ日町の寺では縁の方に真っ黒の賓頭盧尊者を安置。ススビルという煤の色は黒過ぎ

オヒンブットル　少々お高く他所《よそ》〱しい

オブ、オバレル
子を背に負う、負ぶさる。（オンバ）。（共）負ぶう、おんぶ

オブウ　お番茶

オフクサン
飾り人形、お多福に近い。京都伏見老女の作、返そうか

オブクサン　仏供。飯粒が固いオサガリにお茶をかけて

オブクマイ　仏供米。今年収穫した米を寺用に集める

オベベ（幼）　（べべ）衣裳。馬子？　孫？　（発音で判断）にも

オベンチョ　女性器

オボコ（子）
幼児が描く顔や人体の輪郭図。答案に――を書いて出て来た（就職組）

オボッコイ　あどけない風を残す。子供っぽい

オホッツァン
お星さん。何シヨ近いモンデ。[類]オッツキサン、オテントサン

オボト、オボトコ　日照空間。日光浴

オマイリガスクネエ
ヨリアイの参集人数。マンダ時間が早いで

オマン、オマンガレ、オマントウ（女）　お前（男も使う）

オマンノユウトオリダ
（ザッツライト）言われて意欲倍化

オマンマノクイアゲ　生計危うし

オミヤサン
人でなく場所（神社）。青木さん。八幡さん、愛宕さん、藪神（地上社）さん（以上、舞木町）

オミヤソウジ　祭礼の前、各ヤシキ上下分担、神社掃除

オミヤマイリ　新嫁さん。お寺参りも

オムカエ　死期

オモカゲ　面影はないノン。往時の盛況は幻

オモシレエキブンダナア
素直でなく屈折が多い気分の人の評

オモテ
（共）庭と言いたいがアキにはホシモンの場。（ニワ＝土間）

オモテ（幼）
オンモ（童謡にも）籾のホシモノに供する地面

オモヤア　思えば

オモライタ　モラワシタ。（嫁を）お貰いになった

オモワン……

——いいことがあって（思いがけぬ）。悪いことも

オヤカマシュウ（女）

先着の客に挨拶。①一人増え賑やか②皆多忙の中を。往還から畑の人へ。お忙しそうでと村人同士

オヤカラモラッタカラダ

怪我するな。入れ墨などもっての外。親譲り（恩）

オヤガル

（↔オヤヘン）敬語＝オイデル、オラロー、オラッセル。（逆）オヤガラン（ケツカラン）

オヤク　①区長、伍長などの役職②賦役

オヤジサ　当主

オヤニモミセナイ

——このところ。地搗歌。お前にだけはヨーホホホイ

オヤノイケント……

——ナスビノハナハセンニヒトツノムダモナイ。イケン（意見）＝忠告

オヤノカタキトバカリ

夢中、集中。爆発的所業。コノトキトバカリ。ここで会ったが百年目

オヤノコデコノトウリ　「このとおり」をかく言い表す

オヤノメガヒカル　監督、警戒厳重

オヤヘン　居ない。……ヘンはこの地の特徴（京ことば説）

オヤマサン　遊郭のお抱え

オヤマヘアガル

蚕の上蔟。お蚕、いよいよ繭になる。山屋（豊田）はその用具の販売に由来

オヤリトクレマショー

ごくやさしい命令形。東三河（田原）？通じる

オラア、オラガ、オラガノ　俺は、俺の家

オラシタ　居られた。敬語。（名古屋）イリャアタ

オラッセル、オラロー（男）　敬語。ご在宅

オラン　居ない

……オリニ

その時に。当地に非ず＝旧西加茂小原（小原弁）、その下流勘八にも（私見）。発音尻下り

オリバ

居り場。家庭に占める位置＝オリバガナイ。立ち位置。イバ（居場所）。立つ瀬

オリマスロ　（飯田）居るでしょう

オリメキリメ
戦中、三河武士「折り目切り目をシャンとせよ」「腰は立たずとも一分《いちぶん》を立てよ」「鼻は欠くとも義理を欠くな」「不自由を常と思へば不足無し」S校長唱導。師範で配属士官に先んじた逸話。他に「城山一番乗り」の行事。戦意高揚を言わず、鍛錬第一。敗戦を予期か。教頭（校長の恩師）やきもき。のち県職へ転出

オリヤ　居宅（いたく）とも

オリン
小型、椀型の金属仏具（鈴）。（子）チンワンワン。ワンは余韻

オル
居るはオル。イルは聞かない。オイデル、オリマス、オラッセル、オラロー、オヤガル、ケツカル、オラン、オラレン、オヤガラン、ケツカラン、オヤヘン、オッタ。オレン（待っちゃ——）

オレガオレガ　顕示欲

オレニイワセルト（男）　俺にも一言

オレノダ（男）　弟息子がすぐ言う

オレンタア　俺達（ワシントウ）。西加茂でオラタア

オロウガヤ
（岡山、——であろうに）。当地に訳せばホダラか

オロシヂカラ
提げた物は大事に下ろさにゃ。サゲヂカラを台無し

オロツ
岸の葭の根や川柳の下がえぐれて魚が隠れる。裏側に休息停止中を手探りでニギル（テヅカミ）

オワリナゴヤノオオジシン（子）
……松竹デングラカイテ門毎に……。（元歌）……終わり無き世の目出度さを松竹立てて門毎に……

オワルウゴザンシタ　フントに謝っとるだか。定形

オワンズイコ　（スイコ）低木。チューリップ状の赤い実

オンシ　（他所、碧海）当地ではオシ。「お主」が原形か

オンチョロチョロノアナノゾキ　ネズミの所作。ネズ公

オンツー、オンタ
（↔メンツー、メンタ）動物の雄。岡山県新庄村オン（雄）、メン（雌）

オンデ　背負って。おぶって

オント　人間性が——。穏当

オンドガメ
素焼きで径五十センチメートル程。肩にぐるっと排煙の丸孔。お蚕の室温を保つ。ベボーを燻してダニ退治

オンドコ
温床(共＝オンショウ)。ゴ、藁、麦稈を発熱材とし、野菜、諸の苗を作る。農業用語

オンナ(男)　――が何とかせるだら。家庭の支配者

オンナガマタオコル　女、又、心で「怒」の字が出来上がり

オンナシ　同一。(共)オンナジ

オンナノナカマニオトコガヒトーリギシ(子)
どうもすっすっと男が消えると思った(朝の校庭)

オンノタレクソ　恩着せがましく

オンバ(幼)　おんぶ

オンパコ
おおばこ。他所でおんばこ。葉を揉んでチドメグサ(他に木の葉も)

オンパンシャ
重量物運搬用の自転車。乗り回すには敬遠。運搬車

オンボヤ　(移入)ヤキバのこと。オンボ＝隠亡

オンミズカラ　決定権者の出番。タイショウ――

オンミタイセツ　保身、利己的

オンリ(幼)　背の兵児帯を緩めアカの足が着地

カ

……カ
イクツカ、ナンベンカ。モに代える。ヨッポドカ、イケンカ(どんなにか)

……カア　置いとカア、イカア。くわ、こう→カア

カーイーナ(子)
シーナノマーチノシーナノコー、オーヤノナイコハタダヒトリ……。中国メロディの哀調

ガータ(女)
ガーター。幅広ゴムの靴下止め。田辺聖子「女は太もも」

カーバイト
正しくはカーバイド。孟宗竹の節を抜き水を注入しドカン、猪威し。負傷(火傷)も。祭の夜店アセチレン(灯)もこれ。独特の匂い

カイイ　かゆい。ユとイは混合多し

カイガンベタ　海沿い。浜一帯。ウミベタ。[類]ミチベタ

カイグイ　店で飲食(浪費)

カイグリ〳〵(幼)
(トートノメーメ、ワクワク〳〵)あやす

カイグル
低鉄棒の初歩。鉄棒の高級は飛行機跳び（両足を手の外へ架け、回転の惰性で飛び出す）、大車輪。後者は予科練（昭和五年生まれまで）の影響。カイクグルの縮か

カイグンゲートル
巻脚絆（陸軍、国民学校生から着用）に対し、白い筒型（キャハン）。敗色濃い戦中後半、首相は東条から米内（ヨーナイとも）。手旗、モールス信号、野葡萄採集、松根油、兵員募集に海軍色（その切り替えの早いこと）。チンピラ工員の帽子、脚絆は海軍の白

ガイコツ　頭骨。しゃれこうべ

カイコングワ
開墾鍬。戦中現れた平鍬の厚いの。結局トングワが優る

カイコンバタ　開墾畑

カイシバイ
（↔マンニンコウ）。終戦直後は食糧の魅力か、お祭りに歌舞伎、シンパ、浪曲などが呼べた。行事に困ったら岡崎のチャンタケ（漫才）を呼べ

カイジョウ
回状。回覧板の旧名。フレ（布令）、ユイツギと併用伝達手段とした

カイジンソウ
海人草。遙か西、沖縄の方で穫れるらしい虫下し。小学校でバケツから呑まされてウン十年経た今も蘇る奇態な味

……カイタ
ひっくらかいた、おどかいた、わらわかいた、など。シタ↓イタ

カイタモン　――にしトイた方がいいぞ（約定）

カイチュウデンキ
箱形、単三電池二本。自転車の前へはめ込む。レンズを外し、日光を他の子の頭に照射「アッツイ」。懐中電灯

カイテ　貸して。シ↓イの例多し（モドイタリカヤイタリ）

カイドリ
川の一部を堰き止め、バケツで水を掻い出し魚を捕る。緊迫の重労働。掻い掘り

カイトル　傾斜しとる

……カイネエ　……だかねえ

カイモノ、カイモン
①葬式のお非時のヒローズ、蒟蒻などはむらの所掌（買物帳）②物を置く台としてその下へカウもの。発音区別。カウ＝支う

カイヨウショウネンダン

戦中、頭が代わると、学校もさっと海軍色（手旗、モールス）。その早いこと

……カエ、……ガエ（男）　行くだカエ、決まっとるガエ

カエガナイ　代替不可能

カエコ、カエコト（子）　交換

カエス、カヤス

①籾や豆のホシモンの手（テ）を――②餅搗きの助手（手を――）③借金を――

カエルノハラバタ

草の一。隣家石垣に自生。葉が水膨れ。ハラバタ＝腸。絶滅（除草剤）

カエルマタカケ

俵から叺《かます》に変わり手間は減る取扱いは楽。叺の横縄は俵より丁寧な――による（ヒョウソウ）

カオウノセッケン　顎に特徴

カオガミテエ　親の、旦那の。［類］お里が知れる

カオニカイタル　顔つきで心が分かる。「顔に出る」

カカアノフンドシ

（フルフラン）お天気を案じる。腰巻に厚手のネル（フラン）があった。色は赤。磨り硝子の向こう。細で保つ

カカサ　夫からの愛称。カカアとも言う

カガシ　案山子。「かかし」を聞かず

ガガッペ（子）　うがい

ガガデル　我儘。その内に――ぞ

カガト　踵（かかと、きびす）。アグト

カカマンジル

物事を抱えこんで差配しようとする。カカサに多し。（西加茂）ママエルと同義か

カカラカス、カケル　茶碗を欠く

カカル

兎の日、トリヤサ耳と耳ぶらーんと擦り交配成立（超集中）。①――鳴き声②医者に――③病気に――④ヨモヤニ――⑤シッパネが＝飛沫⑥モーション／ヨシ。動物の掛け合わせ成就。犬の交わり百発百中。――ヒトハラに複数の父の子が出るとか

カキ（柿）

品種＝茖鍜（幸田に同名の小字あり＝ミョウタン）、そきゅう、猩々、富士山柿、霜柿、富有、次郎。ヤシキに植える

カキガラ

戦後肥料不足、牡蠣の粉を槌で砕いて肥料に。他に魚粉（いかのコウホネぷかぷか）

カキクウケーコ（子）　柿を手にして言う

カキダシ　堕胎（子を下ろす）。（共）流す

ガキノツカイ　（共）子供の使い。用を果たさぬ

カキヤブレ　引っ掻き傷

カク

①味噌、溜り、甘酒を――（掻く）②茶碗を――（欠く）③蕎麦粉を――（掻く）④欲を――（欲張る）⑤恥を――（掻く）

ガクガアル　識見豊富。学識豊か

ガクガクシトル

学があり余る。ガクガク＝備中（鍬）の頭の弛みの音

ガクシ

根株（カブツ）。――なら上の山に（学士に掛けて）。切り株の鋭利（鎌、鉈が因）を踏むと地下足袋を突き抜いて重傷

カクシダ

隠し田。字殿ヶ入がそれと。字大平沢の山中に石垣の跡があるが、これは桑畑の跡とか

カクモン　筆記具。［類］キルモン、クイモン（クウモン）

カクリシツ

伝染病患者を隔離（池金）。旧富田病院東側にも（今無し）。いずれも木造

カケツギ　穴の開いた布地を別の布で塞ぐ

ガケッパタ　崖っぷち

カケル

①商品の値に利を乗せる。カケタル（テアア→タ）②交配（動植物）＝掛け合わせ③欠ける（ヒトリカケテモ……（お悔み））。茶碗の欠損、石の加工（カカラカス）

カコウ（共）　諸を蔵う。貯蔵する。（共）妾を囲う

カゴダ

水が漏る田。トコ土を叩き締めてある筈だが。マチに――公園。昔は田んぼ？

カサケ

蒼（かさ＝梅毒）。淋疾に因るかさぶた。父親から伝染し男児の頭にかさぶた

カジガウク

アト荷。おまけに下り坂と来て応援が前へ回り梶を抑える。［対］カジガシズム

ガシガシ　――働く（おお猛烈）

カジクル

田植の地均し。水が届くのを待ち兼ねて、五本爪のマンガでタカビクを直す。音、バシャ。当主の仕事

カジバノキントキ　何だン、赤い顔して

カジバノクソヂカラ　不意の事態に思わぬバカヂカラ

カシミル　猫が――。掻きミシル

カシャモチ
柏餅。蒲郡のカシャバラ（柏原）、三好町のミヨチ（明知）、本宿の鶫の巣のサンモ（左桃）、本当の発音は？

ガシャン　自転車横転

カシランベエ　栃の実（トチダンベエ）と樫の実を区別

……カシレン（ダ）　……か知れない（のだ）

……カス　燃やかす、驚《おど》かす。強調のカ

カズク　担ぐ

ガスマキ
村一台の四トン運送用自動車の燃料。終戦後、ガソリンの代用として。雑木長さ七センチメートルくらいを割って、竹の簀で乾燥。舞木の坂、神馬崎（岡町）の坂では口元で（ブイブイ）フイゴを回し、勢いをつけてから登った

カセグニオイツクビンボウナシ
我が家の家訓。他に（共）「骨折り損の草臥《くたび》れ儲け」「貧乏暇無し」

カセクリ
毛糸の輪を両肘ぴんと張って右へ左へ。イトダマの出来上がり

カゼヒク　セメンが、石灰窒素がカチンカチン

……カソコラ
百円、十キロ（目方）、十分（時間）、一キロメートル。ほんの（約）……ぐらい

カタイコトイワンデ
――イワアト、――イットラアト。懐柔接待（名手）

カタカタ（幼）　幼児歩行具

カタギ　炭焼用堅木

カタキノヨウニ　同じ着物、ネクタイ、靴で通す

カタグ　傾く。しんしょが――（ヒッカタグ）。（共）かしぐ

カタゴエ（女）　固太り。肩が厚くがっしり

カタソデヌレルルハズガナイ　相合傘。露見

カタヅケモン　例、干し物の敷藁。明日のために収納（子）

カタッポ、カテッポ　片方。両方の一方。片一方

カタナワ　ショイコ。肩を通す縄。布をナイコム

カタヘラ　（地名）登記地名、片平。山

カタミニ　交互に（コウタイ〳〵、カワリバンコ）

カタヲカエル
肩でいなって運搬。痛くなったら別の肩へ。地へ置かずに首の後ろで回して変える（一人の場合）のも

カタヲツケル（子）
（パンキ）ウスバンは軽くて舞い易いが、指で型をつけて台形にすると風を防ぎ、イカナイ

カチニ
ヒヨウで山仕事の終わり、いくら大きなタキモンでもヒトショイだけただ。カチ＝徒歩か

カチンカチン　①凍る②堅い人

カチンダマ（子）
在来のキンコ玉は女子のハジキに似て温和しいが、疎開の子の鉄ゴマと共にこれが入る。大玉でコロの技。小、中型のガラス玉を投げつける。正に遊びの黒船

カチンボコ（子）
頭と頭でカッチンコ。二人のデコとデコのアイサへ拳を挟み、さっと引いて——（遊び）

カツグ
①イナウ②物件の異動を仲介する③（共）（選挙など）肩入れする

カッケ、リョウマチ
欠、両町。旧市街東の入り口。［類］バカバヤシ、タアケムラ（豊田三河線）、ミズタアケ（蒲郡）と異なり愛称と思う

ガッコウデ　上級の学校卒。尊敬↕重圧

ガッコノセイトハハナニナラウ（子）
——ベントバコタタイテハシナラウ。学校マエの坊が窓から覗き込む

ガッシャン
①自転車が倒れる（ガシャンとも）②自動車がぶつかる（ドカンも）

……カッセ（男）
イカッセ＝お行きなさい。［類］オヨ（泳）ガッセ、ヌ（脱）ガッセ、ヨ（止）サッセ。ラッセ＝タベ（食）。ワッセ＝ワラ（笑）

……カッセル　イカッセル＝イカシタ。敬語

……カッタ
イカンカッタ、ウゴカンカッタ（ナ↓ン）。……ジャッタ（終わった）と両用

カッチャンカズノコ（子）
——ニシンノコ。長年議員の勝ちゃんの嫁が、代書の和ちゃんだったりして

カッテ（子）　遊びの仲間に入れて。テコヲカウと同じカウ

カッテニサエズットレ　おしゃべり嫌い

カッポマイカケ
割烹着。国防婦人会よろしく企業選挙門々にずらり（隣市）

カッポン（子）　木履。ぽっくり

カツラ　備中や鎌の頭の環

カテッポ　片一方

カテン　勝たンでもいいダ（家康）。勝つ事許りを知りて負くる事を……

カド（共）　門でもあり角でもある。ヤシキと公道の接点

カドイシ　石カケの角、一個の石の二辺を見せ、最上部は天辺も見せる。不安定で飾りだけ

カトウヲカブッタヨウナナア　カトウ＝かつら。油で練り付けたトキワケ

カトエトル　（ヒギレトル）渇えとる

……ガトコ　――オクレ。金額、分量

カドタ　（地名）登記地名、門田。田

……カナイ　クハ↓カ。意味は……クと一緒。アッカナイ（以下、下の……カナイを略）イタ、ウマ、エラ、オソガ、カラ、サム、タカ、ハヤ……

カナカナ　ひぐらし蝉。法師蝉

カナケ　鉄分。水田に注ぐ赤いソブ（渋）。ソブガワク

カナシイカナ　嗚呼《ああ》が付くと終戦の詔勅。叙景と詠嘆

カナブン　ブンブンの中、黄金虫。［対］クソブン

カナベラ　鉄製の道具。隙間へ突っ込んでこじるへら。［類］挺子＝カナテコ

ガナリタテル　（共）がなる＝怒鳴る。意味遠からずであるが、ガナルは大きな声でわあわあ何かを指示、主導する

カナワリ　昔、山鳥。メジロに似た色、カナリヤではない

カニクイ　鰻の一種。蟹を食うので口が大きい

カニシテ（子）　堪忍して＝許して

カネガサ　――ガノス。大金。（共）ノス＝伸す

カネクライ　金をどぶへ捨てるようなもんだ。カネクイムシ。昔、高校へもやらなんだのが今大学まで。マンダ次の子が控えとる

カネゴエ　化学肥料

カネタガ　針金を編んで（ワイヤ）竹たがの代わり。弾力あり、特製には輪の飾り。タガマワシに適し、道の凸凹（未舗装）に柔軟対応

カネデスムコトナラ　命の次。――まあよしとセマイ（しよう）

カネナンノコイテ　――どうするだン。ネ↓ン

カネノデバ　予算措置。出どころ
カネビエ　（冗談）――ガセル。小判時代、明治銀貨の頃
カネメノモン　動産、換金しやすい品
カネンテ　曲尺の手。市場町（藤川）入口。旧東海道の防御工夫。ノン。他所で曲之手、曲尺の手、曲尺手（豊橋、刈谷）
ガバガバ　三河特有？ 固形を含む流動。例、長靴浸水を履く。金沢のガバは沢山の表現
ガバチョ　大儲け。初期テレビ（子）、海賊ドン・ガバチョ
カハン　可搬。トーハツ製担架式消防セット、可搬式消火ポンプ
ガバン（子）　写生用画板。対角線の穴の紐に肩を通し両膝に載せる
カビハナ　――が咲く。ミソ玉。青かび良し、黒かび悪し（ウチミソ）
カブツ　木の大株。ヤを打ち込んでも割れずフロクベに
カブヌキ　他所で株掘り。子供の仕事。マメができて破れる。道具の刃の形は鏑《かぶら》。他所（西尾）カブツヌキ（市子町誌）
カブラ　田打ち（――備中）の刃先。平たい鏑状三本。ぴかぴか武士ならば刀の輝き
カブル（共）　①帽子（冠る）②損を（蒙る）③マイナス勾配（被さる）
カブレ　①はぜ、漆の木。ひょろっと伸びる。紅葉する（カブレノキ）②全学連
カブンスウ（共）　過分数。五頭身。頭でっかち。［類］ゼッペキ（絶壁＝崖）も同じ少年期（共）
カマイコナシ　何の愛想（もてなし）もなくて＝お茶も出さんで（……出んかった）。［類］ミコナシ
カマウデイカン　飼い主の言い方（にしても）、目の前で犬に咬まれ重傷（放し飼い）
カマクラカイドウ　小学校の中心を経て、イチバを西から来て真南に伸びる古道。その先は諸説
カマサゲ　杭に結んで縄が下へずれぬ結び方
カマドノシタノハイマデ……

……ジブンノモノ。——惣領の甚六、全部貰えるとて甘ちゃん

カマワンタチ　ナリ、身辺を——（人）

カマワンドイトクレン

気遣いは無用に願います。直き退出、構わずに置いて下さい。デオ↓ド。末尾ナ↓ン

カマヲック

炭焼のかま（窯）。ぺたぺた叩いた屋根を腕白坊主がオトス。大人は叱らない。［類］ドンドン土橋

カマヲハク

エンバラに鎌が置いてあり、引っ掛けて土間へ鎌の刃を足裏に敷いて降りること。もちろん負傷。鎌を履く

カミサマノユウトオリ（子）

十の数え方。「先生の」でもよし

カミサン　神社、そこに祀られている人

カミダマデッポウ

女竹の中子と銃身、新聞ガミをくちゃくちゃ噛んで弾にする

カミナリバナ

萬壽沙華。球根は毒と言うが。万寿↓曼珠。シビトバナとも（土中から花茎が伸びる）

カミノゴヤマ

山の向こう（ヒックラカシ）は蒲郡神ノ郷。家康が鵜殿の城を攻めるに山綱の百姓が案内、以後免租と。桑谷経由の説もあり

カミヤシキ

往還に沿って概ね五百メートルで山綱のヤシキが分かれる。扇子山、上、中、中村、下、天神。山綱町一区の行政単位

……ガヤ（男）

イカンチュヤイカンダガヤ。（岡山）オロウガヤ

カヤイタ　返した

カヤス　返す。①借金を②餅つきの手を（助手）

カヤツリ

棒三角の茎。裂くと蚊帳の形ができる。これが草の名の由来？（共）カヤツリグサ

カヨイ　預金通帳

カラ　茶釜、飯炊き釜の輪

カラアシヲフム　踏み外し（すか食う）

カライ

（刃物）鋭利（ただし欠けやすい）。親指の腹で検す。［対］アマイ

カライチュッテカラカライ

ドンガラリン。……チュッテカラの例＝痛い、速い、堅い、

臭い、眠い、こすい

カラウス　空臼を搗く。手が痺れ木臼がコワケル

カラカス　枯らす

……カラカス

蹴り——。やり——。ちょっとやり過ぎの趣き

カラカミ

襖と言わぬ地域。方言地図対象他にも

ガラガラ

足踏脱穀機

カラコ　ふすま(麬)、牛の餌。玉突き(四つ玉)の用語にも

カラスガイ

蜆《しじみ》と同居。池金上のどぶ川＝鉢地川(タナッペラが卵を産み付ける)へ流入

カラスナキ　不幸が起こる前兆。——がわるい

カラダガユウコトキカン　歳のせい

カラニ

荷物無し(車)。［類］カラミは(共)荷を持たず。両者混合あり

カラネコ

スズメ、ホオジロ(今、禁猟)を捕える竹製の仕掛。バネでヨロゲが落ちて

カラハシ　通称地名(山)。登記名は片平

カリアゲ

田の上の山林は陰を作る。所有が異なることも。池金には立派な慣行(文書)がある

カリガネ

(地名)。池金の上(一部、舞木?)、鉢地川に沿い水田が伸びる。早くから耕地整理、暗渠排水が行われ(児童ソダ奉仕)、事業の年代に応じ、明治、大正の小字名。隣接雁金という字《あざ》が、一帯のセイリダンボの通称になっている

カリタ〳〵

備中のカツラが弛んで振り上げるたび出す音。いやな音がセヤアガル(借りた〳〵)

カリテキタネコ　おとなしい人を指して

カリボシ

稲刈。ハダを省略、稲を田に寝かす。予期にない雨が続いてカリヌラシ

……カル　ヒックリカル、ヒックラカル、ソックリカル

……ガル、……ガラン

①ヨダルガル、タルガル②オヤガル、クヤガル。①は共通語の淋しがる、寒がると同じ用法

……ガレ

……の一家。オシガレ、オマンガレ(アンタントコ)。(安城)ウチンガレ＝旦那(マイナー?)

カレホショウ　庭師の植樹責任（商習慣）

ガワ　外観

カワイゲガナイ

愛嬌無し。無愛想を通りコイテ現今の若者の顔

カワサラ　皮ごと

カワズヲシャアイタヨウナ

顔。シャアイタ＝ひしゃいた（潰した）。この適例、名脇役・故多々良純

カワタケ

雑茸の一。食用。他にシバモチ、スドウシ、ネズミタケ、ミミタケ、ロウジ（苦い、干す。ロウジンボとも）。他にケロウジは除き、食用

カワムキ

①杉皮、檜皮（外壁用）②桑。戦時中、繊維を取るため児童勤労奉仕。ただし刀（剥き身）を作ったりパチンパチン音をさせたりの遊びも

カワラダ

（地名）登記地名、川原田。田。旧河原田を含む土地改良後の新地名。河原田には洗い場と水車の取入口があった

カワリバンコ（子）

順番。（コウタイコウタイ）、（カタミニ）

……カン

①イイカン、ヤルカン。カンとカエ（男）は同じ②コヤカン、コニャカン＝あかん、いかんを縮める。ネ↓ン

……ガン　見とるだガン。ネ↓ン

カンオケ（ガンオケ）、——ニカタアシツッコンドル

そう言ワアと元気出サッセ

カンカチニ　凍る。かち（ン）かち（ン）に

ガンガラ

内緒話のできぬ人。がらがら（空席）の意にあらず。例、も や縛り（後家一連隊）の中のシイチャ、声が太い。「山が唸る」

ガンガン

一斗缶、一俵缶……玄米貯蔵のブリキ缶。鉱力屋の収入源。ハンダ付けの巡回、樋を吊るのも仕事。昔、伊賀川交差点（国道）上方に長く看板。なお、石油缶の日東製缶は西の地区で今も営業

カンカン　缶。ガンガン

カンカンデリ　猛暑

カンカンニヒル

（↔ダボダボニツク）ヒル＝干る。ツク＝浸く。カンカンデリ

カンケリ(子)　缶詰の缶を使う遊び(戦後)

カンコウガイイ　工夫がいい

カンコウバ　便所。案ずるに腿の裏が中空(和式)の方が、緊張して(力んで)良い知恵が湧くのでは

カンジサ　村一軒の飲み屋。先代(創業)の名。上の住居との階段、カウンター、止まり木、短冊形の小皿。空襲被災O夫妻(おKさん)住。戦後諸切り器(共同)があった

カンシャカンゲキアメアラレ　最高の感謝。[類]砲煙弾雨

カンシャクオヤジ　(西加茂)カンテキサ

カンジンヨリ　こより、かんぜより

カンスジ　疳筋。癇癪を起こすと生ず。今、漫画、額に白十字

カンダカジチョウノ……　──角の乾物屋で買ったかち栗固くて噛めない、返して帰ろうか＝戦中(東京)移入、「カ」尽くし

カンタンフク　ワンピースの戦中用語

カンテキサ　(西加茂)怖くて近寄れない。かんしゃく持ち。癇疳癖。癇癪爺ィ。勘考深い仁であった

カンデフクメルヨウニ　親切丁寧。噛み砕いて(教える)。[類]ナメテトッタヨウニ(草刈り)。西加茂、幡豆(市古町誌)のナンゴ(軟かく、丁寧か)が近い

カントニ　関東煮。おでん

カンメギ　くぬぎ。ワルキにする雑木(ゾウキ)中、目方(貫目)で売れる樹種

カンリン　官有林。官員(営林署)は、自転車、タカジャッポ。彼らの宴会は隣村、本宿村。各地同じく(林業全盛)

カンリンデソンコク　扇子山は昔、官(有)林。入札で仕事を請け負う

キ

キイテゴクラク……　見て地獄

キイトラン　[対]ハナシガナイ

キイナイ　キイロイがよくて何でキイナイを笑う

キイレ　綺麗

キイワルクセンデ

気を悪くなさらずに。キイと前の母音を伸ばしヲに代える

キーンシアガアテ……

――十五銭、栄えある光三十銭、翼を拡げた鵬翼は、高いぞ高いぞ四十銭。ああ一億が驚いた＝太平洋戦争開戦後、煙草一斉値上げを歌った替え歌。元歌は「金鵄輝く日本の栄えある光身に受けて……」

キウリ　キュウリ。当地「きゅうり」「きうり」両用

キガアル　おまんに――じゃないかん。好きごころ

キガイイ　その方が――。意に沿う。［類］キヨク

キカイガフルクナッタ

方々（人間の体）にガタ。加齢（人）。百姓は身体が資本。自戒。部品が……とも。山中（舞木）の鍛冶屋サのベルトハンマー（自動合槌機）は、二代使った新潟製。これは本物の機械の話

キガイソガシイ

気が急《せ》く（忙く）。思い患うこと多しゅえ

キカイナワ　戦後の薪木不足で縄の需要増大。自家製も

キカイモン

――は調子が良くないと。例、自動車は冬に買え（昭和四十年代）

キガオサマラン　気が気でない。納得しかねる

キガキキスギテ　――マガヌケトル（からかう）

キガキジャナイ　気が気でない

キガシレン　何考えとるだか

キガタットル　興奮状態

キガトオクナル　失神

キガナガイ

村長をナガデンと呼んだのは姓と気が長いの両説

キガヌケル　心の張りを失う。ビールの――

キカヌハイイッショウノソン

聞くは一ときの恥、に続く。（共）聞かぬは末代の恥

キガネエ　気が乗らん。隣家の増築の奉仕に広言

キガヒケル　意欲喪失

キキマチガイハイイテノソソウ　こっちが悪いじゃない

キキャアヘン　いくら意見して（セワアヤク）も聞きわけない

キクハイットキノハジ

聞かぬは一生の損。「見て覚えよ」だけじゃない

ギコギコ　鋸目立の音。ギコギコギコギギコギ

キコクバラ

山向こうの坂本は蜜柑どころ。防風垣（からたち）の呼び名。蜜柑の伝来、紀州から？

キサン　貴様。刺々しい感じ。「貴公」なら円いが。——ドゲナア（＝具合はどうだぁ）親友少しワル同士

……ギシ、……ギリ　……切り、限り。（クイギシクッタ）腹一杯。お盆に来たギリ。ギリ＝限り（きり）

ギシ〱、ギツ〱、ギチ〱　ぎゅうぎゅう。ぎゅう詰め。（ギツンチュウグライクッタ）

キジイサ　喜治郎氏。周旋屋。自転車に鞄を通して

キシャノキ　実を潰して川に流すと魚が酔う（キシャノミ）

キショクワルイ　気味が悪い

ギス　バッタ。（ギッチョ）（ビンボウギス）

キタ（子）　教室の入り口で見張り。「先生が——」。皆静まったところで「キタハミナミノハンタイデ」。虚報

キタアカ　娘に婿に孫。「キタアヨ」「ヨウキタ〱」里帰り

キタガナキャ……　——ニッポンハサンカクダイ。百姓「汚い」の評に対して

キダシ　鳶口が必須。読みが肝腎。カーブで山が荒れる。旧宮崎村大字木下（キクダシ）

キチキチ　①機織りばった（飛翔の音）②目が——しとる。利発

キチヨ　母は金網越しに餌をやっている。キチよキチよ、兎をキチと呼ぶ。夫は戦地、名は朝吉

キツキツ、ギツギツ　隙間ない、窮屈イ

ギッコンバッタン（子）　ぶらんこ、遊動円木、はん登棒、鉄棒（高低）とこれ、遊具に指定か。始業前の賑わい。墜落して頭から血を流す子も

ギッチョ　ばった。（ギス）。イナギッチョ＝蝗

ギッチョンギッチョン（子）　大人用の自転車で練習（横乗り）。ペダルは回せず、ギコギコとも

キツ〱　窮屈イ、きちきち

ギツ〱　ぎちぎち

キヅツナイ　気がヅツナイ。アンジレテ頭が痛い

ギットナ　融通が利かぬ。頑固

キツネノシッポ　ひかげのかずら？　湿った山に自生。絶滅か？

ギツンチュウグライクッタ　（ギツギツ）腹一杯、これ以上食えん

キテガナイ　嫁さんの――。エランドルじゃないカン

キデハナヲカム　無愛想。(共)木で鼻を括る。市電の百姓客に町の商人の対応、指に金ぼこ。百姓を小馬鹿にして

キトクレタ　来ておくれた。テオ↓ト

キナ　黄(色)。キイ

キナウリ　メロン瓜、まくわ瓜とは別種。果皮黄色の甘瓜。手刀で縦に割る。子供の夏のおやつ。栽培に要敷き藁(泥撥ね防止)

キナシニオッテ　気付かずにいて。[類]ナンノキナシニ

キニセンナン　気にセンデ(労る)

キニョー、キンニョー　昨日。キンノウ。「昨日勤皇……」(侍ニッポン新納鶴千代)

キニョーチョーライボタモチハ(子)　ご詠歌(俗)。前歯の地蔵が受け取りて――しまいにゃ畠の肥えとなる

キニョムニョ　本願寺(東、西)。お経。殆ど共通。正信偈

ギネギネ　体格。痩せ型でヤグそうだがどっこい針金の強さ。「ギネは百年」(豊田)

キノウウマレタ……　「――豚の子……名誉の戦死」高峰三枝子「湖畔の宿」の替え歌。哀愁と厭戦感漂う戦争末期流行

キノマタカラウマレタ　朴念仁、唐変木。人情に疎いと直言を浴びる

キノモン　気の持ちよう。気のせい

キバタラキ　――がイイ=よく気が付く(機転)

キハツ　揮発油(ガソリン=瓦斯林の字も)

キビガラ　糖黍の茎を干して工作材料。軽い模型作りにひごを刺す。着色して売る

ギブス　ギプス

キブトン　掛け布団

ギボ　ぎぼうし、葉を揉んで血止めにする。擬宝珠。円い広葉の草

キマエガイイ　旧市史にも記載(柴田館長)、気立てが良い=娘の第一指標(器量よりも)

キマチ　旧市材木町の通称。[類]カネマチ(祐金町)

キマットルジャン　断定。[類]イイジャン(カ)

キマリキンチャク

何を今更。極り事。先刻承知。決まりきっとる。この「きっとる」が布着に変化。［類］アタリキシャリキ

キミチ
橇《そり》道。よく滑るよう布で叩き付けた油の跡点々。ワルは下から鋸目（橋）

キミトイッタハタマゴノキミカ
……ボクトイッタハキノボクカ。棟方志功さんも上京して君、僕がくすぐったい感じだったと

キメ　①決め。村や団の決まり②（共）肌理

キモーチ　幾分か

キモガイモニナッタ（子）　肝を冷やした（O先生）

キモトタケウラ
木は根の方、竹は先の方から割るもの（共）

キモノガヒケル　着物の繊維（戦意）消失

キモン　着物。ノ↓ン

ギャーツク〱　——いやあすな（名古屋）。うるさい

ギャクテン
ペダルの逆転がブレーキをかける式の自転車。重量操作重い

ギャンギャンユウ　猛抗議

キャンタ、ソクホ
中柴（山綱二区）、旧青年学校、東中第一期三年生本校のバラックの東側（のち養鶏場）に草競馬場。真ん中に水飲みの池。農閑期に農耕馬を主に競馬を開催。チョッチョッと馬上の本職。走行の種類（二種）＝競争種目

キュウクツイ
窮屈＋イ。＋イの一例。［類］メンドイ（メンドッコイ）、丈夫イ、ケッコイ、ソソイ、四角イ、黄色イ、ジュルイ、ケッチイ、ス（酸）イ、ゲスイ、ボロイ、ババイ、コツボイ、ボッコイ、ハシカイ、ヅツナイ

キュウジュウキュウ
山綱は往復のB29の通り道。当主、集まって石カケを背に数える。百機の内一機、白煙が続いたり

キュウダッタ　——ノン、ネエ。——ジャン。急死

ギュウチチ
牛乳。昔、字向市場に商う人あり。飼育一頭、土間コン

キュウネン
一九九九年の読み方。昭和九年九月九日は全部「ク」と読む。勲章二つの故T君誕生日

キョウノサンジュウサンゲンドウハ
「——仏の数が三万三千三百三十三体御座る」。ヤシキの京見物、早口言葉

キョウビ　今日《こんにち》

キョウヨウガジャマスル　冗談の一つ（自称）

キュウリモミ　胡瓜が好きで酢が好きで

キヨク

嫌な様子を微塵も見せず。気軽に、快く、気持ち良く（[類]キガイイ）

ギョメイギョジ

御名御璽これでお終い。詔勅に俯《うつむ》いていた児童一斉に鼻を啜る。後ろの先生狼狽

キヨモリサンハヒノヤマイ

ヒノヤマイをヘノ……と自分の屁を紛らわしたか。義太夫か。ヒノヤマイ＝熱病。コレラ（オコリ）

キララ

羽栗境の山、本宿の大幡に産す。大幡の小学校の名「宝山学校」。雲母繁栄

キリカエシ

ツチゴエがポンポンにイキってホコホコのイキ。備中かフオークで崩し、未熟な部分を芯に移す。キルはトランプを混ぜると同じ

ギリガワリイ

義理（お返し）を大事にする。三河武士（Y校長）「鼻を欠くとも義理を欠くな」

キリニシテ、キリニセマイ　[対]キリガツカン

キリバン　まな板

キリフ

（トランプ）。ヒチナラベ、ババヌキと共に人気の遊び。他にウリカイ、ギンコウ、シンケイスイジャク

キリヤマ　（地名）登記地名、切山。田

キルモン

衣服。[類]カクモン（筆記具）、クイモン、クウモン（食べ物）

キレマ　切間。山綱から線路北。池金の入口。桶職、庭師

キロキロト……（子）

――ヘクトデカケタメートルガデシヲトラレテセンチミリミリ（ヘクト＝百、デシ＝十）。$\sqrt{2}$（ヒトヨ……）、$\sqrt{3}$（ヒトナミニ……）、$\sqrt{5}$（フジサンロク……）＝算数がらみ。「余計なこと教えないで」（近頃の親）

キワタリ（子）

木渡り。木から木へ、枝から枝へ。上手な子ほど猿に似る。T君はブラーンを楽しむが、次の枝（ポプラ）を失敗し足から墜落

キヲヤム　心配する。（共）気に病む

……ギン

急ギン、脱ギン（命令）。ナ↓ン

……キン　行キン、止めトキン＝命令。ナ↓ン

キンカウリ　最近甘みが薄い？　栽培も稀

キンギョノウンコ　（共）金魚の糞。どこまでもくっついて離れない。特定の人にくっついて歩くを常習の人

キンキンゴエ　金切声。女性（俳句の先生）

キンコダマ（子）　硝子玉の遊び。小指を基点に拇指と差指で捻り出す。お弾じきの男子版だが、疎開のカチン玉が入って来て廃れる。ビー玉

キンシクンショウ　①遊廓で病菌をもらう②終戦一年前ごろから賞勲業務混乱、通知だけでモノが届かず。シーランゾーと

キンシュモト　資金提供（応援）者

ギンズイカ　山中名産（特に羽栗）、「ヤマナカズイカ」。食味舌当たり最高。抽斗の中に新聞ガミでくるんだ種子がないか探して下さい

キンスジ　伍長から上、陸軍の肩章に入る。［対］アカベタ（新兵）

キンタマオトシ（子）　通学団の出発前にやる遊び。民家の地面に矩形のコート、四隅にふくらみ、走る遊び。所要面積はオモテの広さで充分。要復活（名は変えても）

キンタマツブシ　鉄棒の技。横回転。ズボンの巻き込み注意

キンタマヲニギル　えらい人の核心を掌握

キントト（幼）　金魚

キンナッテ　気になって。ニ↓ン

キンノウ　キニョー。キンニョウ。昨日

キンノウムイタ……　正信偈

キンノウムケツキョウムケツ（子）　「勤皇無欠……」の替え歌

ギンバ　銀歯。クラスの疎開女子五、六人の代表格のあだ名。おかっぱで珍しい義歯。一方地元側はS女。「アメリカにきっと仇を討ちます」

ク

クイ、クヨ、クヨヤレ　敬語、オクレン。（共）下さい。北設でクリョウ。豊根村でク

ロ（方言の宝庫か）。他県でクンロ

クイアワセ

食あたり。蟹と氷、西瓜と天ぷらなど。壁用ポスター（商店宣伝）＝昔は月の大小

クイカス　歯垢、歯くそ

クイギシクッタ

（ギツンチュウグライクッタ）。ギシ＝限り。これ以上食えん

クイソコナイ

欠食。貧乏で食いはぐれ。防止法は手に職を持つこと

クイツキソウナカオ　時に女性に見かける（失礼）

クイモンノウラミ　中々忘れられぬ

クイン　オタベン、クワッセ、タベリン。ナ↓ン。命令

クインボ

杭棒。代表例、今支所の辺り、底無しのウダンボ、長尺救命の杭と田舟

クウキデブ　（失礼）観察が行き届いた表現

クーサン　本名熊三郎の呼び名

グウスカ　ぐうぐう午睡。高いびき

クウダケアヤ　最低生活保障。――何とかなる

グウチョーパー

（じゃんけん）鋏＝チョー。他所でチー、チョキ

クウモノモクワンデ

倹約して目的を果たす。働いて働いて食うや食わず

クギクスゲ（子）

戦中、カチン玉と同じ頃入った五寸釘による遊び。なるべく遠くへ打ってスジを引いて競う。ナイフによることも。単にクギ、ナイフとも

クギヲヒロウ

パンクの因。舗装が行き渡って、ノーパンタイヤもできて、業者の仕事激減

クサアックットル　畑の草に自嘲。ヲ↓ア

クサアハヤス

他にやることあり。クサアツクットル。ヲ↓ア

クサギ　臭い低木

クサケイバ（共）

山綱町現二区（中柴）で行われた。農耕馬の参加も。あれが速歩、あれがキャンタ、あれは本職。賭けた噂？

クサブエ（共）

蓮華の莢、たんぽぽの茎。田に生えるヒョウヒョウは穂を抜くだけでよい。シーシーシーピーピー

クサボウボウ　草畑。草ぼこ

クサボコ　草生地(クサボウボウ)
クサヤネ　藁葺。トタンを被せて永久(名工S氏遠征)
クサヲヒロウ　拾うとはプロらしい
クシャケル　クシャンと潰れる
クシャンコイタ　(田原の人)挫折。クタンコイタ
クスゲル　突き刺す。トグシを踏む。大怪我の因
クスノキバタ　(地名)山。元は畑
クスベ
盛り上がった黒子。。先生のあだ名にも。燻べる(くすべる、ふすべる)
クスベッタイ　くすぐったい
グズリチン　ごね得
グズングズン　鼻風邪、ぐずぐず
クスンゴブ
風呂の中で屁(短刀のことを九寸五分と言うに懸けて)
クセンナル　叱ってやってオクレン。ニ↓ン
クソ……
クソ忌々しい。クソおもしろくもねぇ。クソ重たい。犬の便を踏んだ不覚の子＝クソくせえ。クサダーケ。クソ難儀。クソバカ。クソヤケ
クソアツイ　この——ニようやるのん。[対]クソサムイ
クソオモシロクモネエ　兎に角面白くない
クソガテエ　堅いちゅってから堅い(人格)
クソガメ　野壺(畑に付属)。[対]ションベンガメ
クソゴガワク　(ゴガワク)、怒れてならん。業を煮やす
クソジジイ　言われるほどの齢になり。[対]クソババア
クソダーケ　西の大高でクスダーキャア。糞だわけ
クソテイネイ
いい加減で良し。度を超す丁寧。[類]糞度胸
クソナンギ　超難儀
クソニギリ(子)　手相。ババニギリ
クソノヤクニモ　——立たん(糞が迷惑)
クソバカ　相手にできん
クソバツ　毒茸。クソバッタケ
クソブン　([対]カナブン)黄金虫の大部分
クソヤケ
くそたれ、くそまじめ。クソが迷惑。やけくその誤用にあらず。[類]クソッタレ、クソドキョウ、クソナンギ、クソバカ
グタ
田植えで、足で土中へ斜めに押し込む浮遊ツチゴエ。芥か
クダク　小銭両替(コマカクスル、クズス、コワク、コワス)

グダグダユウ　だいぶ酔っとるな

クタビレホイタ　疲労困憊

クタンコイタ　（東三河、田原）クタン＝当地コテンか

クチイヤシイ

「口へ入るものなら按摩の笛でも」。煙草もその一か。食いしん坊。卑しいの用例これのみ

クチガウマイ（共）

（名古屋）ナニユウテリャアス。クチカラサキニウマレタ、クチバッカ、クチダケナラナントデモイエルワ（女）。田舎で嫌われる（名古屋、オテンタラ）

クチガコエトル　勤めとやそうなる。口がおごっとる

クチガマズイ　味覚に合わぬ

クチダケ

有言不実行。気にするだけ野暮。リップサービス

クチバシガキナイ　（東三河）まだ未熟。（共）——黄色い

クチモキカンドル　絶交

クチュン　杉玉鉄砲不発

クチヨリテノホウガハヤイ

体罰。手が早い。手が先。歌謡曲にも

クチンナカ

口の中。ノ↓ン。［類］アタマンナカ。例、アンタントコ、ウチンナカ、ココントコ。東でンを多用する。マンズイネ（浜松）。「豊橋」もトンヨハシとンを挟み、語尾を下げると土地っ子らしくなる

グツ（子）

将棋の駒で遊ぶ（振り駒で競う）とき、駒同士が重なるとやり直し。パンキも同様ルール。グツとは糞

グツグツ

（共）——煮込む。（当地）——産む＝子だくさん（タサンケイ）

クッサイ　臭い。屁は屁元から騒ぐ

クッションガイイ　肉体美人。南方では第一条件か

グッタラく　不鮮明な物言い

クッタリクワンダリ

貧乏。ヒギレル手前。食らうや食わず

クッチャネく

横着な生活。もっとも人生これの繰り返し

クッツキビエ

苗と共に植え込んだ稗。踏んで根を倒して分けて扱ぐ

クッテク　生活して行く

……クテ　居らんクテ、行かんクテ

……クナル　イカンクナル、コンクナル。ナ↓ン

クニクヲセル　苦労に苦労を重ねて

クニイサ　国蔵の呼称

クニセル　気にする

クニセンタチ　気にせぬ人柄

クニャクニャ　(共)ぐにゃぐにゃ。くねくね

クノモチ　暮の二十九日の餅搗きは来年一年苦をする

クビツリ　既製服(出来合いとも)

クビナシ　セーターの衿部分、タートルネック＝徳利型

クビニナワアツケテ……

引っ張って来い。亭主の不行跡

クベチャッタ　焼却処分。証拠隠滅常套句

クマゼ　熊手。[類]ムカゼ(百足)

クミ、コグミ

町(旧大字)を分けて行政に用いる組織。岡崎市山綱町(旧大字)を二つの区に分け、一区を扇子山、上、中、中村、下、天神の六組。小組はその中で冠婚葬祭目的、昔々の五人組の名残ではあるが、行政に関係なく拘束も弱い

クミオキ

井戸水の水温調節。洗い上げ用の保存水。お勝手の余り水(井戸、ポンプ)を手桶で保存

クム　土手、イシカケ(石垣)が崩れる。除草剤も因

クモガノボットル

↕クダットル。雲の東行西行で雨を占う(お天気)。上る＝京?　東京?

グモノス　思わぬところへ張る

クヤ

来れば。否定、クヤヘン(他所コウセン)。クヤガラン

クヤガル　来る

クヤヘン

来ない。コヤヘン。(渥美)コーセン。――ヘンは、鎌倉街道(山ツナ驛)の名残り、京ことば(私説)

(マタ)クラ　(また)来るわ。ルワ＝ラ

クラウ(共)　①ビンタ(一発)②お説教(ワルい先輩)

クラベボセ

シャク(尺)ボセ。ワルキの長さを揃えるために作る。腰に差す(半纏が破れる)

クラボッタイ　光線不足。薄暗い

クラワサローゾ

一発――。顔へ見舞うぞ。ユウコトヲキカントドグラス

グランド(共)

岡崎公園。市内の二輪店、自転車店の店主によるオートレース会場に。メグロ、キャブトンなどに乗り、コースが狭

いから片足着けてカーブ、ほとんどそのまま疾走。草野球は市内実業団、学大（愛知学芸大学、後に刈谷へ）。（中日のテスト＝天知監督の頃）草創期には喧嘩になってバットで追いかけたり。市内のリーグあり。別項マゴサ

グリコノマーク　お手上げ（降参）

クリヨリウマイジュウサンリ

焼芋。九里と四里を足したのデスネ

クル、クル、クルー……

——車懸りの陣具え巡るアイドの鬨《とき》の声……。別項サイギョウサン、オジャミの唄

……クル

イジ、エド、コネ、サバ、シャベ、スベ、チミ、ツネ、ナゾ、ヌル、ハネ、ヒネ、ホジ、マゼ、ミシ、ムシ、……以上にクルを付ける。クは強調

クルウ（子）

遊びの乱闘。球のない集団ラグビー（低学年）。突然勃発、下はフラフラ今なら禁止

クルマヤ

水車屋。山綱の上から下まで四軒。搗く内は無人の杵臼

グルリ　周囲、周辺。（豊川）クロ、当地グロ＝隅のこと

……グレ　……ぐらい

クレテモイラン　イランチュヤイランダ。険悪

（……シテ）クレヤアイイダニ　呉れればいいのだが。願望

グロ　隅。豊川でクロ

クロキ

ワルキでお馴染の雑木。他にソヨゴ、ネブ、ヨウブ、キシャ、ハンノキ、ビンカ、アセボ、桜、カンメギ、モチ、栗、柿、樫、栃

クロシタ　（地名）田、畔下

クロズンドル　黒っぽい

クロト、シロト　玄人、素人

クロドン

ネコギギ。山綱川に棲んだギギの種類。黒白ブチで水色、青色、黄色も入る。刺す。アカドンより躰が小さい

グロマワリ　田の隅一帯。豊川でクロマワシ

クロヤナギ

畔桝。明保（アケボ）に続く山綱の古い姓。西尾藩に属したので、電話帳をくると旧福岡を経て当地へ伸びる様子が分かる。家康の鵜殿攻めの道案内は地侍の畔桝

クロンボ

麦の病気。殼に異状、中に黒い粉が詰まる。小麦の黒い穂は後で飛散する（エンシュウ）煙硝。炭疽病

クワイチゴ　桑の実。赤から黒に熟するのは山桃と同じ。軸が柔らかい

クワイレ　交換（ズルガエ）した田の地味を試して「そんなバカな〜」は誰でしょう

クワカゴ　中身が軽いから大ぶり。背負う

クワギレ　諸掘りの失敗。家の食用

クワヅカイ　鍬、備中の使いぶり（見て覚えよ）

クワヅメ　①桑を摘む刃。差指へ嵌めて桑の葉をぷっちんぷっちん。どこへ消えた最小の農具②平鍬、備中（鍬）、唐鍬の頭部の詰め。鉄片の特製。自製の木製も（ツメ）

クワレル　①鋸。ベテランでも風の影響などで立木に――。ヨキもワルキに――。割れるまで土に逆さまにトーン②脱穀機に束を③機械に手を。カマレルとも

グンイアガリ　戦中養成医。名医多し。「コキタネエババアダナ」中には外れも

クンショウ　花柳病（淋病、梅毒）。オツリとも

グンズー　決まってぐずる人

クンチ　九日《くにち》

クンチャ　国、邦の人の名前、クニよりクンの呼びを多用

……クンナラ　……くらいなら

（マア）クンナ　来んな

クンナル、クンナッテ〜
（シンペイニクヲセル）苦になる。ニ↓ン

クンパチ　陸軍最下級の勲章。布製横帯型、勲八等。胸章

グンブ　市の周辺の町村。郡部

ケ

ケアメ　毛雨。霧雨《きりさめ》

ケイケンシャハカタル　村の作業でベテランであると誇示。村の流通語

ゲイコ（共）　芸妓。職業のあだ名「ネコ」①太鼓帯の上に羽織着用の姿②三味線の皮、三毛猫の雄

ケイセキ　珪石。戦中全国を歩く山師Yさん（鹿児島出、後、開拓組合長）が、金鉱を見込んで山綱へ。殿ヶ入で珪石（軍需。探照灯用？）とマンガンを見つける。初荷の貨車を出して敗戦、

廃山。珪石山は池金（北山）。あちらは三河珪石（株）＝丸紅系。当地同様、軍需の歴史か。今はＩＴ用

ケイバ（子）
将棋の駒（金将四枚）を振って競う。表が出たら一～四、横に立ったら五、縦に立ったら十、逆しまは二十（駒一枚当たり）盤の外周を進む

ケイバウマ　競走馬。昔これの養成も（桑谷）

ケイハン　畦畔。外——、内——（土地登記用語）

ケイベン
廃線。西尾鉄道（岡崎—西尾）。六ッ美に跡。軽便の名は電気でなく燃料走行ゆえ

ゲーコン　（私の造語）鯨のベーコン。昔の好物。油っこい

ケーチョンガイイ（子）　景気（調子）良好。超快適

ケガアシテ　怪我して。ヲ→ア

ケキョバカリ　「鳴きたての藪鶯やケキョ許り」

ケサネコガ
陸軍起床ラッパ「ケサネコガオーレノチ××カージッター」。［対］就寝（消灯）は「トットトカカネテプスショー／新兵さんは辛いよねー又寝て泣くのかヨー」

ケシケシゴムゴム（子）　文房具は友同然

ケシロ　キセル（煙管）

ゲスイ　下品。下司い

ケズリコ
カツブシ（鰹節）を薄く削る。箱型道具（鉋と引き出し）あり

ケズル　畑を鍬で——。草を、畦を——（プロらしい語）

ケズレ（ト）ル　山崩れ。断崖崩落

ケタクル
自転車のペダルを賑やかに踏む。知らずズボンの裾から出たフンドシを巻きつけたり（昭和二十年代）。麻雀、安上り

ケツ　①尻②びり。発音区別

ケッカラカス　蹴った対象が移動（強烈）。蹴りまくる

ケツカル（男）（共）
居る。大阪漫才も言う。（西加茂）ケチャガル。（共）いやがる

ケッカンショウヒン
いつの頃発生の語か、「設計がワリイ」よりは後。時代流行語。人を指しても言う

ケッキョクハヤッキョクハ　結局は

ゲッケイタイ
今は販売品。以前は自製、雑巾状を竿に干してあったり

ケッコイ
（オッコイ、モンモイ＝幼）綺麗。美しい。結構にイが付い

た。［類］ジョウブイ、キュウクツイ、コツボイ、オボッコイ、ソソイ、ボッコイ

ケッコーケダラケ

続けて、猫灰だらけと寅さん啖呵。我が家もクドに昔ブチが。ブルブル灰を振り撒いた

ケツコブタ　ケツのコブ（隆起）二つ

ケッコロガス

蹴った対象が転がる。山の中腹から丸太や薪、柴を――

ケッタオス

蹴倒す。け（蹴）↓ケッ。対象、人。［類］ケットバス

ケッチイ

けちけちする（ダシギタネエ）。けち臭い。名詞＋イで造語の一例

ケッチンヲクラウ

何か仕掛けたところ、反動を喰う。発動機のホイールの逆転のハンドルで頬に怪我。ホイールの時代、プーリー同じく。肘鉄に申す

ケットル　洋風薬缶（ケトル）

ケツニ

リヤカー、荷車（地車）の積荷。後ろに荷重、梶が浮く。アトニとも。上り坂に難

ケツノケマデヌカレテシランドル

人が良すぎるのを見かねて

ケツフキ

①新聞ガミ、古くは縄、藁の袴。今トイレットペーパー②尻拭い（人材）＝ヤリスケに必須

ゲツヨウビノバンニ……（子）

――火事があって、水道の水がなくなって、木サの金タマ泥だらけ。月↓土。戦中、町から移入

ケツワリ　請けたが達せず。カンリンでケツヲワル

ケツヲシメルヒト

ヤリスケはヤリッパナシに付きこれが必要（ケツフキ）

ケツヲタタク　奮起を促す。尻をたたく

ケツヲマクル

お芝居、義経千本桜、白い猿股の一人が静御前に近く裾をまくって大受け（豊川）

ゲデマ

下手間。仕事の各段のうちだから、ヤッツケ仕事に非ず。ゴソゴソ仕事。［類］下職《したしょく》

ケトゲ　鶏頭

ゲナ、ゲーナ

ゲナゲナバナシハウソダゲーナ。名古屋「ダト」

ケナルイ、ケナリイ　羨ましい

ケノグ　夏、暑苦しくて布団を蹴る。ノグ＝脱ぐ

ケブタイ　煙《けむ》たい。人の評にも言う

ケボケボ　ぼけぼけ

ケホンケホン　咳

ケモクジャラ　毛むくじゃら。ひげ＝髭モシャ（もじゃ）

……ケヤ
欲しケヤ。……けりゃ、……きゃ、……ければ、……くば

ケヤス　消す。ケヤカス

ケロウジ
茸。ロウジに似るが笠の裏に毛があり食せず。乾いたゴの突出に騙されて「ケロリチンヲトラレタ」

……ケン、ケンガ
ケン＝けど。ケンガはケドとガが重なり煩わしい。（名古屋）ケドガ。ガを省いて通じる筈

ケンガタカイ（女）　つんとしている。妍か

ケンガトオル
杉桧の幹の真っ直ぐ（用材部分）が長い。額田町より山綱は十年余分に掛かるが堅牢に育つ

ケンサマス
検定した枡。焼印。ケンテイマス。未検品を何と言った？

ケンザヲ
一間を計る竿。竹（共）でなく、ヌキに墨を入れる

ケンセイ
糖黍に似た黒い穂をイキラカシ揉んで皮を除き、搗いた粉を練って蒸す。サトウゲンセイは砂糖黍か？

ケンソガワリイ　険相な。眼光鋭く頬骨高く

ケンダリイ　気怠《けだる》い。九州のカツタルイ＝体。ケン＝気

ケンチ　間地石。石カケ用花崗岩

ケンツキデッポウ　銃剣。着剣

ケンドイ　際どい

ゲンノウ　石工用金槌

ケンパン（子）　パンキの別名

ケンポチャネエ　労して益無し

ケンミ
検見。収穫予想から共済被害の査定（ツボガリ）。農林省に作報（作物報告）という出先（のち食糧事務所から農政事務所）

ケンメン　証券。山林売買は登記面積（券面）で行う慣行

ケンモホロホロ
正しくは、ほろろ。ほかにモロハノヤイバ（×刃→○剣）、ヒョットカシテ（カは不要）、テイシンヘイトウ（平身低頭）

（以上、豊田）

コ

ゴ、ゴヲカク
松の落葉（マツバンゴウ。注、安城の文化誌）。熊手で掻く。タイツケ（焚き付け）、温ドコの発熱材。トントン熊手の背で整形して縄二条を掛け、ショイコで運ぶ。松以外もゴ

コアザ
小字。上衣文町左桃（サンモ）、洞町西田面（トウモ）、大西町呑地（ドンチ）。信号のローマ字で正しい読みを知ることも

コイクナル
移入（名古屋）、判るが使わない。彼地コイイ（濃い）の語から。俳人、中村草田男「濃ゆく」。（共）濃くなる

コイザワ
（地名）登記地名、小井沢（舞木）。福祉施設愛恵協会旧地。今、山綱町（天神）へ移転

……コイタ
「放つ」の意がある。①聞き捨てならぬ（ナントコイタ）②イネコキ、穀類の脱穀、穂をスッコク③「ウソヲコイテ、ヘヲコイテ」。職人の標語（嘘を嫌う）

コイダケ
↕アイダケ、ドイダケ。これだけ。（蓑川）コンダケン

コイデ　（↕アイデ、ホイデ、ソイデ）これで

コイテク　引越して行く。シ↓イ

コイトレ、コイトレノ、コイトレッチュウダ
（イワシトケ）馬耳東風。（江戸）てやんでえ

コイノサワ
（地名）登記地名、恋の沢。山。隣、恋の口は山、宅地。位置は女郎買道の上。鎌倉街道、山道湾曲に複雑な筆は七堂伽羅跡であろう（土地宝典）。峠を向こうへ下ると、本宿の法蔵寺へ通ずる。終点は赤坂（役所）。恋と書くが、昔はコエ（肥）の沢と聞いた

（マタ）コウ　来よう。（マタクラ）

……コウ（男）（共）
吉公、種公、エイザ公、（以上、人）ワンコウ、ニャンコウ、ネズコウ

コウエンノイッタリキタリ　光栄の至りをかく言う

コウカイドウ
村の集会場の旧名。初寄り合いや役員の会合、各ヤシキの寄り合い。豊橋市焼け残りの威容に比しコビソではある

コウガハットル　米粒優良品。甲か

コウコウ
①ここからここまで。位置関係②沢庵漬け。頭にオを付けたり。辞書コウコ(香香)

コウシテミルト　総括

コウタイ〱(子)(共)　カワリバンコ

コウナカマ
講仲間。ヤシキ(組)より広い区切り。葬式費用(棺＝板講)の積立。講中(コウナカ)。上屋敷カイエイコウ(JA通帳)。以上、昔

コウバ
(共)コウジョウと同義。大工場を「コウバ」はあっても、小さい(ガラ紡など)のには「コウジョウ」は使わぬ

コウバシイ(共)
意味は分かるが、少数か。当地は「イイニオイ」

コウバンサン
学校の用務員。チリンチリンを鳴らす。給食を作る。宿直の先生の世話をする

ゴウヘイ　町村合併。がっぺいを別の呼び方

コウボウサン
山草の蘭。弘法さんが書見。字が見える。消滅(乱獲)。もう一方の気高き(水源地を選ぶ)ミズゲキョウも?

コウホネ
烏賊《いか》の骨。戦後肥料不足(昭和電工盛況)、魚のアラを代用。これがプカプカ田に浮く。(共)水草の一。池の食草(とは別)

ゴウメイ
合名会社。万十印みそ(本宿、現存)。藤川にユウゲン(ガラ紡)、今は無し。株式を謳ったのは大岡屋(酒類卸)。恐らく本格(個人からの法人成りでなく出資も募って)のスタート。当時業界の雄、丸石は合資会社

コエキン
カネゴエの代金。小作、貧農は年貢も払えん肥え金も払えん

コエケ、コエギレ　肥料分

コエハスレドモ……
——姿は見えぬ、まるでお前は屁のような(屁が主題)。昔、屁が身近だった

コエビシャク
——と掛けて、モトガニギレン(モト＝原資)

コエヲヤル、コエヲフル　施肥。フルはバラ撒く

ゴエンジ
大寺の当主。オッサンより格上の印象。息子の和尚はワカ

コオビバンテン
子負び絆纏。コービと発音。負ぶ→オンブ

(ハエ)コガハラニアル　（シンヨメサン）早々懐妊

コガラカス　焦がす。――カスは人為の強調

ゴガワク、ゴヲワカス
立腹。立腹の極。ゴは山のゴ（落ち葉）ではなく、業を煮やすの「業」

コキタネエ
汚ねえ。薄汚い。――ババアダナア＝軍医上がりの面汚し、二度と行くか

コク
①嘘を――（言う）「ナニヲコクゾウ……」②稲こき（扱き）＝穂をスッコクから？③ソンコク（損を蒙る）④屁を――

コクイチ　東海道（新旧）、一号線の通称

ゴクツブシ　金食い虫

コクヤ
穀屋。米屋。本宿、山中に藤川も小林。池金（北山）がルーツ

コグミ
組（ヤシキ）の中で冠婚葬祭のみの付き合い。コヤシキ

ゴケ、ゴケサン
戦争が終わったらあそこもここも。①未亡人、後家の一連隊（ゴケレン）もや縛り専門、桑谷の天狗沢、ショイコにキカイナワを斜めに引っ掛け、もんぺ、電車で大西（男川）。エイサン夫婦もよく盛り上げた②ゴケザヤ（刀）、本のケースにもゴケ。古本の函（ケース）が合わぬのは、函が初めのと違うから

コケガハエトル　（コウラヲヘトル）ド心臓

ゴケソウ　持ち前の顔の分類。［類］憂い顔、福相

コケダナア　（共）虚仮《こけ》にされた

コゲツキ　お焦げ。これをねだったりして（子）

ココイラハ……
――どこいらだっけなあ。疎開の子（東京）、当時流行アドリブ学芸会。ナニスルンダナニスルンダ（大阪）同。自由主義

ゴゴウゴウセンダイソンダ
一合から始まり一杯で腹を満たす唄の一節。コウセン＝香煎

ゴコク
甘藷栽培絶頂期の品種。多収、甘味絶大、飴に適。他に農一、八（護国は丸型）

ココチュウトコデ　あかんだなあ。拍子抜け（自虐）

ココナテ　（ココラヘン）。（東京）ここいら

ココヌカ　九日《ここのか》。クンチ

ココメ
①砕米②蚜虫（——が湧く）＝葉菜を舐める蚜虫（ありまき）

ココントコ
（イマントコ）昨今。ノ↓ン。時間の表現＝最近

ゴザ（共）
雨の日の田植。俯向く作業、風が通すので蒸れないし。菰と油紙使用。莫蓙

コサカ
（地名）川。上から数えて四つ目の洗い場。洗濯場は湾曲の突き当たり、石段の段数多し。ユに近いがその割に浅く水流がある

コサムイノン　（東三河＝萩村）挨拶定番

ゴザル
敬語。「居る」の意、名古屋に残る。「京の三十三間堂は仏の数が……体御座る」は昔、当地団体旅行の記憶

コシガヒケル
尻込み。逃げ腰。オゾム。[対]本腰を入れる

コシタ　樹下。半日陰を山の蝶おはぐろ蜻蛉がへらへらと

コシャウ
拵える。作物の栽培はツクルと言い、人為で形を成すのをコシャウと言う

コジョク　小食（↔オオグライ）。（共）こしょく

コシヲキル
①植林（下刈で杉桧の苗が）②ショイダシのスタート③しんしょ（アラジンショ）。ドラ息子漸く覚醒？④一人立ち（人）

コシヲハジク　腰痛の始まり。腰に電撃

ゴシンボク　ご神木＝跡取り、シン＝神。（共）神木、神樹

コズミ　搔き回した壜の細かい浮遊（沈殿する）

コズム　コズミが収まった状態

コセトル
大らかでなく、こせこせしとる。人、立木の育ち（共）こせつく

コセベッテエ　狭い。割り込んで座る

ゴソゴソシゴト
必要だが、工事というには細かい（大工）。ごそごそ仕事も日当の内

コソバガイイ
こそばい（クスベッタイ）。（共）こそばがゆい

ゴソンゴソン　ごそごそ（のろのろ）

ゴタイゲサン　最上級の謝意。仏様がらみに多用

……コタア　ハヤイコタア。タア＝とは。感嘆

コタエル
①重量物を担いで極限、一人入って助けるか、間に合わずに下敷か（耐える、堪える）②心が傷つくような影響を受ける
コダキ
雨乞いをしたところ（アマゴイゴイショ）。今、青木神社に合祀。離れた上《かみ》に大滝（駒ヶ滝）
……ゴチャ　鬼ごちゃ（ごっこ）、ままごちゃ（ごと）
ゴチャマゼ　いっしょくた
ゴチョウ　伍長（組長）。五人組の名残か
コツオサメ　納骨
コックリサン（子）　占い。昭和二十年代流行
コッスイ
こすい。「コスイ××さん」上屋敷当主列伝にあり（悪口）。度が過ぎて
コツタイビ（男）
痩せて肋骨（あばら骨）が洗濯板。誰かの造語だが通用、定着している。↕肉体美
ゴッツイ　ごつい
ゴッツォー、ゴッツォーサン
御馳走。飯田地方では――サンの頭にオを冠す
ゴットー
蟻地獄。甲虫、蟬、かみきりの幼虫。クサカゲロウ（うどんげ）の幼虫
コツベテエ　裸の背中へポチョン、コッツベテエ（人）
コツボイ　粒が小さい。ツボ＝粒（［類］ツボドン）
コデ　田植。本数淋し目に植える（↕オオデ＝賑やか）
コテイチ
イチコロ。ワンサイド。コテ＝こてんぱん。一方的
コデキ
稲の倒伏の不安無し。コデキニツクル（稲作上手）。［対］デキスギ（＝倒伏に弱い）。畦から褒めたり
コデギリ
平鍬を斜めに水中をちょんちょんがばがばと切る。ナエバへ田植えをする地拵え
コテラレン
小堪（耐）えられぬ（我慢できぬ）。うま過ぎて――。（応える、答えるではない）。タエ↓テ
コテン　大した力もかけぬに倒れる
ゴテンノヨウナ　豪邸。立派な本宅の形容
ゴテンビナ
御殿付の雛。嫁さんのザイショから女子のハッツゴへ。その

主流

コトガワカラン　事の真実について不分明

コトコト、ゴトゴト　台所の音。重い物の揺れ

コトダヅ　事件発生

コドモハナクノガシゴト　泣かせるなの苦情に対し

コドモハネッテツクレ

邑井操『果報は練って待て』、この場合の「練って」は、ただ寝て待つのでなくの意

コトヲコワス　おまんが入ると――。［対］コトヲオコス

コナイダウチ　先頃。先般

コナシビヤ　穀物調製の棟。［類］タキモンビヤ

コナス

①仕事を処理する②穀類の調製③オコシタ土塊を――。粉（名詞）を動詞化、「粉す」では？［類］リョウル、ヘンゲル

コニャカン　来なければ不可ない。イカン↓カン

コヌカサンゴウ……

――モラッテモヨウシニイクナ。異説、コヌカコヌカトサンドイワレタラヨウシニイク（勿体付けて）。とは言え、上（カミ）から下（シモ）まで来た養子、やり手揃い（覚悟があるだネ）

コノ……ニ　コノアツイニ＝こんなにも暑い時に

コノイキニ　イキ＝機。今が好機

コノオ、コノクソォ　奮起。（共？）こなくそ

コノトキトバカリ　この機を逸らすな

コノユビトマレ（子）　オニゴチャスルモノ――

コビソ

（↔オオフ、ダアダア）しんしょの規模、業容、小規模

ゴホウジ　法事。食事接待

ゴマ　木のタタキゴマ、鋳物のゴマ。独楽《こま》

ゴマ……

代々悪徳商人の名前に冠してゴマ××と呼ぶ。授業時間中に子が次々と店を訪れて買う、これは続くと売値を上げる

コマエ　木舞《こまい》。荒壁の下地（竹）

コマカクシテ　小銭両替。クズス、クダクとも

コマガタキ　大滝の別称

コマットル　しんしょの難局

コママワシ（子）

手製の叩きゴマ（木）を疎開で入って来た鉄ゴマで一変。曲芸のほか、缶で受けて走ったり、冬の運動場は活況

コマリハテル、コマリホイタ

困ったの極み。［類］コリハテル

ゴミ

田植の時浮遊する細かい堆肥。クダ（＝芥）とも。風で寄り集まり移動し苗セセリの因

コミコミ　諸事勘定突っ込み

コミナワ

藁と布切れを綯って（ナッテ）作る。コヌカを振って水漏れを防ぐ。風呂桶と釜の間へカナベラで込む

コミヤル　（移入）ごま化す

ゴム　イトトリ（綾取り）の作品。伸縮を披露

ゴムカン

木のまた、何重かのゴム、石を挟む皮（ぱちんこ）

ゴムゾウリ　結構減りが早い。ゴムジョウリ

コメカシミズ

米の研ぎ汁。人の精子のことにも。薄い＝シャビンシャビ（ン）

コメツブヲタテニイレル　おちょぼ口

コメノケンサイン

農林省所属（食糧事務所）供出前巡回、俵装をブスリとサシで米を掌に採取、粒を並べて等級、等外、寡黙の作業。前身作報（作物報告事務所、今は農政事務所）に所属

コメノコ

柏餅、お彼岸団子、いが饅頭、モチイ団子。四月八日お釈迦団子を尼寺、禅寺で配る

コメヲカス　米を研ぐ

ゴメンジャスマン（子）

手ェついて謝れ。「ゴメンダヨ」に対し

ゴメンダヨ（子）　芯から謝っとる（カニシテ）

ゴメンヤス

お邪魔します。ごめん下さい。［類］オイデヤス。東三河（渥美）のゴメンマショーは謝罪にも

コモゼッチン

菰を吊し、甕にこんにゃく板二枚。昭和三十四年豊田で実見。菰はトイレの扉代わり

コヤ、コヤア　これは。こりゃ。［類］コヤイカン。コヤカン

コヤシキ

ヤシキ（組）の中で冠婚葬祭のみ、つき合う組。五人組の名残？小組

コヤヘン

来ない。神戸でコーヘン。この「ヘン」は往古官道山ツナ驛の名残りと私論

コヨクヨ　これを呉れ

コラシタ　オイデタに同じ。来られた。敬語

コリハテル　余っ程、懲りただなあ

コレカラチュウトキニ
思うようにいかんもんだノン。お悔み

コレギシ
これだけ。物の分量を限定。コレギリとも。百恵ちゃんコレキリはギと濁ると歌いづらかったか

コレグレ
これくらい。隣村、蓑川コンダケン（ケラに両手を広げさせる）

コレバカ、コレッパカ
こんなに少ないのか。コレバカツン

コレベンベ（子）
見せびらかす。ベンベ＝べべ（衣裳）。べべに限らずいいものを皆にかざすときに

コレラグサ
畑の草。背が高いので見つけ易く、根は張るが、コグに容易。ビンボウグサ。コレラ流行の頃外来か。シラヤマギクか。［類］カクリシツ、ヒビョウイン

コロ
①カチン玉、大玉の一手、音堂々②——をカウ（重い物の移動、丸棒をカウ＝支う）（共）。転がすのコロ

コロイタ　シ↓イ

ゴロスケ
ゴロスケドーセエホッホー。啼き声今も変わり無し。みみずく（またはふくろう）

コロバカス　倒す。（共）転ばす。カは強調

コロブハオヘタ（幼）　あんよは上手、の続き

ゴロマケ　ダラマケ。ワンサイド、大敗。コテイチ

コワ
用材を挽いた外周の片面蒲鉾状で皮が残る板。（共）こば、木端、木羽

コワイ　①怖い②硬い

コワイモンナシ　無敵

コワク　小銭に両替（こわす）。クダクとも、細かくする

コワケタ　壊れた。レ↓ケの例。結婚話が——

コワシタ　（地名）登記地名、コワ下。田

コワレタチコンキ
先刻言ったことをまた繰り返す。「僂い僂い」同じ溝を針が飛んで

コン　来ない（来ぬ）

コンエイ　作業具の小舎

コンキイ
疲れる（エライ）。他所のしんどいは精神的苦痛もいうがコ

ンキイは身体のことに限る。根気イ？ 疲れた

コンキガキレル 一巻の終わりには非ず

コンキト 毎度。コンキ＝根気？

コンクナル 来ない様になる。コンヨウニナル

コンゲニ ご覧の通り。ゲ＝具合か

ゴンゲンサン

家康の鵜殿攻め（山向こう神ノ郷）の際、山綱の百姓（地侍）が山越えの案内。刀を与え、正面の山を扇子山と命名。上《かみ》に碑。以前は、四月十五日赤飯で祝った。碑といえば、一時期日本国中に碑を建てた時があったらしい（山中城跡、新箱根、忠魂碑、平戸橋）。なお権現は死後の尊称

コンコ（子） 粉

コンコイシ（子） 石で叩いて粉にして遊ぶ腐り石

ゴンゴウ 五合。ショウ（正）――

ゴンゴロ

栗の木など、かみきりがウロを作り、中は迷路に

コンジイ 乞食。男の年寄りが多かった？

コンジョ

――ガワリイ、――ガマガットル。コンジョが知れん。どうゆうコンジョしとるだ。（共）根性

コンダ 今度。マタコンダニセマイ

コンダケン

（蓑川）田のおけらに「××やんのチ××ドンダケン」けらは「コンダケン」と手を広げる

コンドキタヨメサン 中々でもないゾン。ネ↓ン

コンナシテ ――貰ってワリイヤア

コンナリ このまま

コンナン

①（こんなに）――してモラッチャア②（こんなの）――イラン。ダガ（誰が）モラワア（貰うものか）

ゴンボ

牛蒡。作土が一尺少しで粘土質の赤土に届くから横へ肥ってひびが入る。これが旨い。（岡山）ゴンボウ

コンボウ 牛馬、山羊の仔、子ン坊（兎、鶏には言わぬ）

サ

……サ

勝ウサ、勝三郎サ。サーブーサ。大工サ、電気屋サ、店ヤサ

サアチュヤサアダモンネエ（女）

せっかち。サアチュッテサアア。時を置かず

サーブーサ

助三郎氏の通称。別に、サンエンサ（三右エ門）、キチイサ（吉右エ門、キチコウとも）、エイサン（栄三郎、エイザコウとも）、呼称いろいろ

……サイガ
（他所）……すると――。……するとその結果。例、やるとサイガ。当地使わぬ

サイガケ　鍬、備中の刃の先を盛る。サイ＝さき

サイギョウサンハキリフカシ（子）
（オジャミ）――筑摩ノ川ハ波荒シアワセルカイモノアワセズク敵ハコノカタカキ乱ル川中島ノ闘イハ語ルモ聞クモ勇マシヤ（戻る）。冒頭正しくは妻女山

サイクモン　職人の領域。手作り品

ザイショ　嫁さんの実家（↔イッタサキ）

ザイショヘハコブ　嫁さん、いい顔がしたくて

……サイセヤア　（シトリサイセヤア）……居さえすれば

サイタ　刺した、挿した。シ→イ

サイナラ
さよならと言わぬ。関西系。「ホナ」に当たるのが当地「ホイジャア」

サイフヲワタス
若いもんにしんしょ（身上）の権限を譲る。サイフヲニギル。一家を掌握

サイホウシツ
旧山中小、畳敷。裁縫のほか、講堂代わり。ベイマツ（米松）の天井は高い。雑巾をぶつけて脂のせいで模様点々（消えない）。児童開墾の成果、代用食の会食とN先生の笑い話

サエズル
へボイくせにヨウ喋る。勝手にさえずっとれ（共）

サカイイシ　山の境。動かして（イザル）はいけない

サガイトル
嫁さん募集。看板が上ればオトリモチやセワアスル人多士済々（↔キテガナイ）

サカカル　魚の骨が咽喉に

サカケル　下駄に足が触るのと歩き出すのが同時

サカジリ　（地名）登記地名、西坂尻。山、宅地

サカヅメ　爪の付け根の皮膚ささくれ

魚
旧山綱川の魚（河川の付け替えで絶滅）は、ナマズ、モロコ、ウナギ、ハエ（以上は共通語）。その他、アカジジイ（アカババア）、アカドン、クロドン、ダボチン、ドンキュ、メンパチ、ヤマブトー、イサンギョ。なお、隣村、池金（鉢地川）棚田地区には、フナ、タナッペラがいた（水温、水流のため）

サカマツ
片手デコに当て、祖母に指で目を開かせ、とげ抜きで抜いてあげる。逆まつげ

サガル
①上《かみ》(の方)から下《しも》へ歩いて――②恩給、勲章。年金も

サカヲヌク
坂を削って勾配を均すこと。著しい例が岡町神馬崎、以前の急坂が露出し遺産に。舞木の八幡さんから東の坂も、広重「隷書東海道五十三次」行列がばらけたを描写

サキイットットクレン
すぐ追い付くで。テオ↓ト、イは二と、行くのイを兼ねる。ナ↓ン

サキヅケ　先日付小切手

サキッポ、サキッチョ　先端。ウラッポ

サクッチ　作土《つくりつち》

サクル
①牛が角で人に逆らう②(子)パンキの技。指を離すのをわざと遅らせて相手の下からすくう(反則)。血豆の因。語源しゃくるか

サゲル、サゲヂカラ
提げる(持ち上げる)。(↕オロシヂカラ。重いので)

ササカシイ(幼)　這いまわる。障子を破る、物を投げる

ササマツ
松茸の一種。茎がやや細長く直立、基部まで同じ太さ。群生しない

サシコ
竹製鳥籠。子供が作る(↕ハコザシコ)。止まり木に南天を使用(自製)。これは易しい

サタアセル　組が出す葬式の使者二人。今は電話。ヲ↓ア

サッキン　先刻。サッキンガタ

サッポウ
作報。作物報告の略。戦後の米作把握のための役所。農家を抽出、田の実測(昼寝)。のち食糧事務所から農政事務所へ存続

サトウノキ　さとうきび

サトウヤガコロンダ　味付け失敗

サナ　七輪、くどの中仕切り＝燃焼効果用

サナエル　稲の予備苗、畝間に一束サラ。野菜の仮植にも

サネ
女陰。梅の種を噛み砕いた中の核(道真)。別名サネンチョ

サバクル
財布の中を――。(毎度〳〵)捌く。――クルの用例他にも

（アゼクル、コネクル、シャベクル、ハネクル）

サビイ

竿秤。サビシイとも。竿秤がハネず分銅がササーっと滑る。もうちょい載せて。よし！

サビシミマイ　この度はお淋しいことで。お通夜に包む

サブイ、サビイ

寒い。サビイは寒風に震える感じ。「ナイとサブイにゃ手が出せない」この警句は、ノベ（米相場）全盛に資金不足を歎いた大昔

サブガリ　寒がり、サブガリヤ。↔アツガリ

ザマアカンカン　ザマ＝体面。ザマアミサレ

ザマガワリイ　面目丸潰れ。ザマアネエナァ

サムカネエ　カ＝クハ

……サラ　（マルサラ、タチキサラ）……ごと

サラクガイイ

当たり障りがなく見た通りの性格。捌けた人。曝け出す

サラバヨサラバヨシ……（子）

静かにワアタス黄金の勇士……。女子。戦後

サワタリ

猿渡。本宿駅西手前、本宿町字。一号線を挟む南は山綱町（二区）。［類］猿投《さなげ》＝豊田市

サンエンサ　三エ門サ。次代トッサン

サンガ　急峻。――ニナットル（↔ノイ）

サンカー　オート三輪の一

サンカクノリ（子）　大人用で自転車練習

サンカノヨウナ

サンカのような。弊衣蓬髪。サンカを実見？

サンカンプ

山家、ド田舎。三河山間部はどこと気象庁に聞かないこと

サンキューネジマワシ

昔（戦前）、ベリマッチまで付けたらしくて

サンダス　差し出す

サンドサンド

毎食。一日三食。食えるこの身のありがたし

サンドメノジョウドメ　三度目の正直（打ち止め）

ザンネンデシタ、ザンネンショウ

たぶん戦後NHKラジオ、民放テレビがルーツ。素人出演盛ん

サンハオカカノハラニアリ

イチ（市）ハマチニアリ、ニ（荷）ハクラニアリ、シハ（皺）バアサンノカオニアリ、ゴハウエノヤマ、ロク（禄）ハタイケノクラ……数え唄。他所で聞かない。我が家のマイナーか

サンビョウシ　飲む、打つ、買う

サンベンマワッテ……　ワントイエ。柴犬のしつけ

シ

シイキタ、シイイク

やりに来た、しに行く（セエイク）。ニ↓イ

シイコ（子）　小便

シイジュウ　（共）始終。しょっちゅう

ジイット　じっと。じいっとしとれん性質（たち）

シイナビル　萎びる

シービーシービービー（子）

たんぽぽの茎、蓮華の莢。CBC無き頃。草でなく人の声？

ジイヒクショナリ（子）

辞書のこと。レベル少し上。「ひと夜ひと夜に」や「富士山麓」と同レベル（移入）。方言ではない。イ＝ヲ（前音を引く一例）

シーランゾく（子）

（アッカンショー、アッカンショ）、叱られる、皆冷たい

シイレガイイ　躾

シオヤガコロンダ　味付け失敗。［類］サトウヤガ……

ジガイイ　地味良。正しくはヂガイイ

シガサッテ　明々後日。（共）しあさって

（メヲ）シカシカセル　故「太陽の季節」の作者

ジカタビ

ジカ＝地下でなく直か。ハダシタビ。地下足袋の名は商品名（広告）に使用

シカッテバッカジャ……　……イイコハソダタン

シカッテヤットクレン　子育ては皆の事業

シカツモンダイ

皇国の興廃……（Z旗）＝日本海軍（日露戦争）

ジガデキル　ジ＝字。学業優秀「字ばっかできても」

……シカラカイテ　したい放題

……ジカン　山綱時間（昔）

ジカンツブシ　ひまつぶし

ジカンノモンダイ　時の流れに身を任せ

シキセ

（ツギ）。布を当てる。この語、辞書では上下関係の語

ジギョウ　地業。整地

シクム

企みの意でなく、当地単純に組み立てるの意

シグランドル
ヒズガナイ（移入）。（ホウジロガカゼヒイタヨウナ）。方言の中の名品

ジコウニアタル
時候の変わり目。注意して居ても体が変調に。熱中症

シゴトカラシゴトト
皆、そうなっちゃった、と言いつつ老いて

シゴトセンキ　疝気の病名（漢方）、その一種

シゴトナンセエヘンダラア
ナン＝なんか、など。セエヘン＝しない

ジコボウ　自家繁殖の牛（コンボウ）。ジコ＝自己

ジサーサ　治三郎氏

シシ
猪。山のアガリトの赤土に雨で滑った跡。一夜、田んぼ一枚の稲を倒して御帰参。松の木でコスッテ脂で剛毛を更に丈夫にする、牙を研ぐ。戦後すぐ、手負いが洗濯婦をぴょんぴょん（頭を中心に）襲う。畦伝いAちゃんの物干し竿で決着

ジジクサイ　じじむさい

ジジサ　お祖父さん、老爺

シジュウシザカリ　（他所）仕事？

シジュウノシマイゴ　母四十代で出産の末子（バッシ）

シジュツ　手術。［類］モトジク

ジシンゴヤ
昭和十九年東南海、昭和二十年三河大地震、戦況に不利と報道制限。各自、屋外に寝泊りの小屋、余震に備えた

シソウ
紫蘇。方言（紫草？）の方が古いのでは

ジタイ　耳帯。耳垂れ処置。［対］眼帯

シタカナイ
クハ↓カ。したくはない（＝シトモナイ）。［類］イキタカナイ、イタカナイ、ミタカナイ、ヤリタカナイ

シタク　①（共）外出②嫁入り（ニモツ）

シタジキ
ホシモンのむしろの下へひろげる藁。出し入れは子の仕事

シタビラ　舌（ベロ）

シダンボ　歯朶

シッカリシトル（共）
①頑丈②未熟が一人前の面して、小賢しい。［類］マンダハエソロワン、クチバシガキ（イ）ナイ、シリガアオイ

ジッコ　十個《じゅっこ》

ジッサイモンダイ
実体験。［類］閑話休題（それはさておき）

ジッサツ　十冊《じゅっさつ》
シッチャイネエ（男）
シルカ＝知るもんか。後は野となれ――。尻に帆掛けて
――
ジッチョウメ　十丁目《じゅっちょうめ》
ジッテン　十点《じゅってん》
シットライ　先刻承知。ライ＝ルワ
シットル　あの人もこの人も（知人）
シッパイノマキ　マキは活動写真に由来か（一巻の終わり）
シッパネ
雨降り。草履や下駄が往還の泥をズボンの後裾から尻まで撥ね上げる。尻撥ね
ジップン　十分《じゅっぷん》
シッペイマイゲ
眉毛が平らで七分目くらいのところから下る
シヅメ　……し詰め、し通し
シヅライ　し難い
……シテ
（ミンナシテ）。ノシテ、ミシテ、ヤラシテ（セ→シ）
……シトモナイ　……したくない
シトラアト　していようと→していない方が。シトランデ
……シトラント　じいっと――（センカ）
シナシタ　（オシニタ）シンジャワシタ。敬語。亡くなった
シナル　（共）しなう
……シノグ、シログ　争う対象の所業を指して（池金）
シバモチ
茸の一。尾根の裏直下あたりのシダンボにある。肌が白く美しいのでモチ
シバヤ　芝居。歌舞伎とシンパ、買芝居とマンニンコウ
シバル（共）　①もや②俵
シビトバナ
彼岸花、曼殊沙華。カミナリバナ。土中から太い茎、天頂に赤花。昔、土葬の死人が咲かすとも。球根は糊の原料とも、有毒とも
シビレガキレル　（共）痺れを切らす
シブイチ
四分の一。四半分。[類]四半々分（八分の一）＝落語より
ジブンデ……
自動。車（走る）、洗濯機（洗う）、炊飯器（炊く）……
ジブンヲダレダトモットル　（エラソウニ）
シホンビッチュ
最もよく使う農耕具。鍬より後に入ったのであろう。備中

というから西から伝わったか。三本備中は田打ち、五本爪は均すに使いマンガとも

シマイウシナエル　どこへやっただやあ。大事に仕舞って

シマイゴロ　終わりごろ

シマイニャ（子）　行末。……畠の肥えとなる（御詠歌）

シマツニオエン
手に負えん、腕白坊主。（子）手に余る。収拾不能

シマナテ　下《しも》の方一帯

シミズ
下《しも》のから中柴（国道一号線沿い）に抜ける通称地名。平板に言うが元は庄屋（地主）の姓（頭に韻）か

シミズノモチ
旧国道名物シミズノモチ（大福、終戦後まで営業＝Tさん）。一帯、地名の由来は前項

シミタレ
シミチョロというのはこのシミを取ったと思いきや、シミーズかららしい。（共）しみったれ＝ケチ。当地、シミタレは着付けがだらしないこと

ジミョウ　寿命。［類］モトジク（本宿）

シメシ
①おしめ②（共）——がつかん。①をシンメイ（豊川）

シメジ
「匂い松茸、味しめじ」。噛むとキュッキュッ。種類として一本、千本、大黒。市販は別、モノが違う

シモゴエ
イナカノコウスイ。小学校の汲み取り、商家のS君、鼻栓（特大）二本

シャアガレ　勝手に——（しやがれ）

シャーク　柄杓《ひしゃく》

シャアク、シャアケル
潰す。潰れる。（タタキシャク）。ひしゃげる

シャーペン　昭和四十年代？呼称。私はシャープ派

シヤアヘン
知らない。シ（知）ヤガラン。相手方＝シランダア、シラスカ、キイトラン

……ジャウ、ジャッタ
……でしまう〜。オゾンジャウ、イカンジャッタ

ジャカジャカ　稼ぐ。ジャカスカ

シャガンダヨウナウチ　築百年余、藁ヤネ（草ヤネ）

シャクセン　借金

シャグチ　（地名）登記地名、社口。田

シャクボセ

クラベボセ。ワルキの尺を取る。女竹を丸のまま使用（木より見つけ易い）

シャグラッテエ　明るいところから急に入ると――

ジャジャブリ　（ダダブリ）土砂降り

シャチノミ
（地名）酒呑。旧額田郡。東岡崎からバスの終点。他にキクダシ（木下）、アララギ（蘭村）。難読地名

シャチラク
しゃしゃりでて差配。――セラロウ。年長の当主

シャッキンコンクリート
高齢は借金（貸マンション）が難しい

シャッキンマルケ　マルケ＝まみれ、だらけ

シャッタ！
シャッタコイタ。失策。しまった（しくじった）の転

シャッポヲヌグ　脱帽。エライシャッポ。（仏）シャポウ

シャビ（ン）く　薄い（糊、おつけなど）

シャベリテ　話し手、話者

シャベンナヨ　言うなよ。ン＝否定形。箱口

ジャマッタイ　邪魔。ジャマクッタイ

ジャマナニドケ　ドウデ忙しい

シャムツカシイ
人。コムツカシイより上位概念。［類］シャグラッタイ

シャライ
洒落臭い。昭和四十年代か。その前か、豊田で初耳。当地通じる

シャレコクル　何となく普段と違う、言われても詮無し

ジャン　じゃないか

……ジャン
ジャ＝ダ、ネ↓ン。相手に同意を求める柔らかさの語は他にも。近い同士、状態の確認、断定の語に付く

シャントセヨ
戦中、小学校校長から、折り目切り目をシャントセヨ／腰は立たずとも一分を立てよ／鼻は欠くとも義理を欠くななど、三河武士。戦意無関係

ジャンバー　正しくはジャンパー

シュウシンナイカ　競売一つ終わっていいか（むら）

シュウセンノドサクサ
隠匿物資の白布流出。決済の額、物の行方はにわか成金（繊維関係）に聞くべし

シュウセンヤ（共）
周旋屋。自転車に鞄を通して、不動産仲介（戦中）。昭和三十年代、ブームに俄か商売も。クニシ（国師）、クニュウ（口

入）＝豊田にて通称。同市、「人《にん》見て法説け」が、話の接ぎ穂
ジュウドウハシゴダン　無冠の実力。剣道にも
ジュウニンガジュウニン　異口同音
ジュウロクモンコウダカ
足袋の寸法（特大）の表現。普通はトサン、トハン、トヒチ。
別項バカノオオアシ……。プロレスのジャイアント馬場
シュスダマ（子）　数珠玉《じゅずだま》。首飾の草の実
ジュルイ、ジュルンコ、ジュルジュル
雨の往還。泥濘（ぬかるみ、未舗装）
シュロナワ
棕櫚縄。耐水性あり。釣瓶縄など桶類に用いる
ジュンチョサン（子）
巡査。言うことをきかんと——を呼ぶぞ。制服、口髭にサーベル。正義を朱に染めて（イメージ）
ショイカバン
ランドセル。［類］背のう（軍隊）。最近若者から拡大中
ショイコ（共）
薪（もや、ボサ）などを背負って運ぶ。カラミのときは斜めに肩に引っ掛けて
ショイダシ　薪をショイコで山から搬出。子の仕事
ショイツケル
①ニナワで物を一段つけてショイコを起こし、向きを変えて二、三段つける②アカを——。見知らぬ人がハンコ（コオビバンテン）をふわっと（助力）
ショイテ　ショイコに付く肩縄
ショウ（ヲ）ウシナウ　失神
ショウ（共）、ショコナウ　背負う。例、ネコショイ
ショウアン
硝安。カネゴエ。湿気に弱い。昭和二十年代、東中旧本校の草競馬用広場で大相撲の巡業。佐賀ノ花、神風、力道山、琴錦、全部ホンモノ。（勝負は花相撲だったが）塩不足でこれを代用。舐めた力士がいた（ペッペ）
ショウイダン　焼夷弾。当地にも落下。児童負傷（爆発）
ショウオンジ　旧松本の古寺、松応寺。地名にも
ショウガイイ　この寒いにシャツ一枚（性）
ショウガツ……
「——三日盆三日、七日引いてモチイは二日、二十日正月早よおいで、小糠三合寝て暮らす」。亡き叔母の「うた」
ショウガノナエナスノナエ
矢作の人。昼休み囲碁。「仕様がない」当地ではない
ジョウカンノメイレイハ　——朕の命令と思へ（軍人勅諭）
ショウゴンゴウ　正五合（枡目）

ショウコンユ
松根油。戦争末期、広池（羽栗）の橋の下で松の仁（ジン＝脂身）をハソリで煮て。軍用ガソリン

ジョウサン　丈三。タチ（軒高）の高い家（二階建て）

ショウシイ　笑止＋イ

ショウジキマッポ
――のクソダアケ。バカ正直。世渡りの知恵

ショウジョウ
猩々（柿）。形が桃太郎の桃に似る。早くアカラムが、なかなか渋が抜けない。ゴマが入り出せば甘い

ジョウズニツクラッセル　米、野菜の栽培上手。敬語

ジョウズヘタ
食い物に旨い不味いがある如く、人の所業に――がある

ショウタマイレテ　ここ一番、入魂。ショッタマ

ジョウダンナシニ　以下真面目に

ジョウトウハクライ　上等舶来。上等ハクランカイとも

ショウナシ
①布の――②身体一部感覚無し。ショウウシナウ＝失神（人）。衣類、汗と酷使によりヒケル

ショウバイヤ　商家

ショウビン　かわせみ

ジョウブイ、ジョウブンナ　――が一等。丈夫＋イ

ショウボウヅレ　幾つになっても同志（団結）、連れ＝仲間

ショーイ　鳥をボウ。トーン

ショータレ　だらしない。ズルンコ〳〵（シミタレ）

ショーヤレ
しなさい。ドウトモ――（好きな様にやっとくれ）。せよやれ。ショー＝せよ。命令

ジョーリ
草履。終戦直後、生徒みな草履。鼻緒の色が僅かなお洒落。ズックは配給（抽選でクラスに一足）

ショク　燭（光）。電灯の照度。ワット、ルックス

ショコナウ　背負う（ショウ）

ショジョカイ（共）
処女会。未婚女性で組織した。婦人会は既婚。隣に青年団の列が来るとモーション頻り。手拭を回して見せたり

ショズム
藁の苞《つと》の塩を、全指先を使って摘まむ。障子の狐の影絵の形、その所作の名。本来、塩を摘む専用語かも

ショタン〳〵　ショータレの類。歩き方

ショチナシ
お手上げ。校医（軍医）小学校で子の歯を見て虫歯を書記に

告げた――。（共）のお手上げとは異なる未処置の意

ショッタマイレテ　本気を出して

ショットル　しょってる

ショボクレトンナヨ

岡崎（中心部）。郡部にない刺々しい嫌味（挑発）。柄が悪い、品性劣悪の言葉で野次る。要注意、カラオケ、ゴルフ、坂の登り妨害（車）

ショボントスル

意気消沈。悄気込む。［対］ショボクレトンナヨ

ショマイ　（他所）しましょう

ジョロカイドウ

（地名）登記地名、女郎買道。山、畑、宅地。カイミチの読みの方が相応しい。道の名、蒲郡まで続く訳ではない

ジョヲカウ

錠をおろす。施錠。何故カウと言うか？　障子の尻などへ細竹を斜めにカッて戸締まりをしたから？　カギヲカウとも（共、鍵をかけるとも）

ションガイネエサン　地搗歌に登場する

ジョンジョ（幼）

草履。童謡にも「赤い鼻緒のじょじょ履いて」

ジョンジョロ

鳴き声から。油蝉。なお、東三河と分かつ山境の稜線が油蝉と熊蝉の境界（今、崩れ中？）

ジョンジョンジョリカクシ（子）

藁草履を隠す遊び。昭和二十年代終わり頃、O君マラソンに使用、もちろん裸道

ションナイ　仕様（仕方）がない

ションベン　小便。［類］アアヌキションベン

ションベンカーブ　草野球、ドロンとしたカーブ

ションベンガメ

モルタル（生石灰と赤土）製、真四角の大容量のものもこう呼ぶ

ションベンコク　違約。お流れ。関西由来

ションベンミチ　尿道。地車の梶棒で障害？

ションボケ

小便桶の転。移動、運搬、使用に当たって前側と後側を峻別する。その扱いはスマート、かつ静かにして潔である。数え方、イッカ、ニカ……カタニ。「前」（墨書）がへこむのは肥柄杓の柄のせい（塩分説も）

シラアカ　知るもんか、知っとる訳がない

ジラコク

①牛の労働拒否②発動機が言うことを聞かん。語源焦れ

る、じれったいか

シランカッタ　知らずにいた。シランドッタ

シランクセニ　知ったかぶり。——イランコトヲコイテ

シランダカ　知らぬはお前一人

シランドル、シランカッタ

シランヒトジャナイジャン　何だあ、××ちゃんじゃん

シランドッテ。——じゃ済まんだが。デオ↓ド、ナ↓ン

シランポン(子)

知いらんぞー知いらんぞー。シラアスカ。責任回避

シリガアオイ

若僧のくせに。蒙古斑(幼時)。小生意気。[類]ションベン

クサイ、クチバシガキナイ(東三河)

シリガオチツカン

じっとしとれん(性分)。モゾモゾ(敏感)

シリグセ　しりくせ

シリコブタ

ケツコブタ。尻の瘤(山)二つ。ヘリコブタの誤用に影響?

シリノコ

①お盆に川へ入るとドチがケツ(シリノコ)を抜く②シリガヌケル(鶏の脱肛)、シリノコガデル(鶏の胎盤)。対策、貝殻を砕いて与える

シリモセンデ　知らんくせに

シルカ　シラアスカ

シルケ　汁物。食事の類別。[対]ニクケ

シレヤヘン　探しても出てこない。亡失

シレン、シレンダ　イイカシレン(ダ)

シロ

①諸の温床(イモノシロ)②松茸(円環見事)の連年発生場所

ジロウ

次郎、柿の品種。豊橋(旧八名)の名産で有名。富有(大垣で有名)と共に栽培種とヤシキの植栽用にも。ミョウタン、ソキュウ、ショウジョウ、樽柿の富士山柿はヤシキ専用

シロガモタン　またはオシロ。吾が一分がパア

シロト　素人。[対]クロト

シロヤマ

岡崎市羽栗町(一部舞木町)、古城跡。「城山一番乗り」山中国民学校、名校長(同窓生)S氏実施。先生は二師(第二師範学校)の傑物。敗戦の結果は知っていたと思う。軍国のことは言わず、心身の鍛練。三河武士の心を唱和したが、例の家康の遺訓ではなかった。教頭(恩師)ヤキモキ。志賀重昂の大きな史碑(岡崎発展の端緒)。山越え鵜殿攻め山綱百姓(畔桝)家康案内の碑、新箱根、平戸橋(豊田)の名勝碑、山綱

忠魂碑。当時、全国的に碑を作ったらしいが、ドイツ賠償金で潤った時期か

シワバアサンノカオニアリ

市は町に在り、産はオカカの腹に在り――、ゴは上の山に在り、禄はタイケの倉に在り……。我が家のマイナーかも

ジン

①松の――（腎）（松根油）②タリイ――＝物足りぬ（仁）。①と②発音区別

シンガシヤ

新しくできた菓子屋。と言っても創業大正？ 今は住居

シンガツカレル　心、芯。自身のよりどころ。疲労困ぱい

シンキリ　（地名）田

シンケイスイジャク　トランプの遊び

シンケーツ　神経痛

シンケンニナットル　あの娘に

ジンケンノタラタラ

人絹（人造絹糸）の感触が本絹に劣ると。「ダラジン」コシがない（のちナイロン系同じ）。帝国人絹大儲け。現在の小牧城を作った人はモスリン（毛織物）。大阪中之島公会堂は相場師の寄付

シンケンモンケン（子）　遊びに臨む態度

シンコンレンコン（子）

新婚ホヤホヤ。子供がひやかす。レン＝恋（愛）

シンザヤシキ

（地名）登記地名、新左屋敷。山、畑、宅地。人名らしい。以前、物作屋敷

シンシブ

新市部。第一次大合併で額田、碧海から岡崎へ編入した旧町村。のち六ッ美。のちのち額田（幸田一町を残し）。多過ぎて死語に？

シンジャワシタ　亡くなられた

シンジュ

神樹。御神木の意でなく、戦争末期、桑の代わり、蚕（神樹蚕）と共に配布。樹勢強く、今、一号線、島町東では街路樹。ただ、蛾（楠蚕に似る）のその後の命脈は不詳

シンシュウシナノノ……（子）

……シンキッツアノシリニ……。シ尽くし。後半は長野に遠慮し、略

シンショ

身上《しんしょう》。――がいい。――をシマウ（終う）。――を掏る（例、縁起担ぎ、江戸で髭をアタル）。「掏る」はスッテンテンの語源

シンショネライ
ヨウスヲキクに便利なところがあり「あの後妻は――」と筒抜け
シンダモン　死体
ジンチ(子)　陣地(遊びスイヘイバック)
シンデチュウイ
軍人の戦死、戦病死で一階級進級。勲章は混乱
シンドウ
新道。官林へトラック？ 戦中、人々の知らぬ間に
シントコ　芯、芯の芯
シンニョウニコメ　迷う
シンネリ　食感。柔らかにして強靭。料理用語
シンパ　歌舞伎でない芝居
シンパンコウヘイ
昔、草野球の野次。判定に従え。米選手来て抗議を実演、権威失墜。それ以前は格好良くて「なり手」もあった二。規則にも精通とは言えなかったがよく裁定した。本宿、池金の各Kさん、教職経験、制服など(帽子、ズボン、ガード)自前。コール、動作にも個性。後者、小学生エースに「よく通したな」。時代ですね
シンハコネ
本宿の鉢地町から蒲郡市清田へ抜ける峠。鉢地トンネルあり。日本の景気の良い一時代。展望の石碑も立派
シンブンガミ　用途いろいろ
シンペイニクヲセル　シンペイ＝心配。心労
シンボウセヨヨ　(……セヨヨ)するだぞ
シンマイ　しんしょの差配(舵取り)。アクセント、頭に韻
シンメイ　(東三河)おしめ
シンヤブン　シンヤ(分家)につける財産(ワケブン)
シンヤホンヤ　血縁の一。シンヤヲダス
シンヨメサン
式の翌朝、縁側で菓子を配る。リヤカーの後、真新しい手拭で挨拶

ス

スイギントウ
誘蛾灯。終夜点灯のため直下の稲がボケる
スイギンナンコウ
梅毒の薬。授業中に塗布露見周章ぶり。[類]サルバルサン(六〇六号)
スイゲツ(子)

みぞおち。油断していると一発食う（朝、運動場）

スイコ

実を噛むと酸っぱい低木（オワンズイコはその一種）。小布施の飲食店に植え込みあり。［類］スイバ

スイコン

水褌。確か新制中学一〜二年、男子も家庭科、裁縫室で最初の製作がこれ（手縫い）。先生はF先生（安職出）

スイシャヤ

上《かみ》から四つ（上はK、J、S。下はK）、米撞き（自動）、スイロ、ヤゴ、ズガニ。水車にぶら下がってあるいは芯に指を突っ込んで怪我（子）

スイッチョ（ン）（共）

食い付いて頭を千切っても離さぬと。顔を近くで見過ぎた

スイノ

ヨロゲ。豊田市「すいの屋」（昭和四十年代）。当地スイノの語も通用

スイバ

スイコは酸っぱい実（木）。葉が酸っぱいのが——（木、草）。（共）酸葉。草＝すかんぼ。葉も茎もかじって腹痛用心

ズイブント　随分

スイヘイバック（またはバッコ）（子）

水兵は学帽を後向きにする（横＝佐官、前＝大将）。捕虜になって輪の中にいる子にタッチすると解放される。走り回る遊び。こういった昔の遊びを我々老人の間で復活したいものだ

スイミツ　水蜜桃、栽培畑は無し

スイロ

水車へ水を引く。板で作った部分もある。小さなえびが居る（動作不活発＝温かすぎて）。田へ水を回すのはミズミチ

スースーセル

①隙間風（破れ障子びびび）なお、杉良太郎の同題の唄は破られた方②広小路（豊橋）を小柄な洋裁生が自転車で疾走の感想。ノーパン冒険（自転車の輪のことにあらず）③歯医者にて患者言う病状

……スカ　あらあスカ。行かあスカ。ノンを付けたり

スカイテ　助力して。スケテ、助けて

ズガガミ

画用紙。例の商店（ゴマ××）、ひと学級各自購入の指示と察知「今から値上げ」

スカクウ

振り下ろすヨキ（重たい）が触る直前、目標の割木がふわっと倒れて——（実況）

ズガニ
水車の下の石カケの穴、出入りで砂が磨かれ富士山の形。手拭を手に巻いて探る。どこかの漁師、名をモズクガニちらと聞く。四万十川ツガニ。三重紀宝町ズガニとも言う。（共）モクズガニ

スキガアル（子）
油断していると腹部へ一発、「ウッ」と息が詰まる（スイゲツ）。予告遅し。朝の運動場

スキスキ
がら空き（電車、バス）。［対］ギュウギュウ、キツキツ

ス（ッ）キダナア　感嘆？ 呆れる？

スギダマデッポウ（子）
女竹、中子は自転車のあみだ骨。不発＝「クチュン」

スギナ（共）
方言が見当たらぬ。抜いても抜いても絶えず、地球上繋がっているとプロらしき定説（ケイケンシャハカタル）

（オ）スキナヨウニ　煮て食わアが焼いて……（仲人言）

スギヒノキ　植栽林

スキブスキブ
好き不好き。末尾ブが多いが感じは出ている

スクウ　中間で利を得る。掬う

ズクズクニハエル
山間の土地改良で出現したド高い土手の土筆

スグチュウジャナイダ　慌てンでいいだ、ゆっくりで

スグテ　酢和え。三河の郷土食（農文協）

スグト　直きに。ニ→ト。例、ワリ（ン）ト

スグル（共）　藁の加工の準備、ハカマ（外皮）を除く

スゲ
他所でスガイ（碧海）。当地は藁のショウがいいでナワンで用をなす

スケサン
（広域の言葉）理美容、クリーニングの応援職人。開業の実力ある人

スケテ　手伝って。スカイテ。助けて

スケトル
透ける。坊屋三郎（あきれたぼういず）コマーシャルで起死回生。台詞「透いて見える」

スケンポン（子）　じゃんけん（アイケンセ）

スコ　スコップ（和蘭語）の略。ツルは鶴嘴《つるはし》。鋸はノコ

ズコズコ、ズイコ〱
鋸を挽く音。目立てはギコギコギコギ、ギコギ

スコンボコン　一方的殴打。ボカスカ

スジ
身体のスジガツル「筋を違えた」②遺伝(スジヲヒク)

スシノコ
お祭りの押しずし(自家製)。デンブなど載せる。鮨ネタ

スジヒキ(子)
定規。セルロイド(直線)をたわませてピシャンと叩く(応用編)

スジョウガイイ　(ケン)が通った木。用材部分が長い

スジヲモム
噂の成り立ちを追う。商談、人事、伝手(手蔓)を捜す

ススキノフンドシ
(マイナー)知り切っとる(M校長の評)。尻→知り。この人一師(第一師範学校)出、のち名古屋へ転出

ススハク
B29が電波妨害の目的で撒いた(キラキラ)。これと宣伝ビラは「黴菌が付いとるで触っちゃいかん」

ススビル、ススビトル　顔が――。ススビル＝煤ける

ススミ
稲叢。藁を積んで最後ボウシを冠せる。もたれてオボトの昼飯。藁の匂い。梅干の握飯に薬缶のお茶。背中が株で痛いが味は最高。「涼み」であろう

ススミャアヘン
(チットモ)進捗しない。ススンデイキャーヘン

スズメ、メジロ、ロシヤ、ヤバンコク……(子)
……クロポトキン、××タマ、マックロケ、ケガ××タ、タカジャポ、ポンヤリ、リクグンノ、ノギサンガ、ガイセンス(元へ戻る)。女の子が平板な調子で唱う。尻取り(明治)

スズメノス　パーマネント(髪型)。天然も

スタンポ
地搗唄。猪～膠～与吉～の本文(卑わい、略)の囃し。ソーレスタンポスタンポ

スッキダナア　物好き、色好み

スッコキ　ワナに使う結び。獲物が動く程締まる

スッコク
①根の側をつかみ、手で穂や莢を――②遊び(子)。手拭を握った手を緩める。落下を横から取れるか取れんか

スッコケル、スッポケル
計算外、するりと。(共)ずっこける

スットウゲ　山頂。周りは空気だけ

スッポク(子)　油断すると後からパンツを両手で――

ステエイク
(ごみを)ニ→エ。前音テの母音を、ニに代えて。他にも例、

カイイイク、シマイイイク、シイイク、ミイイク

ステーン　転ぶ。ステン（他愛無し）

ステチャイン　——チャイン＝てお終いなさい。命令

ステバリ

鰻が昇る急流の上に仕掛ける。女竹五センチメートルの両端をハスに削り胴に木綿糸を巻いて携帯する。浮いて、朝行くとアカジジイが釣れていたり

ステブチャリ

放置。ほったらかし。——で育つ。捨てっ放し。フチャルは京ことば

ステメシ　二、三男を養ってもらう

ステルホドアル

売るほど、腐るほど。（隣村）アッテショウガネエ

ステンパタン

売ったり買ったりして、しんしょをヒロゲル。ヤグルッテ（死に物狂い）。獅子奮迅男一代

スドウシ

茸。山に近い畦にも生える。笠の裏は針で突いた如く、味噌汁に入れて、ぬるっと美味。養殖で大儲け（長野県）。なめこの類

スナケシ（子）

ケシ＝消しゴムの略称にも（ケシケシゴムゴム）。戦中、シンガポールの時は児童にゴムまり一個づつ。次の機会は飛行機の車輪に丸いゴム（？・）の輪を嵌めて転がりもせず紙を削って消す。以後、消しゴムは皆この式に

スナマルケ　砂まみれ

スナモダコト（子）

往還の土埃を掌で掻き寄せて遊ぶ（未舗装時代）

ズブシロ

全くの素人。［類］ウブヒン（蔵出しの品＝業者語）

スベクル

山のハイリトは赤土、シシも滑る。強調の「クル」の中の出色

スベッタコロンダト

どうでもいいことを煩わしい。甲論乙駁。議論白熱

スベッテコロンデ

滑って転んで大分県。ナガグソ×××（失礼につき略）。山は有っても山梨県。全国的であってルーツは軍隊かも

スベットウ　（地名）山

スベリコ

枯枝を巻く白い粉。敷居に撒く（トスベリ）。駄目な類似品あり

スベリコミセーフ　時間励行。他にタッチの差（野球）。公園「二本続けてストライキ（初期）」

スベリヒョウ　すべりひゅ。戦中ヒョウロウとした人も（××サのヒョウロウ）

スポーク（共）　自転車の輪の支柱。廃品で自然薯を掘る（マチの人）

スポンジ　中空でない、海綿ゴムを重ねて接着し丸く削ったもの。重さが頃合ですこぶる弾む。削ったバットで打った記憶あり、飴ゴムの靴と同時期。戦後

スマイタ　済ました。用事、借金。シ＝イ

スマシコンデ　おすまし。乙に澄ます

スマンカッタ　ナ↓ン

スムニャイイトコ　（山綱）通うにゃ不便――。各地で聞く

スモウ（子）　字市場の古道、鎌倉街道一面の力草。ほかに、草と草の中央を絡めて引っ張る草相撲（負けて尻餅）

スモトリ　力士

スモミ　瓜揉み。胡瓜の薄切りを布巾と酢で絞る

……ズラ　……でしょう。ソウズラ、……ズラガ、ズラニ。↕ズル、ズロウ＝京ことば（鎌倉街道の駅）の遺物と思いたい

ズラカ　だろうか

ズラズラ　ずらりの強調

スリエ　小鳥の餌の一つ。炒った糠を専用の小鉢で摺った餌。〔類〕ネリエ

スリカエ、スリカワル　すれ違う。上り電車と下り電車。ガタンコー〱

ズリカン　牛、人力で出すに伐木へ打つ環。ロップを通す

スリキ　戦後マッチ不足、黄燐マッチなどの発火用板。代用に土人形（福助）の紫の部分と、板に塗った専用。進駐軍のは真鍮の棒を靴底で擦る（板は不要）

スリキリ（共）　桝の上をさっと手で切って、はい正五合（ゴンゴウ）。酒など液体にもいう

ズリダシ、キダシ　山からズッテ木を出す。木（用材）は真っ直ぐで長い。湾曲した道から外れ、あるいは道の凸にぶつかって道を壊す。

鳶口が必須、読みが肝腎

ズリボウ
荷車、リヤカーの腹に反った桧を装着し制動用に。下り坂の制動多用で尻が削れる。ハスに減り、尻尾の如し

ズリマンガ
牛馬用の均らし具。人のはフリマンガ（一人、二人用）

ズルガエ
田畑の等価交換。差金無し。「ソンナバカナ〱」

ズルムケ
人の性格にもあり。故某タレント外国在住など腹の出具合からしても正に——。昼のタレントは？↕ハンムケ

ズルンコ〱
何かをひきずっとるような歩き方（［類］ショタン〱）、仕事ぶりにも言う。悠長

スレッカラカシ　すれっからし。カが一つ多いのは強調か

スレトル　人。擦れとる。世間で揉まれて

スワエ　酢味噌和え。三河人必須。ぬた（郷土食シリーズ）

……ズン（男）
ヤラアズン、イカアズン。やる（行く）ことにしよう。やらあず、行かあずと優雅な系統の筈が、ズンと強く響く。例、行カアズンは、行カアにズンが付いたのではなく行かあずにンが付いたか（仮説、京ことば）

スンスク〱　鼻風邪予兆

スンバラシイ
成果に言う。ンを抜いて（共）、上から目線は好まれない

ズンベラボウ
丸裸（木）。辞書では凹凸がない。方言＝立木に言う

セ

……ゼ（男）　行くぜ（行きますよ）

セイガイイ　若いで。［対］セイガナイ。勢

セイガナイ
しょんぼり。生気乏し（頬白ガ風邪ヒイタヨウナ）。ヒズがない

セイグスリ　強壮に良し。セイをつける。精？勢？

セイシボタン
ポンポンダリヤ。赤と白。勢至菩薩のセイシと思って居たが、中国史の美女かも

セイショガミ　習字用半紙

セイダイテ
——泣くがいいだ（子供は泣くのが仕事）。精出して。シ↓

イ
セイテンバレ　晴れ渡った空。言われてほんに秋の空
セイブンナ
人間がまめにできとる。昔、土建請求「出精値引」。能率でカバーした分とか。日当計算の名残り
セイリダンボ
耕地整理した田。隣村、舞木、池金の字明治、大正（登記名）はその年代を付けた
……セエ　……しよう。ドウシマセエ（女）
セエイク　……しに行く
セエタケ　身長。（他に精一杯での意も）
セエノビ　背伸び
……セエル　怒り――（隣村）。……タクルに同じ
セキユ　発動機の燃料（始動はキハツ）。灯油
セグ
堰き止める（［対］崩れるはキレル、クム）。郡上八幡でセギイタ（用水の仕切り板）
セクナン
せっかちに対しアワテラカスナン。セク＝急く
セケンガヒロイ
村以外の人や物事に詳しい人。セケン＝村外。博学多識、知人多し
セケンノバカコイ　大相撲の太鼓
セケンノヒトノジ
村外の人が所有する山。例、ウーサ山、アンハッツァ
セコ　中古。せこはん
セセル　削って境界を犯す。アゼヲセセル。セルとも
セッカクダデ　よばれてくかん
セックリ　しゃっくり
セッケイガワリイ
誰が設計シタダ。工作物に関して起こる椿事に言う。土地改良然り。近頃、ケッカンショウヒンが定着
セッセッセエ……（子）
パラリコセ。夏も近づく八十八夜とん〳〵（半拍子）
ゼッペキ（共）　特徴ある後頭部
セド　裏の隣家。オセド、セドノ
セドリ　一畝で一俵、反収十俵
セナワ
しょいこの背に当たる部分の緩衝に巻く縄。布縄良し
……セニャア　……しなければ
セヌキ　鉄棒の技（初歩）
セバイ、セバッコイ　狭い、狭苦しい

セバイトコヘハイッテキタナア　小学校裁縫室、映写中

セブ　畝歩（地積）

……セマイ

……しましょう。シヨマイは他所。なお、「ソウセマイ」とホウでなくソウを冠するのが普通

セミガラ　蝉の抜殻

セミノションベン

限りなくゼロ回答に近し。チイトバカ。実際、セミは「チイ」と啼いて水を降らす

セメン

セメント。セメンエン（薬）、セメダイン（工作の接着剤）、以上は、セメンが万能の重宝だったからの命名？

セメンダル　体型。金物屋で釘の容器。ビール樽と同じ

セヤア　すれば。セヤアガル

セヨ

しなさい（命令）。明治、蝸牛の場合のようにセヨとしろの方言地図。セロ＝北設

セヨヨ　するだぞ

セラシタ　ヤラシタ。敬語

セラロー　ヤラッセル。敬語

……セリン

命令。しなさい。するをセルというところからセリン。オセリン（女）

……セル、セレン　する、できん

セワアスル、セワンナッタ　親切にする、された

セワアヤク

面倒を見る、の意の他に叱責の意も（誤りを咎める）

セワニン、セワアスル　仲人、仲介する

セン　せぬ。イカアトセン。ナニモセンニ。しない

ゼン

銭金。——のことバッカ言って。ゼニ。イチエンゼン

センエンカソコラ　千円付近

センコウ

①——ヲアゲル。（仏壇に）芸者の揚げ代にも言う②先公。ポリコウと同様、尊称にあらず（江戸時代、先公とは別）

センゴク、マンゴク

商標かも。籾を金網へ流して選別、米撰機下（ベイセンキシタ）＝屑

センザイモン　自家用野菜。前栽物。ヤシキに作る

センジグスリ　薬草の成分を煮出す。苦い

センショ、センショジジイ

お節介。容喙。口出し。イランセンショ

ゼンスト　全裸ショー。似た語ゼネストより後の登場か

センセイト……——イワレルホドノバカデナシ＝先生、センセイの自戒

センセイハカナシイヨ　O先生。三十枚余の答案用紙を引きちぎる。クラス全員（私を除く）丸いコンクリ池に足を浸ける。足湯の態だが真冬

センダク　洗濯（せんたく）

センダクイシ　ユの上、水が淀み、水アビの適所でもある。子等につられて母親がモンペサラ飛び込んだりして。洗濯場（洗い場）に大きな平石。上で肥桶を洗うが近過ぎる（ハラガワルイヒト）

センデ、センドク　しないで、しないままに置く。見モセンデ、見ンドク

センデン　統制下、宣伝は国や軍部の一手販売。この語、デマに通じる虚偽のニュースの悪い印象が浮かぶ

セントキンサ　隣、舞木町Hさん（旧道沿い字山中町）の通称。麹屋であったが、昔の家業は銭湯

センナラン　この場合のセンは否定ではない。せにゃならぬ

……センナン、センナ　するな。センナンと柔らかく諭す

センバ　千刃、千歯。足踏み回転機以前の脱穀機（愛称ビリビリ）稲束、麦束を打ち付けて引く

ゼンブガゼンブ　全部が全部ちゅうじゃないだ。一部反対。［類］ミンナガミンナ

センボン　多分けつ低身長種、水温不適、平地適

ゼンマイ　ハリガネムシ。カマキリの回虫。①線虫②時計③山菜。以上どれも渦巻型。コゴミなる山草、当地の語ではない

センミツ　移入（戦中）。（共）せんみつや。ほとんどの言が嘘

センロコウフ　名鉄の保線。「何かあったら山綱を呼べ」ベテラン揃い、組合にも熱心（活動の初めは確か住民税の特別徴収反対）。上からJ、F、M、M、K、S、Sの確か計七人

センロミチ　レール道床。［類］シンデンノミチ

ソ

ソイデ、ソイカラ　それで、それから。（ホイデ、ホイカラ）

ソウ……　ソウ間に合う人じゃないじゃん

ソウイヤア　そう言えば

ソウイワアト　そう仰《おっしゃ》らずに

ソウ〱ハ　いくら何でも

ソウウマクハ（共）

①問屋が卸さん②――イカノ××タマ。当地で使うからこの方言（他所にもあり?）だとして、語のルーツはⒶ当地産Ⓑ移入。おそらくⒷだとして⒜軍隊⒝工場（戦争末期チンピラ）――にしてはダサイ

ソウコウヘイ　操行（行い）丙。修身の評価最低

ゾウサク　顔の輪郭

ソウサクヤシキ

昔著名な人の住んだところの呼称（同地のちの新左屋敷も人名）

ソウシキヅカレ

喪主の気苦労想定以上。①馴れていない②細かく神経を使う

ソウシキヅキアイ

最重要の儀式の交際。ソウシキニモコンデ。サタ＝昔は、むら（主宰）が使者（ヒキャク二人）を決め、派遣した

ソウシキボウズ　葬儀以外に力を入れぬお寺（失礼）

ソウシキマンジュウ

あの薄い皮を剥ぐのがたまらん。旧本宿製造一件

ソウズラ

①そうであろう②昭和二十年代、高校総怠業に言。②のズラはズラカル

ソウスルソー（男）　そうするしかなかろ

ソウセエ　そうしよう

ソウソウハ　――うまくいくもんじゃねえ。そう何も彼も

ソウダンゴト　ドウカコトが起きて。聞き役ありて

ソウデラ

（地名）山。寺宇の跡とも。ただし東の恋の沢に複雑な地番（七堂伽籃の跡とも）あり。寺跡に東西二説（正解＝両方）

ソウユウコト　素直な賛意?

ソウユックリモシトレン（女）　そろそろ尻を上げんと

ゾウヨ

普段の食住以外の生活の出費。――ガカカル。例、学費。字、発音＝贈与と異なる

ソウリドキ　犬猫のサカリ

ソウロウノクライジャネエ（男）　のんびりしとる場合か

……ゾエ（男）

いかんぞえ。ゼの原形？　お祭りの万人講で後ろの人（羽栗）「うまいゾエ」

ソート　アカが寝とるで――シトキン

ソーレ

（女子）九人制バレー。ブルーマー。バレー岡崎みくさ会（ダンスオクラホマ・ミクサより前の命名＝全国区）＝名門

ソカイノコ

疎開の子。順念寺（ここは東海学区の前身）に今池小学校（集団）

ソキュウ

柿の品種。他種より早く、小振り、皮の青い内から食す。香りあり。他所でショキュウ

ソク（子）

まりの遊び。ワンバン無しに返球。約束「ソクアリ」

ソクガエシ　葬式参列者に渡す品

ソクホ

馬の速歩（中速）。最速はキャンタ（ギャロップ）。草競馬は農上がりに挙行、場所は旧東中仮本校校庭（というか、付属の草地、前身青年学校）＝後に個人養鶏場

ソコドカナイ

そこどこはない、何をおっしゃいます、どう致しまして

ソコラ

その辺。①場所②所要時間③見当支出（百円かそこら）

ソコラ（ヘン）ガイイトコ　妥協点

ソソイ　仕事が雑。粗相イ

ソソクル　応急に繕う

ソップ　スープ。恢復食、人参味。医療用語

ソッポー　稲刈で出会う藁の巣の鼠。ホッポー？

ソトアシ（女）

［対］内股。外足＝縁故疎開、大阪のK子ちゃん、畦器用

ソネザカイ　山の境界の一。下の道から直角とは限らぬ

ソノアシデ　ついでに

ソノウソホント？（子）

悪い冗談。軽口。ウッソー、ウソーコケ、コイトレ

ソノカーシ、ソノカシ

その代わり。他所、囲碁の先生（旧松平村出）

ソノトウリ

青木さん（神社）村祭り、幼女の舞踊。レコード「七つ八つから器量好し（東海林太郎）」すかさず野次（隣村芝居通）――

ソノトキハソノトキ　柔軟即応。「時の流れに身を任せ」

ソノマタケライノ
——また家来。村へ呼んだシンパ（新派）これで大受け

ソノワリニ　見かけ倒し

ソバエル
（犬猫が獲物や紐に）じゃれ付く

ソブ
赤い鉄分の液（カナケ）。井戸水（ポンプの口に布袋）、田んぼ。ソブガワク。渋

ソメ　畑の鳥おどし。竿の先に布を垂らす

ソヤ、ソヤソヤ
それは。——ヨウオイデマシタ（ホヤ、ホヤホヤ）

……ゾヨ　断定

ソヨゴ　ワルキにする雑木。太い

ソラデユウ　そらんじる。暗唱

ソリクリカル
かえるをカル。［類］ヒックリカル、デングリカル

ソリミチ
（キミチ）。ワルが裏から鋸（中学生）。このワル果てし無し、盗みも遂に止められず

ソレカ　A案、B案、ソレカC案

ソレガドウナラア　聞けば聞くほど

ソレケニ
そんなにも。ケはゲ（具合）から転化？　——センデモ

ソレシ　その上に

ソレッパカ　ソレギシ、ソレバカツン

ソレミサレ　それ見たことか

ソレミリン　サッキンユッタバッカジャン

ソレル
ワルキを割る時、樹種によりパリンと割れず途中でヘゲてヨキの軌道が逸れる。危ないく。ソビレル

ソロ　揃い（衣服）

ソロエル
葱のハカマや枯れを除く。野菜を——。調理の前準備

ソロソロダノン
適齢期。ボチボチノン＝返事（親）。婚期、学齢

……ゾン
先行くゾン。「ゾ」ではぞんざい。「ゾン」「ゾネ」なら柔らか

ソンコク、ソンガタツ
自らの責任。カンリンデソンコク＝官林（扇子山）の請負仕事があった。タツは算盤に置く勘定

ゾンゾガタツ
ゾゾゲガタツ。身の毛がよ立つ。（共）そそけ立つ

ソンチャーダ　損だ。戦中、戦後、名古屋（千種）から移入

ソンナコトイワアト

……貰っとくれん。義理がワリイニ。イワアト＝言おうと

ソンナコトダラアトモッタ

案じた通り。末尾、トモッタ＝と思ったの短縮形。他にコヤイカン→コヤカンなど一音縮める例あり

ソンナバカナ

田のズルガエを約した直後、ソーンナバカナ〳〵。鍬を入れてみたら地味が痩せていたと撤回

ソンナマハナイ　超多忙

ソンニモトクニモナラン　利害薄い。見送るべし

ソンネンノコイテドウスルダ（ン）

死ぬ時は置いてくだけじゃねえか。（カネナンノコイテ）

ソンヲシタケヤ……

……カブヲオカイヨ（山師Mさん）。山も駄目になったけど

タ

……ダ

困っとるダ。そうはいかんダ。わしゃおまんに謝らにゃいかんダ

タアケ　たわけ。阿呆

ターケラシイ　ばっかみたい（いつの間に、これも方言）

ダアダア

①川。水が大量に流れる②しんしょ。金遣いがダアダカダア

ダアダアニノル

出水で川が満杯。田の畦を越す（アゼゴシ）↔カンカンニヒル

タアヘン　タントモネエ。たくさん

ダイアツ（子）

（パンキ）一番厚くて大きい。風圧最大。更にボール紙を貼ったりして

タイガイニシトキン　やり過ぎ

タイゲ　億劫。タイゲタイゲ

タイコ　回転脱穀機の胴

ダイコ　大根

ダイコクシメジ

しめじの種類。なお、昨今販売のしめじは山のと異なる

ダイコンアシ

アメリカ娘はバンブー。日本の評価此処にあり

ダイコンギリ

草野球の打法。もっとも元中日の木俣クンはこれだと。［類］ニカイダテ＝一塁高投。阪急のレフト山田（伝）クン、臍でキャッチ（ヘソデン）。阪神藤村三塁手のバット長尺＝物干し竿。草野球といえば、公園観客「二本続けてストライキ」（草創期）

タイシコウ
大工、左官、車力、建具、板金、製材、土木、畳の職人の間で行われる行事。以前は山師も（山の講と合体か）。タイシは聖徳太子、その命日の二月に旅行。始まりは明治か。大師（ダイシ、弘法なら土木か）でないのは大工主体の行事のため

ダイジダイジ（幼）　抱え込んで、アカに未来

ダイジュウジ
テレビで岡崎「ダイジュジ」と。また松応寺（ショウオンジ）をショウオウジと。「岡崎」のアクセントにも昔異議

ダイジョーダ　大丈夫

タイジル（共）　退治る。［類］リョウル（料る＝共）

ダイセン
牛車のキングピン。方向の変化に対応。後ろへ子供がぶら下がって抜けることあり。「――を挿せ！」。確かKちゃん対僕

ダイタイガ　そもそも

ダイダイユズリハ
草刈でゆずり葉は成可く残せというが、柔らかいし急ぐので刈ってしまう。大木少なし

ダイチャウ　（嫁ゴを）出しちゃう。今は逆とか。シ→イ

タイツケ
焚きつけ。ゴ（松の落ち葉）、モヤの小枝（折って先端）、新聞ガミ。キ→イ

タイツリブネニ……（子）
……ヨチンベイサク。ボンチタビナシの［対］逆さに読まぬこと。発生、昭和一桁生まれ

ダイドコ　土間のお勝手に近い食事の部屋。台所

タイノオカシラツキ　尾頭。お頭ではない、念のため

ダイブッツァン
さん→ツァン。［類］オホッツァン（お星様）

ダイホンエイハッピョウ（子）
水あびは丸裸（フルチン）。ラジオ大本営発表。どぼーん。水褌つけてヨコチンニシカンク（ヨコギンもあるでヨ）

ダイヨウショク
小麦粉で甘藷の角切りを包んで蒸す。学童が自身の開墾の産物を手に、N先生の話に大笑い。今、商品化して「鬼まん

じゅう」。戦中を知らない客も

タウチ、タオコシ

三本ビッチュ。二人並んでオコせば高能率

……ダエ(男)、……ダワエ(男)、ダワン(女)

何だえ？／それは……です

ダガ、ダガホニ(男)

ダガ＝異議あり(誰が)。ダガの発音尻上がり。ホニ＝本当に

タカイく(幼)　上下共機嫌良し

ダガイカア　誰が行くものか

タガジメ

たがを立てて割木を寝かして積む。きつくなったら上からヨキで叩き込む＝割木(ワルキ)イッソクの完成。タガヲッメル(タガヅメ)とも

タカジャッポ

シルクハット。日露戦争尻取り唄(スズメ、メジロ……)に登場

タカジョウリ

(地名)登記地名、高上里。山、畑。上高上里は山。歴史的に古き貴重な名

タカスナワテデ……

――トロクサイ。同じ郡内、福岡の土呂、高須を用いて

……タカナイ　……したくない。クハ→カ

タカビク　田んぼ。水を張ると出現

ダガホニ　否、本当は

タガマワシ(子)

ワマワシ。未舗装の往還は凸凹。竹製は撥ねて難儀。専用の針金(ワイヤ)製は輪が嵌めてあり、賑やか。弾む。自転車のリムの場合は溝を棒で押す

タガミッツァ

職人の見本。隣村、池金。桶職。角刈。口髭。入口に墨書「警察は四二番、嘘こいて屁をこいて」。校長室へ下駄履き猛抗議の義人

タガヤサ　桶屋。落語「たがや」痛快

タキモン

炊き物。クドの燃料。生木は煙たい(特に煙突無し)

タキモンベヤ

フロヤと兼、トタンの建物。焚き物(モヤ、ワルキ、カブツ)を収容。杉戸に落首、肘鉄の歌

タグシネル　着物の裾をくるくるっと

……タクル　脅しタクル。語源タケルか

タケガワ

真竹の皮。葉蘭の葉と同様、握飯を包む。紐も竹皮。上を向いて三角の隅から吸う梅ジュースも。草履にナイコムと触感良し

タケブエ

女竹十センチ、一方少し斜に削り、少し割って笹の葉を挟む。ナイフ(肥後の守)一挺の細工

タケミ　箕《ミ》に竹と藤とあり

……タゲリン、タゲル　……してあげなさい。テア→タ

タケヤガヤケタ　上から読んでも下から読んでも

……ダケン　だけど

タコ　土木用具。地搗き用(天地逆にすると蛸)

……ダコタア(男)　賑やかダコタア。……であることよ

タサンケイ　鶏。人

ダシガイイ

木は育っても道付きの山でないと、山の買手は少ない。ツガイイ

ダシギタネエ　シマツの極。ケッチイ、チイチイ

……ダゾ、……ダゾネ、……ダゾヨ(男)　コトダゾ

タタキ

土間(ニワ)。外が雨の日は湿る。コンクリートも(土間コン)

タタキイシ

タタキに埋めた藁叩きの石。ツチンボの衝撃を土間が吸収する。子の仕事、ヨーナベも

タタキゴマ(子)

小刀で桜などの木を削り、芯へオキを置いて吹く。藤蔓の芯を石で潰したムチで間ナシ叩き長命を競う

タタキシャク　叩き潰す。シャクはヒシャクの転

タタキダス　嫁御を(家中の総意で)ボイ出す(昔)

ダダクサモネエ　(東三河)ドだくさん。ターヘンとも

タダノトナリ　大安売り。「只ほど高い(安い)物はない」

タダフダ　無料入場券↔(ヤスフダ)

ダダブリ　(ジャジャブリ)篠つく大雨

ダダモーリ　大雨でトヨは溢れ、天井から水が落下

タチ

家や構造物の軒高(立ち)。例、「丈三」=高い二階建てを呼称。一丈三尺高

タチイ　たち。人の性質

ダチカン

(西加茂)。当地「埒が明かん」に似た語感だが、むしろケンポチャネエに近い意味

タチキ、タチキサラ　立木、立木込み山林売買(ギグルミ)

タチゴオリ
霜柱。赤土の崖下がサラ〳〵崩れる（小学校前、坂は抜いたから崖は無し）

タッカイ　値段が高い。［対］ヤッスイ

タッコーダ　もう沢山だ（移入）

タッタカ〳〵　急坂を下る（トットコ〳〵）快調

タッタタッタ（幼）
アカ。あんよは上手、転ぶはお下手。タッチ。人類祝福の図

タッチノサ　［類］モウチョイショウ、スベリコミセーフ

タットランデ
——手伝え。タットラアト。ボケボケしとるな

タットルモンハネコデモツカエ
共同作業。皆忙しい中に手の空いた人が目立つ。モン＝者

タテ
干し上がった籾をカコウため、むしろ針でミシロを綴じ円筒にする。ムシロダテ。新しくないとへたる

ダテ　——眼鏡、包帯。実用でなく嘘の飾り

……ダデ　……であるから

……ダテ　なかなか上手くいかんダテ

タテカベ　急峻

タテタデガキツ……（共）
戦争末期（ツーツーレロレロ時代）。雑誌『少国民の友』、ラジオ。イルーマイルーマイルマンマー ンーボノウヤガキツ（出た出た月が まるいまるいまんまるい 盆のような月が）

ダデネ、……デネ
いつの頃からか慣用句。明日（アシタ）名古屋へ行くダデネ、電車デネ

ダテホウタイ（男）　飾り包帯

タナオチ
西瓜の過熟。爪で弾いた音で分かるとか。果肉陥没を目視

タナダ
（地名）棚田（池金）。登記名、瀬戸田。宅地、田。耕地整理の治蹟か、鉢地川の土手両側真っ直ぐ。平らな水流。チンカラ（網）によし。舞木に接する池金の山、宅地、田。北斜面に階段状の田（棚田）があるが、ここ以外にもあることで、地名の由来ではなさそう。タナッペラ（たなご）が棲む一角に由来するのでは？

タナッペラ
絶滅危惧イタセンパラ。鮒より身が薄い。池金町鉢地川棚田橋付近で採集された。蜆《しじみ》、烏貝《からすがい》が繁殖するドブ。その先の川にはこれが棲息、不思議な一角。烏貝に卵を産み付けるというが、ドブと川と高低逆の怪。たなご

……ダニ
「今行くとこダニ」。ダニが地方の特色として扱われるが、基礎は二である。「今行く二」

タニハタナラズ
耕作不適地の意？ 地目とは別の分類

タネガス　菜種の絞り粕。肥料不足の時代

タネカハタケカ　男女どちらかの親が原因。遺伝

タネセン　店の軍資金（レヂ）

タネトリ
とうが立っとる――用。種は新聞紙に包みハイチョウの抽斗へ（野菜）。水が冷たいデ毎年愛知旭（米＝昔）、平地の千本系に対し

タネモシカケモアリマセン
手品の前口上。学芸会に賛助（？）出演

タネモン
種苗。タネヤ＝宮本（殿橋）、生駒（八幡）。無愛想、指にかまぼこはどっち？ ［対］ナエモン（大門、河野）

タネル
モヤしばり。厚鎌、鉈、柄曲り、鋸で整形する。束ねる、か。もやしばりのモヤの名は燃やすに由来か（着火用小枝）

タネヲオトス　種子を蒔く。下種（播種）

タノクサ
田草取り。一番草、二番草。背中にすすきか萩をショッテ暑さ除け、それでもやり切れんデ下の川へどぶん、合歓の木の下の麦カラの山で昼寝。道具はタノクサビッチュウ、マンガ、人間の指

タノマレトクレンカン
頼みごとあり。手が空いている人

タノミタテマツル
頼みごとは珍しからず。どのレベルから奉るというか。豊川でタノミタッペイ。三拝九拝

タノムゾン　しっかりシトクレンよ

タノムニ……　（シ）トクレン。お願いダニ

タノンマス　オタノモウシマス

タバガイイ
モヤの大束。戦後、瓦需要。そのうち、ふわふわの小束に。単価は？（インフレ体験）

タバコスイ　愛煙家。どうにも止まらない

タビガキタナイ　疎開の奥様（美人）の欠点をひそひそ

タビヲハク　犬猫の足首が白い

タブー（共）
禁忌。裸で仏壇、トイレ。帽子でトイレ。本を跨ぐ。猫の尻

尾は、呪《まじな》う（あるいはネズミに効能）から切る。ミミズに小便すると××ぼが腫れる。食後すぐ横になると牛になる。山の青木は神社の青木社の手前ミソバという。松茸は村（お宮）の物、期間中（九月末まで）自分の山でも入らぬこと。蛙を好む猫は耳の皮が裂ける。イジグリ（旋毛）の子は意地悪（イジクソ）。妊娠中は溝を切らぬこと、口蓋裂の子が生まれる。山の講に山へ入るとアイマチする。盆に川へ入るとドチがケツヌク。トウノミネ、ヒダリグチ（家相）。ダイダイユズリハ（一門繁栄、刈るな）。アワアクッテシンダヒトモオル、アワテルカニハアナヘハイレヌ。イドガミサン〳〵、井戸にヨロゲを通して目の（モノムライ）快癒を祈る。頭でっかちの子は大事に育てる（福助）。子供は練って作れ。コミナワ、鼻緒はヒダリナワ

タベテケル、タベテケン　生活していける（クッテク）。食い扶持「食う丈あるか」（開業時、先輩言）

タベラッセ（男）、タベリン　お上がりなさい（オタベン＝（女））。敬語

タベレル　食用可。茸＝ミミタケ、カワタケ、ネズミタケ。草＝いたどり、すいば。木＝ホソバや桑の実、スイコ

ダボ、ダボチン　川魚の一。バカ。ユサンギョに似るが大きい。頭が三角。川底で動かないが手が迫ると素早い

タボケル　何かに脱線、上の空。田惚ける（他の字が迷惑）。I沢（劇作家）は浮世絵（国芳）、T田（詩人、随筆）ほか（これは多い）は競馬に

ダボダボニツク　田の水（↔カンカンニヒル）

タポン〳〵　溢れる中身の液が桶や土管を打つ音。下肥をリヤカーで運ぶには①タイヤの空気を抜く（衝撃吸収）②青草を浮かべる（波を抑える）。①②は零れるのを防ぐ。音も静かになる

ダマ　①糸の用途に妨げとなる玉②モヤしばりの出来高をカウントするため縄などでダマを作る

タマアニ　ごく偶に、たまに。稀に

タマガウシロカラ……　軍隊。①督戦②嫌われる上官。自軍の弾に撃たれる

タマガワリイ　人の品質

ダマクラカス　だます。強調形

タマコ

村人ミサヤンの玉突。大正初期から昭和一桁、東京経験二人、大工、指物師上手（職種、見通し効く）。ゲームの用語＝カラコ、ウスイ、ナメル、タツ、××タマ（以上四つ球）。タツ＝球同士くっつくの状態

タマジャネエ、タマガワリイ（男）　長老の人物評価。タマ＝一個の人間

ダマッテシャベレ　集会の私語に対し

ダマッテヤルチュウコタナイダ　統制欠如

ダマットヤ……　――ワカヤヘン。隠蔽

ダマットリン　今言うとこじゃない。命令

タマニャクスリダ　失敗も経験。イイクスリニナッタ

タマリタマッテ　本の山

タマリダル　苗取りの腰掛。田に吸い着く事あり

ダマリモンノヘハクサイ　O先生（龍泉寺）。ムンズリスケベ

タマリヤ　明治期まで醸造所の数が多かった。なお、タマリ（溜り）と醤油は区別されるが「味噌溜り」（販売）といえば両方を商う

タマルイッポウ　家で一人が稼ぎに出とる

タマワリ　田んぼの水回り

タメトル　しんしょ（ノコス）

……ダモノヲ　チイト待っとや特急が来る――

……ダモンデ　……であるからして

……ダヨ　キットダヨ（ゴメンダヨ）

ダラ、ダラア　岡山語の「おろうがや」のガヤ。名古屋語の「ぎゃあ」

……ダラ　行かナンダラ＝行かずに居たら

……ダラ、ダラア　だろう（オ列に対するア列＝当地の特徴）

ダラアトモッタ　推定通り

ダラジン　人絹のタラタラ

ダラスケ　胃薬、百草丸（南木曽産）。苦さで売れる

タラズマイ　たらずまえ（不足前）

ダラヤス　常識以下の安値

タリイジン　期待を裏切る仁

……タル、……ダル　捨てタル（てある）。頼んダル（である）

タルイ、タリイ、タルクセエ　物足りない。詰まらん

タルガル　大きな目標が狂って。ヨダルガル

ダルマサンガコロンダ（子）　これで十数える（他所にも）

ダレカカカ　誰彼となく

……ダン　誰ダン。ホウダン。ネ↓ン

タンガラ　山中の駅へ山綱の人の近道、新菓子屋とHさんの庇の下、雨だれでジュルンコの筈をサクサクと炭殻（コークス）。親切の主はカジヤサか。学校へ持ち込み髪の毛に悪戯

タンキリアメ　痰切り。最近のは形状同じでも効くか知らん

ダンゴジル　すいとんに似て、ただし野菜無し

ダンゴバチ　すずめ蜂。西三河でダン、ゴバチ、東三河でダ、ンゴバチ

タンコロ　球状の痰

ダンダンヨクナルホッケノタイコ　昭和三十年代ジグザグデモの先頭は黄の法衣日本山妙法寺、ダンダン団扇太鼓。続いて故浅沼稲次郎スクラム名人の雄姿（於、小牧基地）

タントモネエ　ド沢山。タント＝沢山。タント、ギョウサンは京ことばの由

タンパン　硫酸銅。消毒用を流す「流用」。水アビの周辺に泡が目立つと……。生石灰も。魚を取る。食べたかは怪しい

ダンマリ　村芝居の演目（豊川、青年が溢れた）。台詞無し

ダンマリスケベ　（移入）黙りモンの屁は臭い（O先生）

ダンレモ（子）　誰も

チ

チイタア　少しは。豊川チッタア

チーエーコー　毎朝の読経（浄土真宗）。コーは光

チイチイ　けち。ケッチイの転か

チーチーチー（幼）　おしっこ

チイト、チイトバカ、チイトエライ　少うし

チイトツ　少しずつ

チエヲカウ　入れ智恵。カウ＝支う

チエヲツケル　学校へやる

チエン　自転車のチェイン。戦中チンピラの喧嘩用（飾り）

ヂガイイ　地味良し。地力

チカクシトル　近しい。親類その他つき合い

チカシツ（共）　地下室。藷をカコウに籾殻などで被うが、藷の息で壁のセメンが汗をかく。畳に湿気の害

チガシヌ　打撲で痣になる（内出血）

チカタビ　地下足袋、ジカタビ（直か）、ハダシ（洗足）タビ
チガツナガットル　血縁
チカラギシ　力の限り。力一杯
チカラグサ
向市場（舞木）の鎌倉街道に多し。株同志を結び、足を引っ掛ける（ワナ）。草同士引っ掛けて、引っ張り、相手が切れたら勝ち（相撲）
チカラニシトル　頼りにする（人）
チキュウノカワメクリ
ヒャク。わずかの自嘲と誇りと（戦後一時期）
チギリチギリ……（子）
……グッチ、グッチ〳〵ハイヨ。石蹴り。女の子の遊びは活発で際限無し。自分の石はどうやって隠しとったズラ
チギル、チンギル（共）　千切る。「柿をもぐ」とは言わぬ
ヂグルマ　荷車（地車）
ヂグルミ　立木付山林売買（タチキサラ）
ヂゲ　地下。地元民
チコンキ　蓄音機（コワレタ――）「僂い僂い（繰り返し）」
ヂシンゴヤ
昭和十九年十二月東南海、昭和二十年一月三河。地震（余震）一週間戸外野宿。山中小の校庭が波を打った。三ヶ根山の高さが変わった（一メートル、山の名は初耳）
チズヲカク（子）
寝小便。布団を干してあるから知れ渡る。（共）世界地図
ヂゾウダ　（地名）田。地蔵田
ヂゾウノイリ　（地名）山。地蔵の入
ヂヅキ
地搗き。共同して地固め。用具タコを一人またはロップで吊り集団。歌は「ソーレモチャゲヨ〳〵」
チドメグサ
ぎぼ（擬宝珠）の葉、イシャシャギの葉を揉んで。すぐ血が止まる
チドリ　――に植える。例、玉葱
ヂヌシ
山綱の方言にあらず。ゴルフ仲間で、プレーするクラブの会員である者
チバナガハシル　授乳（母乳）、乳頭から一、二条噴射
チビケン（子）
（パンキ）最小。攻めるにはぶつけるしかないが、防御に強い。ケンはケンパン（他所でパンキのこと）に由来
チビット　ほんの少し。チビットワケトクレ
チブス　チフス

ヂベタ　地面（ただし北陸でヂメンは地所のこと）

ヂマメ　地豆。落花生

チミキリソウ　爪で葉を千切り土に挿す。花は桃色

チミキル　チミクル。女性の意思表示の手段、今いちど

……チャ、チャン　男＝テッチャ。女＝テッチャン（藤川）。人の呼び方

……チャウ　オコレチャウ。……てしまう

チャクネンジ　オウチャクイで困る人

チャクンチャクン　羅紗鋏裁断の音

チャツ　ライター（着火）。高校隠語

チャット　ちっとも早く

チャノキノヤマヘハイッタ　考えがまとまらぬ、先代製材社長多用

チャノコメエ　昔は四食（ヨジキ）。労働は朝早い。朝飯の前が茶の子、その前の一働き

チャブクロ　茶葉の入った布袋を茶釜へ、木綿糸を蓋の外へ垂らす。リプトンより古い？　水褌のミシンを頼みに行くとYさん「お前トウは茶袋でいい」

チャマガ、ボチャカ　茶釜、南瓜をわざと言い違う

チャヤテッツア　舞木町旧東海道舞木橋（山綱川）の下流、茶屋河原という小字、立場《たてば》、茶屋があった所。東二百メートルには、セントキンサ（銭湯一糀）、駅の東西一帯小字山中町（山中村大字舞木）。さらに東、シミズノモチ（山綱）、昭和二十年代まで大福餅を商う

チャラ　ご破算

チャリモネエ　障り無し。移入か

チャワンブセ　ガラスの壺に米糠を煎って入れ川底に伏せる。下流の魚が底の穴から入る。水中割れ易い。今、禁具（理由、小魚無差別）

チャンコ（幼）　お座り

チャンタケ　お祭りの漫才人気者夫婦。岡崎（欠町）の自宅を訪ねた仁も

チャンチャンバラバラスナボコリ（子）　唄？　独り言？　投げ節（最後、高田浩吉）

チャントシトレンダカ（幼）　チョビチョビ――。きちんとしとれ

チュウカゲン　中位。大小はナシ

チュウコウ　その当座。ワシが嫁に来たチュウコウには

……チュウ／……チュッテカラ……
……という。故海部総理が常用／××と言ってこれ程××ものはない

チュウナ
めひしば（宇都宮貞子『秋の草木』）。甘藷のクラに目立つ

チューブ（共）
パンク修理。軽石でごしごし、生ゴム、揮発油、洗面器（泡の検出）。中袋。発音平板

……チュヤ、チュヤア　イカンチュヤア、判らんだか

……チュワシタ　……と仰った。敬語

チョイセーノ　共同力仕事、「セーノ」の合の手

チョイチョイニキル　ちょっとした用向きに着る衣服

チョイトズキガイイ
外づらが良く見える（実は……）。第一印象良し

チョイノマ　一寸の間に（↔ナガイコト）（アッチュウマ）

チョイマチ　ストップ。一寸待った

チョウケル
（オチョケル）他人を笑わす仕草をする。ふざけて見せる

チョウシコンデ　調子付いて

チョウシヅイトル
図に乗るを評す。（名古屋）東京の記者泣かせ「チョウスイトル」はこれ

チョウスカ
（名古屋）別にチョウデャアも。チョウ＝頂戴の略（……シテチョウ）伺っているようで半命令。さだまさし「頂戴ませませ」

チョウセンウシ　隣村、羽栗に一匹。赤毛

チョウチョ　蝶。作詞者三河人？

チョウドチョッキリ　――チョーエンサ。計量の判定

チョウトナノツクヒト　市長。支所長。校長。店長……

チョウナカゴロ　（地名）田。上屋敷の上《かみ》

チョウナンボウ
次男坊とは違う感触。惣領。ご神木。「かまどの下の灰まで自分の物だと思っトヤガル」要猛省

チョウマン　牛の病気。腸内発酵

チョウメンカタ
（チョウカタ）籾摺りの斗数を記録（供出時代）。実行組合役員。ヨの字（正でなく）一字が玄米一俵

チョウヨ、チョースカ、チョーヨ
岡崎丸石醸造銘酒、長誉。実質一級を以って名古屋の二級市場へ。（一杯）チョウヨ。広瀬酒造（みよしに工場）菊の世は効クノヨか。当地他に、岩津の威光（一杯行こう）、坂崎の

（焼酎、心臓が）轟、福岡（土呂）の都路（ミヤコジ）以上、清酒の商標（岡崎）。なお、某テレビ番組（居酒屋風）の智恵泉は知らずや豊田酒造の銘酒の名

チョウラカス　調子に乗せて騙す。たぶらかす

チョー

①じゃんけんのちょき（子）②牛の方向転換の号令（左折）、綱で腹を叩く

チョコット

少々。チイト、チビット、チョビット、スコーシ

チョゴム

チョコンと座る。水あび、入浴でチョゴンで首まで浸る（スクム）

チョチョギレル

涙がこぼれる。他所（竜泉寺）の０先生、クラスの成績が低いと

チョチョット　早い動き。即席

チョッコラチョイト

——ウマクイカアカ。ソウウマクハイカノ××タマ。軽い趣がある

チョットイチブニシュマケタ

頬白（雄）の囀り。ツキチン〳〵＝雌（搗き賃）

チョノコイ

移入語か。意味はお茶の子さい〳〵と同じ。簡単至極

チョビクル

いいとこ取り。共同のもやしばりでやり難いとこを撥ねる（人）

チョビチョビセル（幼）

チイトの間じっとしとれんだか。育ち盛りの幼児の仕草

チョビット、チビット　少々。ちょんびり。（チイト）

チョピン〳〵　日光に氷柱《つらら》の雫

チョボチョボ

同等同格。似たりよったり。どっこいどっこい

チョボヒゲ

ちょびひげ。「貴様のちょぼ髭なちょらんぞウ。泥鰌が呆れて……」陸軍産

チョボンチョボン　水道の蛇口の雫。口が弛んどる

チョンクビ　真面目に勤めんと

チラカイトル

ちらけとる。チラケル、衣類を畳に放置など。散乱＝バッチラカス

チレフシシ

軍人勅諭の暗記。智勇、礼節、武勇、信義、仁義。陸軍の軍服

のボタン五個に充てる。これを小二（国民学校）で教えずとも（某訓導）

チンオモウニ……（子）

——コソコソ……（皇祖皇宗）。皇の字にも抵抗か。抵抗といえば勅語を頭を垂れてのち、児童一斉に鼻を啜り後ろの先生大慌て

チンカラ

池金の棚田。川幅、水深適。底が平ら、両岸真っ直ぐで魚の逃げ場無し。鉢地川、流れゆるやか魚種山綱と異なる

チンガリ（子）

脚の一方だけで跳び移動。（他所）ケンケン

チンギル　果実を指先でもぐ。千切る。（共）チョンギル

チンケツマルダシ（子）　水あび風景。素っ裸（パンツ無し）

チンジュウ

天然パーマ。多く理系（男）。頭髪渦を成す。例、お釈迦様

チンチコ　チンチンに熱い

チンチンニナル

熱中して他を顧みない。チンチン＝湯が沸く音

チントンシャン　芸妓の三味、鐘、太鼓

チンドンヤ（男）

場に合わぬ服装の男。不調和、派手過ぎ、ごてごて

チンハク

チンクシャは狆がはくしょんしたような面相。夏目漱石『吾輩は猫である』の苦沙弥先生の姓は珍野である由

チンビリコンジョニオエドガミセタイ

荷車の労働など息継ぎの関係で、この音律が多い

チンボ　構造材（建築）、ホズに納まる部分。男性器（共）

チンボガキ　形状、幸田名産筆柿はこれ

チンポンジャガラン

浄土宗の葬式。シンバル（妙鉢）がシャッシャ、太鼓がドン。曲祿に坐った僧は法子を振る。喪主の家柄は古い

チンボハサミ

（ベンチョハサミも）。たがめ、田の草の友（泳いでいる）

ツ

ツイテク

従いて行く。同道する。職業を追随する。［対］ツイテケン＝主義主張の違い鮮明に

ツイテマワリ

因果。「付帯随伴」＝会社定款の目的の「その他」。昭和三十年代発生？

ツウガクダンリレー(子)
運動会の棹尾の花形種目。四学区(舞木、羽栗、山綱、池金)のハシリヤンゴ。大人の人気走者(池金)

ツウコウセル　世間に通用する。他所でツウロク(西加茂)

ツーツー　話が筒抜け、公知＝実用新案の成立に関係の語

ツーツーレロレロ……
戦争末期、工員の頽廃気分に合った。歌詞の検閲に抗したとも。替え歌「うーちの父ちゃん(母ちゃん)」(略)。[類]のち小林旭のズンドコ節、彼にも裕ちゃんにも哀愁の持ち味

ツウロク　(西加茂)通底

ツエイ　強い(人)。(矢作)。矢作川が一つの言語境界とも

ツガイイ　交通、運搬に便利な地。山の値に重要な要素

ツカイク　使い苦。筋肉痛。[類]フシブシがヤメル

ツカイワラ
ショウの良いのをスグッテ加工に。山綱の藁は水温上、丈低い。多分けつ千本系ではなく加工に適

ツガウ　番う。ホメテツガワス

ヅガガミ　画用紙

ツカム
魚、鳥などを捕える。……を二匹ツカンダ。ニギルはその一法。東三河ではトラム、トラマエル

ツギカラく
賑やかいこと。入れ代わり立ち代わり。一難去ってまた一難

ツキチン　頬白(雌)。搗き賃

ツクナットル　集合の状況、肩を寄せ合う

ツクナル　群れる

ツクネル
末整理の衣服畳まずに積む(ツクネタル)。ヌギブチャリ

ツクリチン　耕作料。作らせて貰う

ツクリツチ　作土(サクツチ)、耕土。[対]床土(トコツチ)

ツクン　――と立つ(屹立)。「つくし(土筆)」の語も同根?

ツゴモ　月末。樋口一葉『大つごもり』は年末。誤ってツモゴ

ツダ
ワルキ用の寸に切った(ツダム)丸木。それを割った一本(ヒトツダ)。農民一揆の武器。鋭い一角を持つ

ツダム
ワルキ用を同寸に伐る。×字のマタ(ヨキで打ち込む)。クラベボセ

ツチゴエ
ポンポンにイキッテ白い息がホコホコ(キリカエシ)。堆肥

（奨励された）。中でゴットーが集団陶酔。大阪で焼き芋の売り声「ホッコー」。当地ホコホコの語は京、上方由来か

ツチトリバ

赤土採集場（共同）。屋根土、壁土、土臼、モルタル（槽、地下室）用。柱町に小字名（土取）あり

ツチンボ

木槌。樫の丸太から鋸となたで一体製作。「きぬた（砧）」は、台のこと（辞書）でなく、木槌のことでは？

……ッツア、ッツアン

曽市ッツア、信一ッツア。オトッツアン。お夏ッツア。サ、サンが、タ行に付くとツァに変化

ツッコム　野球の硬球を一人高く放って指で受け損傷

ツックク

（共）男が女の歓心を惹く。横から突っつく（青年団の隣、処女会の列）

ヅツナイ　頭がヤメル。頭痛ナイ

ツトガハル　脛の後ろ（ふくらはぎ）が張る

ツトマル

①お寺で報恩講が――（浄土真宗）②イチニン――（労働）は日当換算。マルクスと同じ

ツトメニン　勤労者、月給取り（サラリーマン）

ツネ　（ツネギ）（↔ヨソイキ）

ツネクル

抓るの強調。強調の「ク」の例。他にも（コネクル、シャベクル、スベクル）

ツノ

大麦の角。専用の長い柄の杵の頭を横向きに打ってコナス。ノギ（禾）とも＝旧ノギ偏→禾本科→ホモノカ

ツバナ、ツンバナ（子）

ちがやの花。茅ン花。穂孕みを噛む。根をしゃぶる（アマネ）、児童開墾の友。エビガニを釣る

ツバヲツケル

自分の物としたい旨の印。家族で西瓜を食べるとき五つか六つやった子がいる。今、回転寿司で問題化

ツブエ　小鳥の餌の一つ（稗、粟）。［類］スリエ、ネリエ

ツブシガキカン

定年後、現職経験が生きない。職種による

ツベタイ　①冷たい②債務回収見込み薄

……ツボ　粒

ツボガリ　坪刈。検見。反収（作況）換算。サンプリング

ツボドンく（子）

――オヒガンマイリハオセリンカン、カラストユーウクロ

ドリガメエメエツッツキハナツツキソレデヨウマイラン
ショ。火鉢の上で手を並べたのをつっつく。田螺。ツボは
粒（つぶ）、つぶどん

ツマランモンダケン　ケン＝けど。謙遜。実は結構な品々

ツミダニ　見せにゃ良かった

ツメ
詰め。鍬、備中、斧（ヨキ）の頭部のガタを防ぐ楔《くさび》。完成品と
即製と

ツメキリバ
牛馬をつなぎ、削蹄、蹄鉄をする。戦時中、大阪から蹄鉄屋
U氏疎開（中柴）に合わせ急遽、山道に築造（殿ヶ入）

ツモゴ　みそか（月末）。（共）つごもり

ツモリツモッテ　積年

ツラガミテエ　旦那の、親の。いい面《つら》の皮

ツラヲソロエル
石カケを積む。昔のむらは腕も材料も見本も豊富

ツル
①遺伝する（スジヲツル）②身体の筋が――③目方を――
（竿秤）（ハネキリ）④手蔓。引き（共）は当地でも。（共）はコ
ネ（コネクション）、縁故

ツルクス　吊す。クが入るとぶらーんと重い感じ

ツルニハマルマルムシ（子）
つる二八〇〇むしで翁の顔の出来上がり

ツルベナワ
藁。四つ編み。木綿をない込む。しなやかで水に強く。左縄

ツルマメ　蜿豆（↕トウマメ）

ヅルモッテ　藤や葛が周囲を制圧（葛延）

ツレナシイチデスヨ（子）
じゃんけんのアイコが次々抜けて、鬼ですよ

ツンツク〱（幼）　膝の上でアンヨをタッチして歩行間近

ツンツル　つる〱。ツルン〱

ツンヌク、ツンヌケル　突き抜く、突き抜ける。貫通

テ

テ
①瓜の支柱（テヲヤル）②パンキ、角力の手（わざ）。③手が
かからん（世話無し）。……ハテトリデゴザル

……デ　サキイクデ、オソーナルデ。イケンデ。ので

テアゼ
手で作る畦。芯に麦稈を入れる。水口が冷たいから手畦で
水を回し温める。そこへも植えるが無駄

……テイカズ……　寒くて――、暑くて――。長くて／短くて、ぬるくて／熱くて、早くて／遅くて、利巧過ぎて／馬鹿

……デイカンワ　（移入）ウマイデイカンワ（イカン事はないと思うが）。名古屋発

テイコノ　牛を叱る

テイサイガハズカシイ　誤用。正、体裁が悪い。他にセイテンバレ、ヤヤコヤシイなど似た例

テイテツボウ　低鉄棒。中、高と繋ぎ段差。始業前何となく児童が寄り掛かる

テイテツヤ　戦中大阪から来て中柴（現二区）で開業。蹄鉄屋（U氏）

テイドガシレル　品格、品行。一朝一夕ではない遠い歴史、いとも簡単に壊れる、大事にせんと

テイドモンダイ　度を越してはいるが（シレトル）

テーゲテーゲ　タイゲ＝億劫。重い腰。タイ↓テー

……デオッテ　……で居ながら。ソレデオッテ

テーテ（幼）　犬ならオッテ

デガアル　デ＝時間

デカイタ　成就。シ↓イ

テガエシ　餅搗きの助手。テヲカヤス人。搗き手よりもベテラン

テガサキ　言うより手が早い。ピシャン

デキ（チャッ）タコトハ　仕方がない。既成事実

デキスギ　夏、稲の追肥を失敗、倒伏を案じて、長い竹竿で露を払う。所作は土俵の弓取りの如し

テキモサルモノ　――ヒッカクモノ（移入＝後半部）。西加茂？

テキル、テキテキ、テキンテキン　新薬不要、勃起

テギン　手付金

……テク　……て行く。クレテク

テコニツカウ　人を道具並みに使う

テダテ　テ＝技。奸計。その手は……

デッカセル　クワ↓カ。出喰わす

テッカンビール　水道水。大正の新語とか。水道普及と大衆雑誌の力（共）

テッカンボウズ（子）

てかてか。頭を刈った直後。地まで日焼け

テックラカス　ひっくらかす。手を使って？

テックラショ　ここらで一服

テッコウ(共)

方言にあらず手っ甲(手甲でなく)。日差しを防ぐよりも、水稲の葉(芒に似る)による腕の切り傷を防ぐ目的。簑笠や手拭も、顔の切り傷対策

デッパリ　見通すとヤリ出ているところ。風景に突出

テッペンカケタカホンゾウカケタカ

時鳥。鴬が初夏を過ぎても啼くので時期が重なる

テッポ　(豊川)手離しのよちよち(ふらふら)歩き

デテキタ　アイダケ(ナンギシテ)サガイトッタニ

テトリアシトリ　懇切丁寧の指導

テナイ　(↔キカイナワ)時々唾。右縄、左縄

テナエ　田植の終に畦元へ束サラ植える補植用。サナエル

テニショクヲツケル

智恵を付けるがいいか——。子の適性と時流

テニス(子)

スポーツの庭球ではなく、ゴムまり(のちスポンジ)の遊び。単にマリとも。地面に長方形、中央に複線(ネットに相当)を引いて。天下落とし、大将落とし。定員二名、道具は素手、順番待ちの行列。ソクアリ(特別ルール。通常はワンバン自陣一触)。技、キル(所要時間、ネツライ＝構え)

テノゴ　手拭

テノロイ　一人だけ遅れる。ノソイ。[対]手早い(共)

デブチャン

名古屋の山林燃料出店(でみせ)Y屋の「——」。某市支所(初代＝転勤不本意)の——。焼け出されの欠町おKさん(反毛)。百姓は肥える暇がない

デベコベ　凸凹

デベソ　出たがり屋(アラマデベソ)、出しゃばりの意にも

デホ

(豊橋)出放題。当地へ移入せず。ついでに、デマはでまかせにあらずデマゴギー

デボチン(子)　水あびの初歩。浅瀬に手を付いてデボ〳〵

テボン　載せるお盆がなくて(恐縮)

テマガネエ　手伝うどころか、こちらが手不足

テマガワリ

繁忙をお互い手間で貸借。マンダ一日貸しとる

デマンジョ　旧額田(宮崎)千万町

テメテメ　各自。テメ＝手前

テモダコト　授業中机の下で。先生からは丸見え

デモノハレモノ……

——トコロキラワズは(共)。ただしデモノを辞書はデキモンのこととしているが、当地では出損(賦金)の意。自転車、荷車、リヤカー、世に税金の種は尽きまじ

テリカエシ(共)

田の草が目を突くのは笠で、頬を切るのは手拭で防ぐが、水面に揺れる太陽が難物

デルトマケ

祖父が付けた力士の仇名。多分郷土の鯱ノ里(戦中)

デルモノ　出るものは舌も出さん。「出づるを制す」

テレビウツリ　[類]シャシンウツリ

テレンクレン　アベコベ、アラコラ、福知山ではテレコ

テヲカエス(カヤス)

①ホシモン(籾、豆)、熊手を裏返して条を付ける②餅搗き「手を搗くなよ」。テガエシ。力より技

テヲカルナヨ

草を刈らんで——。草刈りの基本、鎌が先、手が後

テヲツクナン　餅撞き。杵は初心、手返しは老練の人

テヲヤル

手(支柱)を立てる。トマト、ピーマン、つる豆、茄子、胡瓜

テンカオトシ(子)　タイショウオトシ(まり)

テンカラナガイく(息が続く限り)(子)

校庭で一人つかまえて「長いお話を致します」最後、フンドシガオチテキマシタ。空と言わず天と呼ぶ方が多かった

デンガル、デングラカス

でんぐり返し。(ヒックリカル)と比べてより重そう=物の場合(人はコロブ、コロバ(カ)ス)

デンキガハシル　急なしびれ、特に足

デンキノタマ　電球

テングガサ

強風で唐傘が持ち上げられて、語の元は天狗でなくテングリ(ひっくり返る)ガサか

テングリマングリ　また日が暮れる。マグリマグリ。天与

テングルマ　でんぐり返し。肩車。前方普通回転

テングンサン(子)

長芋に似た蔓の白花(へくそ葛)を唾で鼻の先へ逆にくっ付ける

テンゴー

京にテンゴ(堀井令以知「京都のことば」)。意味同じ。破天荒な冗談。文楽「重の井」に「口てんごう」あり

デンシャツー、キシャツー

通学手段。国鉄(JR)か私鉄か。自転車もあり

デンジョ
（地名）登記地名、善城。山。ウマライジ（上）、ヤゲ（中、谷下）。水浴び場、暗く、人工の巾、深かった印象。宮崎（旧額田）にデマンジョ（千万町）あり。クマゼ、ムカゼ、ナゼル。デとゼ混合する

テンジョニカナヅチ
——クギヲウツ。「天に代わりて不義を討つ」の替え歌。チュウチュウネズミノオオゲンカ（忠勇無双の我が兵は）。出征の歌

テンジンサン
①梅の実の芯。サネ（道真）②男のハツゴに鯉幟、吹き流し、座敷飾りと土人形の天神さん

デンシンボウ　草野球の野次（立っとるだけ）

テンジンヤマ　舞木町に属す。道の東、山綱町天神

デンチコ（幼）　でんち

デンヂデンパタ　——売り払い。百姓の全財産のこと

テンチャン
この頃聞かぬ昭和天皇のことだったのだ。眼鏡、風貌その他色々にこの名が似合った

テンテコマイマイ
マイがひとつ多い。マイマイ（メエメエ）するの語あり、紛れる

テンテン
①頭脳。ノータリン、ノールス。ノーテンパー②濁点、点線のスタート

デンデンムシ
柳田國男『蝸牛考』。全戸調査、かたつむりと——。呼び名の全国分布。彼は農林省在籍

デンドウジ
伝道寺。時々伝道（キリスト教）の問い合わせありとか。山綱町（現一区、二区）加藤八軒発祥、お西。上《かみ》の地に前身ありしと伝う

テンナリ（豊川）　いきなり

テンネンパーマ　（チンジュウ）。縮毛

テンピッカリジクグリナーニ（子）　答、平鍬

テンビン
天秤。①物を肩でイナウ棒②屋根裏の構造材（建築）

ト

ド……
例、ドイナカ、ドキンガン、ドゴスイ、ドズワル、ドジカル、

ドスケベ、ドンガラ、ドンビャクショウ、ドチンピラ、（東三河）ドバヤイ、ドヘンナ、ドトロイ、ドケチ、ドグサットル、ド喧嘩、ドデカイ、ドオーキイ、ドヅク、ドズルイ。猛烈に西へ浸食中

……ト

①ハヨセント②フシギト、ジネント、ワリ（ン）ト③（そんなに）イソガアト、オコラアト

ドイダケ

どれだけ（アイダケ、コイダケ）。（蓑川）ドンダケ（ン）、コンダケ（ン）＝田植えでけらを捕まえて問う××クンのチ××……

トイタビシャキ　真正ぺしゃんこ。戸板＝雨戸（木）

ドイツバサミ　剪定鋏

ドイデ　如何して。何故

ドイドイドイドイ

朝、オート三輪のキックで発動機がかかる音。プサダダ、クシーンクシーンを経て。これを実演、教室の後ろの壁から車見立ての椅子発進、クラス中大爆笑（のち叙勲警察官）

ドイナカ　吾が村の評価はこれに甘んじる可し

……トウ　××君トウ（等）（ボウガトウ）

ドウオモワッセル

貴方の考えや如何に。（名古屋）ドウオモヤアス（迫力）

ドウカ　――おかしい（怪しい）。何やら

トウガイ　等外。米の検査。一～三等に外れる

ドウカコウカ　（西加茂）ドウゾコウゾ。どうやらこうやら

ドウカコトガアッタダカヤア　異状感知

ドウカセラシタダカン　様子で分かっちゃう

ドウギョウ（共）　同じ寺の檀家。同行

トウコ

等戸。村費の割当に役員が障子の桟へ名を立て並べ、あっちへ動かし、こっちへ動かし。今年は娘を出さにゃかんで、高いケンまあよからあ（全部、大昔）

ドウコロンデモ　いずれにせよ結果に大差無し

トウシ、トウシト　しょっちゅう（通し）

ドウシマセエ（女）　といっても、まだ余裕

トウス

たがを巻いて赤土製の籾摺り臼。近くに土取り場（左官兼用）、「山綱臼」。付属の梶棒は鉄、人力で挽く。牛馬も。籾摺のことを「トウスビキ」「ウスヒキ」と伝える（↓ロール挽き、籾摺り）

ドウスルエ（男）、ドウスルダ　こんな事オして――

ドウスルン　ネ↓ン。聞いて柔らか（感触）

ドウセエ（シラン）
どうしよう。どうしようかしら。（女）ドウシマセエ。「しら」のルーツが「知らん」かも
ドウセオイテクダモンデ　しんしょ考
ドウセヤイイダ、ドウセヨチュウダ
他人が関わっているかのように
ドウセンデモ　セン＝しない。何もしなくても。自動的
ドウゾコウゾ　（豊田、三好出身）当地ドウカコウカ
トウダイモトクラガリ　灯台もと暗し
ドウダシャン
①逡巡②即賛成しかねる。シャン＝知らん。直訳＝どうだか知らない（分からない）→どうでしょう、どうかしら
ドウダン
――食べちゃ、急いじゃ――。ドウダエ（男）、どうですか
トウチュウ
額田郡山中村外三ヶ村学校組合立東海中学校（旧称。明治、類似呼称あり＝四ヶ村の縁）。サラダ記念日（「神奈川県立～」）には字余り。旧郡内、他にガン（岩津）中、トキ（常磐）中、名古屋に私立東海中学校（校章、中の字がクランク）
ドウチュウウコタナイ
案ずるより生むが易し。台風も逸れたし。（ナンチュウコタアナイ）
ドウデ　――痛い、高い（値段）、暑い。辿も
ドウトモショーヤレ（男）
勝手にしやがれ。ドウナト……。居直り（やけ気味）
ドウナッタダ　突発事態、原因不明
ドウナットルダ　憤懣。他人任せの響き
（ソレガ）ドウナラア　相槌。聞く程に慮外の事ども
ドウナラン
手がつけられぬ（ドモナラン）。あの若い衆ナントカナランカ。制御不全
トウノホウ　遠く。西加茂（勘八）＝小原弁の域
トウノミネ
家相。西は仏壇あり。（東高＝禁）三河特有の忌とか
ドウブチ　壁板の枠飾り
トウフノカド
――ヘアタマブツケテシンジャエ。悪態の内にもユーモア、然し厳然死の文句
トウマメ
そら豆。A子「これ見て皆何を連想する？」誰も答えないのは、女性に遠慮する内容だから。何と正解は彼氏の顔
トウモ、トウモナカ、トモ

田んぼのこと。洞町に西田面あり。変わった読みのところ、他にサンモ（上衣文、左桃）、シャチノミ（旧下山、酒呑）、ホッキュウ（同、保久）、トンビュウ（同、富尾）、ゼマンジョ（旧宮崎、千万町、通称デマンジョ）

ドウモセヤヘン
ヒトが親切に聞いとるダニ、何事も無しとは

トウヤク
せんぶり（千振り）。半日照の乾いた赤土の山に自生。なお、どくだみを十薬（ジュウヤク）

ドウユウコト
（ホワットザマター）、大勢の中で吾一人蚊帳の外

ドウユウフウダ　曰く不可解。なれども

トウラン　トウリガワリイ。世間的に通用しない

トウリツ（共）　逆立ち。山綱のTK君運動会に特別演技（跳び箱上で）

ドウルイコウ（共）
O先生言。他にマッチョク、ダマリモンノヘハクサイ、センセイハカナシイヨ（テスト結果）、ヤバンジン（僕のこと）。出色は八月十五日、女生徒の「この仇は討ちます」によくぞ言ったと大賛成

ドウワレ
手筒花火の暴発。青木神社。以後雨戸で防備、他村の見物の物笑いに

トオイサキノハナシ　未来を見据えて、気の長い話

トオイテ　①狭いアイサ②針のミズ。通して。シ↓イ

ドオオキイ　（豊川）特大

トオス
ストライク時代（のちゲッツー時代）。名物審判K先生評「よく通したな」（珍しいプロテクター、入手マル秘）

トートノメーメ〱（幼）
ワク〱〱、アタマテンテン、ヒジポンポン、アババババ、アカ一に対し大人複数参加多し。絶滅。このトートは魚（トト）ではなく鶏（トートトートー）

トオリミチ　誰も常用する同じ細道（崖から駅へ）

トーン　雀を追う（鉄砲）。「ショーイ」とも

トカイッチャッテ（子）　なんちゃって

トカイテ　溶かいて

ドカイテ　退けて（邪魔）

トガシマットル　留守。アイトル＝居る。昔は大戸（絶滅）

ドカタコロスニャ……
――ハモノハイラヌ、アメノミッカモフレバヨイ。日当仕事（十日説も）

ドキチン　竿秤の分銅。二十貫秤の分銅の目方一貫目
トキトキ(子)
ナイフの刃を拇指の腹で撫ぜて切れ味を見る。トキン〳〵
とも。鋭利
トキトバアイニヨリケリ　TPO
トキノモン　旬のもの
トキヨジセツ　時流
トキワケ
男の髪形。櫛で七三に分ける。巻き煙草を耳に挟むとさら
に良し。トキ＝流行(時節)
ドキンガン
近眼歴然、黒縁(ロイド)眼鏡。クラス爆笑、N君、以後交際
を断つ
……トク、……ドク　……て置く、……で置く
ドグサットル　腐ったもいいとこ。腐敗の極み
トグシ　鎌や鉈で払った切株。踏むと大怪我(治り難い)
トクジン
(共)では、徳の備わった人の意だが、当地では、得な方に近
い人
ドクダ　①ドクダニ、ヤメトケ。例、茸②子供には毒だ
ドクダミトイカノセンジタノ
煎じ薬。これだけ口に苦ければ
トクトク　徳利の注ぐ音。徳利の名の由来?
トクニナラン　簡単明快な判断基準
トクノジョサ
徳之丞(加藤)。この人が「丞」の最後(明治生まれ)
ドクバッタケ　毒茸。茸のことをハッタケとも
トクボウ　特紡。ガラ紡の次世代。そして紡績消滅へ
ドグラス
一発ド喰らわす。一発喰らわすのクラワスにドを付けた。
[類]ブチクラワス、ブチナグル。辞書に「打ち」や「分」(分
捕る)を充てるが、ヒンナゲルのヒンと同様、強くの意では
……トクレン
サキイットトックレン。……てお呉れな。ナ↓ン
ドケ、ドク
退け(ノケ)。近いとこにおると邪魔、怪我アするぞ
ドゲナネ、ドゲナエ　どんな具合ですか。ナエ＝(男)
ドゲニモ……　――コゲニモ。ゲ＝具合
ドゲンカ
①ど喧嘩。上にドを付ける例(ドゴスイ、ドズルイ)はある
が、東三河(ドオーキイ、ドヘンナ)と比べれば優しい方②
どんなにか(ニー↓ン)。①②発音区別

トコ　①ところ（場所）。「どこ行くダン」↕「いいトコ」②ところ（状態）。「出来たか」↕「今やっとるトコ」。当地、ところに代え常用

ドコイクダン　どちらへ行くですか。ネ↓ン

ドコイッチャウダ　方向音痴。人のトンテキ

……トコイテ（男）　……と抜かして。今言った当人が照れ隠しに言う

トコイモ　甘藷の蔓を取る親藷（温どこ）

……トコガアル　尊敬

ドゴスイ　ドが付くほど……人相（目玉）に歴然

トコッチ　田の床土。赤土をタコやカケヤで締めて水漏れ（カゴダ）を防ぐ。深く耕すがよいといって、床土を破ってはいけない

……ドコノサワギジャナイ　ドコ（トコ）＝ところ

ドコノニンゲンダ　挨拶が曖昧な人へ一発。見ン顔だなあ。ドコノジンダ。誰に用があるだ

ドコヘイッチャッタダヤア　人、物の所在不明。物にアシガハエテ

ドコヘイットッタダ　一時行方不明（常習）

ドコヘウシャアガッタ　ウセル＝失せる。失せやがった（物＝足が生えて）

ドコヘダイテモ　一人前に通用。ダイテ＝出して（シ↓イ）

ドコヘメヲツケトル　［類］ウシロニメガナイ。衝突癖

ドコラ、ドッカ　どこか。どこいら（だっけ）＝東京の子

トゴル　沈殿する

トコロガギッチョンチョン　ところが左に非ず

トコロテン　自動的進級（今、エスカレーターと）

トコロテンバ　（東三河）ところ構わず

トサン、トハン、トヒチ　十文三分……足袋、靴の文数。「十六文甲高」は最大（プロレス、ジャイアント馬場）

トシアケ　来春

トシガイク、トシヲクウ　年を取る。「トショークッタナア」（男）言うまじく聞こえまじく

ドジカル　叱りつける

トシコシ　越年（行事）

トジメ　留守。信金言、開けっ放しで留守だでネエ。［対］アイトル、アケタル

トシヤン、トッサン
上に俊（敏、利、年）が付く人の呼称に工夫

ドショッパツ　最初の場面（初っぱな）

トシヨリハキガ……　短い、長いどっち？

トシヲクウ　年を取る

ドシンゾウ　強心臓

トスベリ
枯枝を巻く白い粉（スベリコ）。敷居へ付けた途端、障子がツーッと滑る。類似品注意

ドズルイ
常習。ドズリイ。ずるいなんちゅうもんじゃない。（東三河）ドゴスイ。ドの用例、東が先行、西へ静かに潜航中

ドズワッテ　（他所）座りこんで（ケツヲマクル）

ドソウ（共）
昔は土葬。ふぐ中毒の人は松並木の土手に埋め、竹筒の節抜きを添えて、蘇生に備えた。火葬場（ヤキバ）は下《しも》のハチメゴオリから、青木社の上へ、合併で稲熊、その後現在地。彼岸花（曼珠沙華）＝カミナリバナを不吉（シビトバナ）とするのは、土中から葉無しで茎が伸びる死人（シビト）が咲かせる花だから

ドダイ、ドダイコト　そもそも

ドダイコダイ　ドデコデ。無理

トタンヤ
錻力屋の曲げ加工（米缶、軒樋）から、平らなトタン板（屋根、壁）の板金屋へ。なお、鋼板をプレスするのは鈑金業と呼称（自動車産業）

ドチ
①お蚕の蛹。「ドチクサイ」＝女工の悪口②河童、すっぽん。盆に泳ぐと——がケツヌク。（東三河）ドッチ

ドチガケツヌク（子）
お盆に水あびしないこと。ケツヲク＝内臓を狙われる

ドチカチドチラニシヨウカナ（子）
対象を交互に指さして。終わりのナで決まり。奇数だから結論は分かる筈だが

ドチクサイ
お蚕のまゆを煮て中身のさなぎ（ドチ）を抜き、糸を採る（＝座繰りの工程）。専門従事の女工さんは臭いが染み付く。共同作業の最後は山中町の坂の上（旧役場）、今駐在所

トチダンベエ
団栗（＝栃）（↔カシランベエ）。マッチボセを刺して、ゴマ。上下逆さにも回す

ドチナカナイガ　甲乙付け難いが。ドッチカチュウト

トチュウナカ　道中、途中

トチヲカッタラ……　……ツカウベシ（事業家Tッァ言）

トチンコ

真結び。結び方の入門。タテムスビ（共）を咎める

ドチンピラ

海軍戦闘帽（白）斜めに、海軍ゲートル（白）幅広のズボン、喧嘩用チエン、手をポケット、猫背。徴用工、頽廃気分。学業は変則、動員の工場は風紀わるく、昭和一桁半ば生まれの受難。国民学校陸軍から海軍切り替え一夜。思うに、最もワリ（食糧、教育）を食った世代は昭和六年生まれ組

ドッカ　何処か。ドッカ行っちゃたヤア（自走式？）

トッカカリ　機縁

トツキトウカ　人の妊娠期間（旧暦）

トックノムカシ　とっくに

トックリ、トックリガコロンダ

トックリ＝全国的に「ッ」が入る。元の「徳利」は音のトクトクから（私見）。結納のことを略してトックリとも

ドッコイショーダノカンバサキ

荷車の歌。神馬崎（岡町）の長い急坂の旧跡は今も一号線の崖で見られる。もっとも山綱からは下り。向こうが生田（ショウダ）。他人の荷を押す風景＝昔

ドッコイドッコイ

引き分け勝負五分〳〵（ヒフティヒフティ）

ドッソロシイ

とても恐ろしい。ド――は東三河が豊富だった。上にドが付くとオソガイは使わぬ

トッタカミタカニ

――ウマクイカーカ。せっかち（手に取る、目で見る）

ドッチ　どちら

ドッチガオモテダカウラダカ　色黒の人

ドッチカチュウト　どちらかと言えば

ドッチデモ　よさそうに。うどんでも蕎麦でも

ドッチボール　「ドッジ」が正しい

ドッチャミチ　「どっちみち」をわざと違えて

……トッテ、ドッテ

……て（で）居って。ワカットッテ（↔シランドッテ）

トッテクウ

取って食うわけじゃない＝大人しくしていれば

トッテモ　とても（迚も）

トットイトクレン

①取って置いて下さい②貰って下さい。［類］サキイットットクレン、ヤットットクレン。ナー↓ン

トットコ〱　順調な歩行。坂を下る如し（タッタカ〱）

トットトカカネテ……

以下略。軍隊の就寝ラッパ。別にシンペサンハツライヨネーマタネテナクノカヨー（全文）

トッペラ

（東三河）とべら。熊蝉と同分布（最近境界崩れ中）

ドテカボチャ　うちのカカアを謙遜。語の由来は略

ドデコデ　ドダイコダイ。無理

トテモジャネエガ　トテモノコトニとも

トト（幼）　魚。北斎の高弟に魚屋北渓（トトヤ）

トトクサ　酸い葉。噛んで腹を壊さぬこと（子）

トトストトスト……

――ヨカワセテ……。ひと頃の結婚式、余興に流行。「すととんすととんと通わせて」＝ストトン節。サライマヤイトハヨクドウナ……（今更嫌とは道欲な）

ドトロイ、ドバヤイ

（東三河）ドヘンナ、その他。（当地）ドグサットル、ドゲンカ（ド喧嘩）、ドンビャクショウ、ドキンガン

トドロキ　幸田町坂崎の焼酎。心臓が躍るのでしょう

トナリニアオラレテ

嫌な言葉だね。「日の出の勢い」同じく。農業政策M先生「隣に牛が生まれた、それも牝なら大問題」と機微

トナリニビンボガナキャヨカロ

老夫婦の嫌味。非道かれし山綱

ドネンカ　どんなにか（イケンカ）

トノガイリ

（地名）登記地名、殿ヶ入。昔の隠し田とも。山、田。戦中、上で珪石鉱山（マンガンも）

トバイテ　順を抜かして。シ↓イ

トバコ　重い雨戸、壊れる戸車。戸袋

ドバヤイ　（豊川）高速

トビクレル　目玉が飛び出す。仰天する

トビツカ

秋、衣服に夥しく付着、取るに一難儀。藪虱と一種の如く括れるものでもない。くっつく実いろいろ

トブ　（豊川）走る

ドブ

①どぶろく（濁酒）の略。ウワズミは澄んだ部分②溝のこと（共）。ドブ掃除、ドブ鼠。大阪時代（幼）、ドブ遊び。同士、ドブララちゃん（Y君、年上）

ドブヘステル（ヨウナ）　無駄を笑う。要らんなら俺にクヨ

ドベ

（ベッツー、ベットウショウ）。本末の入賞には遠いが賞に値する

ドヘンナ　（豊川）超ヘン。変を通りコイテ

トマス、トボウ
斗枡。斗棒。検定印＝検査済み。斗棒は米の油でつやつや

トマツレッシャ
社長始め創業者、工員、社員、美合発堀田行（煙突四本）。戸松冶金通勤特別列車（毎日）。今は？

……**トモッテ**　と思って↔トモワン

……**トモナイ（女）**　イキトモナイ、シトモナイ

ドモナラン　参った。ドウニモコウニモ。閉塞状況

トヤ
トヤニツク。産卵鶏の栄養失調（換羽）。品種改良の一目安（年間排卵数）

……**トヤ**　……（し）て居れば

トヨ　樋。新潟魚沼同じく（テレビ）

トラアトセル
取ろうとする。［類］イカアト、ミイト、ニゲエトスルー前音カ、ミ、ゲの母音ア、イ、エをセル、スルに繋ぐ

……**トラシタ**　敬語。来トラシタ＝来てオイデタ

ドラネコソラキター
ドシタラヨカロカーをドレミの節で。戦中の「ハニホヘトイロ」（別項）よりはまし

トラバサミ　猪専用罠。子供が踏むと大変。鉄製頑丈

トラヨリコワイトラホーム（子）
大戦開始ごろの標語。別名トラコーマ（眼病）

トラレタ　兵隊にとられた（一銭五厘の葉書）

トリイクル　集金方式

トリカイ
海の鳥貝《とりがい》とは別。舞木町椎ノ木から鉢地川へ来る溝の流水に、蜆《しじみ》と同居。大型で貝に剛毛。蜆は鉢地川のタナッペラが卵を産み付ける（高低逆だけど）

トリガチ
松茸は村（神社）の物。毎年寄り合いに入札、神さんの費用に。十一月一日解禁。ある訳がない。昔は一本も踏まずに下りたら全部やるとか、天秤棒でイナッタというのに台風で壊滅。以後ゼロ。赤松の細根をユスった（切れた）、塩分にヤラレタ説

トリハクッテモドリハクウナ
鶏をヒネル。出刃包丁で料る（サバク）。先ず腿の内へ刃を入れて、腱を抜いて順序正しく……昔は料亭の座敷で一から見せたとか。ドリ＝肺臓（ピンク色）

トリフン　鶏糞

トリモチ　（オタイコ）。実質月下氷人。オトリモチ

トリヤマウシノスケ

江戸時代の代官、山中八幡宮の西側を現市場町とした。鳥山牛之助。「はとや」（鳥山商店）の元祖か。屋号は八幡宮に由縁か。旧山中村の内、山綱だけ西尾藩に属した。畔栁（クロヤナギ）姓移入と関係？　栁の字が特殊、電話帳で見ると福岡経由、山綱へ至る

……トル、……ドル

シットル、シランドル。……て、い（オ）る。テオ↓ト、デオ↓ド

……トレン　ミトレン、コンナコトシトレン

トロイ、トロクサイ

トロイは辞書にあり。注釈はとろんとしたに通じるもの。当地でトロイと言われると相当コタエル（バカの意）

トロイチアンマイカワズ

土呂市、旧額田郡の主邑・土呂（福岡）に門前市（蓮如）が立った。山綱からは藤川経由徒歩。別に市内元能見の蓮如さん、こちらは市電で辿り着く。福岡は市電の終点だが、ここで乗ることはない

ドロチャン　泥棒。ヌスト、ヌストヲセル

トロミチ　藤川から徒歩、土呂へ

ドンガメ

（移入）酒豪。状況にぴったりの語は通じるし広まる

ドンガラ、ドンガラリン　激辛

トンガラシ

唐辛子。座敷唄「トントントンガラシハカライネ／ヒリヒリ」。岡崎芸妓が広めた

トンガル、トンギル

尖る。ト（ン）ガラカス（口を――。田中邦衛、盛名「青大将」）

ドンキュー

腹を握るとキュッと啼く。腹が赤い。どじょうの種類いろいろ

トンギラカス（子）

ナイフ、薄鎌で、枝の先端などを鋭く尖らす

トンギリボセ（子）

切り取った、または折り取った真っ直ぐで丈夫な小枝（ホセ）。往還をほじる、（パッカン）をする（ただし舗装以前）

ドングリメ（共）　どんぐり眼《まなこ》。鳶色の眼もあり

トングワ

唐鍬《とうぐわ》。戦中小学生が弁当袋を掛け、唐鍬だけで登校、下ろし

た拍子(イキ)に弁当箱をシャアイタ。学童開墾の事故は大人用の重量に不馴れも原因。壇上、監督「タルンドル」

ドンゲツ
どんけつ。毎年、新一年生を担当のK先生、勿体なしこの仇名。保育園無しの時代、おしっこは勿論、うんこの面倒まで見て貰ったニ。女子の薙刀(運動会)、「エイ」の掛け声。その先生は、県高のヤダコーコ先生直伝

トンゴ
御形《ごぎょう》、春の七草の一。母子草。戦中食用に採取要請(海軍に代わった直後)。他に野ぶどう(蓄電池)、すすきの穂(救命?)。広池では松のジンを煮ていた(松根油)

トンコ(子)
パンキの手。浮いている端へ直角に落としてイカセル

トンコロリ　豚コレラ

トンチン〱
石カケを積む。石のケツへ土をコンデ、トン〱納める。山石(山綱石)は尽きた。石積みの技能も忘れられた。予備の石を山と積んで蓄えたのは昭和中期。トンは玄能の柄、チンは槌、夫々に用法

トンテキ
家畜の遁走。鶏は十メートル以上飛んで行くし、兎は諸の畝越しにカワリバンコにちらちら覗くし。人の逸脱常習(方向音痴?)にも言う

トンデモハップン
ハップンは英語(happen)から。東京のハップンはハチフンのこと。八波むとし、八切止夫(「八の者」)、名古屋の市章マルハチ、エエコロハチベエ。以上、「八尽くし」

ドンドコ〱　どんどん〱。徒歩快調

トントントウガラシハカライネヒリヒリ
お座敷の合いの手。作詞、(特にヒリヒリ)岡崎芸者

ドンビャクショウ　ヒャク専業。根っからの

ドンポチ
名電山中駅の南(小学校の北)、年中浸水(水の出口無し)。この名。一帯ヒクミでシケるところ。ウダがあって水蓮があって周りの民家が影を落とす。外に光ヶ丘の東、信号「呑地」。ローマ字でドンチ。地形(凹み)から。同じ意味か。洪水注意(コンビニ休業)

トンヨハシ
ンは鼻に掛かり、語尾下がる(豊橋弁)。名鉄で長沢以東(東三河)は豊橋志向

ナ

……ナ　（人間が）正直ナ、セエブンナ、マメナ

ナアモナイデス
わが校の一見して不良祭りの客、地元私立のワルの体当たりに——。適切

ナアヤア
ご一同、聞いての通りだ（名校長Y氏当村生まれ）。口癖

ナイコム
藁に布を混ぜて綯う。ジョーリの緒のおしゃれ。ショイコの背の緩衝。つるべ縄の滑る手触り。風呂桶の釜、柔軟と水中用に工夫

ナイショガネ
（ホッタニスル）。夫、妻、それぞれ（ホッタは懐のこと「ホトクロ」）。個人的機密費

ナイショバナシガデキン
声の大きいは地声。もや縛り連のシイチャ、声太く、山が呻る

ナイトコヲミルト　失せ物。足が生えて

ナイトサブイイニャ
——手が出セナイ。「ノベ」（米相場）当時。裏まで見通せても資金がない

ナイトッタジャワカラン（子）
何だ。どうしたダ。いじめられっ子

ナイナイヅクシ　叩いても屁も出ん

ナイハガユルム　マニアワンのが見ちゃおれん。歯痒い

ナエカゴ
本来、二つをイナウもの（水が垂れる）。径が大きいからショウと背で回る。ションボケと同じく棕櫚縄（水に強い）を使う

ナエセセリ
田植の後、細かいツチゴエ（ゴミ）の集団が風で移動して苗を寝かす

ナエバ
苗代。用が済むと鍬でちょんちょんコデギッテ田植が終る。苗の不足は隣家から融通（困ったときはお互い様）

ナエムスビ
すっと解けるように藁を結ぶ。最初拇指で抑えればあとは訳なく結べる。輪の中へ植えると目に害が及ぶとか

ナエモン
〆縄作りと並ぶ大門の名産。諸蔓などの店が並ぶ。他に河

野（矢作地区）の茄子、法性寺（六ッ美地区）の葱

ナエヲウツ
ナエヲクバル。畦から放る子の仕事。藁がほどけて空中飛散。至近弾は植え手の顔へハネをかける。高過ぎれば苗の腰を折る（腰折れ）

ナオノコト　（……なら）なおさら（少し悪意）

ナオル　兄嫁と結婚。戦没兵士以て冥す可し

……ナガ　ジョウブンナガ一等、賑やかナガ好き

ナカアシ　男性の三本目の足

ナガエ
長柄の鋸、柄曲りよりも大きな木を伐る。ズイコズイコ

ナガカナイ
本当の病名は。寿命。またはナガイコトナイ。クワ＝カ

ナガサカセンセイ
羽栗出。二師（音楽、永見先生門下、鈴鹿の航空隊）山中小教師。昭和十年組に秀抜の合唱指導。入試課題のピアノ（トルコ行進曲）の特訓で鍵盤を朱に。芸大を卒業して（声楽）東洋の何とかスキー（新聞）。白線帽に黒マント、朴葉の下駄、眉間にほくろ、鼻高の芸術家的容姿。眉上げて生徒に目もくれず下り坂颯爽（?・）の帰郷

ナガショウベン　飛距離に非ず。長雪隠の類

ナガス　子を＝堕胎（オロス）

ナガゼッチン　ヘッチンと言うだがこの場合雪隠

ナガデン
戦後の山中村長、前任と同じ隣町生。上二字ナガは苗字（長坂）とも話が長いからとも。デンは名前から。一時でんぷん業（「イモデン」）

ナカド
土間から上る部屋と奥とを仕切る板戸。モチイボク（団子）の背景にぴったり煤の黒色

ナガトコ
うすべりとの違い＝縁《ふち》がない。（ウワジキ）畳の上、板の上へ敷く。夏二帖分、ひんやり

ナカナカデモナイノン　今度来た嫁さん

ナカネ　扇子山の地名。外にヌクト（昔、官林、仕事が出た）

ナカヘイ
仲平。能見の目立屋。他にイコマ、種子屋と同じ八幡町。露店の親分も同じ町の生駒。材木町とここにマーケット。のち康生通り角「新天地」からシビコへ、今に至る

ナガボソイ　細長いと同じ意味

ナガメガイイ（男）　見ちゃ不可ん物がちらちら景色哉

ナガヤブ

女郎買道の上、坂尻の両側竹藪が続いた。約百メートルの竹のトンネル。今は無し

ナギガヒケル　山崩れ、地滑り。大雨の後

ナキノナミダデ　意に反して（移入）

ナキビソ

――ホエビソネコノウンコーオッ＝お祖父さんの子守歌。孫は泣き虫

ナキャァナイデ　なければないで。臨機応変

ナクイタ　失くした。シー↓イ

ナクシモン　失せ物。含む、忘れモン。［類］オトシモン

ナクチャクレン　必須（中毒的）

ナケテキチャウ、ナケテナケテ　述懐

ナケラネバ

（名古屋、三河）緊張すると。（共）「なければ」「なかったら」の場面。例、俄か議長（ないようでしたら）。何故かこの語（昔、郡の中学、於葵中）

ナケルホド　災難の極み。泣けちゃう

ナスナエ

茄子苗。河野（矢作）の茄子（［類］法性寺の葱、大内も盛況）

ナゼクル

畦塗り。平鍬で。平地にはない余分な仕事。土地改良で無用に。ク＝強調

ナゼル

撫でる。デ↓ゼ。［類］熊手（クマゼ）、百足（ムカゼ）。急坂草刈り＝撫で刈り

ナゾクル

なぞる。習字で「提灯屋」とも。クは強調。［類］イジクル、コネクル、シャベクル、ソリクリカル、ナゼクル、ハネクル、マゼクル

……ナデ　皆ジョウブンナデ助かる。であるから

ナデガリ、ナグリガリ

薄鎌の用法。後者、スナップを効かす（戦中、児童負傷の原因にも）

ナナシノゴンベサ　――権兵衛と呼び捨てもあり

ナニイットルダン　水臭いじゃん

ナニガイイタイダ　はっきりと言っちゃどうだ（風雲急）

ナニカガ　万事が。発音平板。ナンカラカンカラ

ナニガ〱

左に非ず。西加茂でインネ（言い直して、チガウ、インネダ）

ナニガカナシクテ

何の必要があって。［類］ソレケニセンデモ

ナニガキニイランダ　――知ランガ今日は出て来ん

ナニガナニガ　屁とも思わん

ナニガナンデモチュウジャナイダ

急ぐ用にあらず＝文が冗長の感あり

ナニゴトカデキタダカン（女）

トウモから往還を家の方向へ急ぐ人へ

ナニゴトカナキャイイダガ　（アンジレル）他人事ながら

ナニショウガ……

――カニショウガ。ナンニヨラズ。万事

ナニシログダ　宣戦布告。隣村、池金

ナニワブシカタリ

浪曲師。奥方は三味線弾き。扇子山開拓初期入植者（四十戸弱）。高級軍人N氏も

ナニヲオッシャルヤラ　ご謙遜です

ナニヲコクゾウコメノムシ

超然。何をコイテケツカル。コウゾウ＝穀象（虫）

ナベザワ　（地名）山。通称

ナベシキ

古葉書を折って円く重ねて。［類］カマシキ＝細く裂いた竹を太く巻いて

ナベズミ　飯釜の尻の煤を鎌でこそげる（今、不要の作業）

ナマカワ　なまくら（人）。信用乏し

ナマクビ　生あくび。「気が乗らんなら手伝うな」

ナマシイ　半焼け、生煮え

ナマジ、ナマジカ　なまじっか

ナメイリ　（地名）山。漢字で滑入。通称

ナメテトッタヨウニ　草刈丁寧

ナメミソ

おかずとしてこれだけを用う（空口＝カラクチ）をチョチョッと音させて食事。金山寺味噌に人参、牛蒡などを生で足して

ナヤヘン　ならない。（東三河、渥美）ナヤセン

ナラシグワ

平鍬、備中（鍬）の用法。（鍬遣い）引いたり戻したり（モドシグワ）整地

……ナラン

アテン――、ミン――、イカン――、セン――。ンはニ、ニャと代わる

ナリクダ　柿。花が咲いて果実になる膨らみ

ナリコツ　物の外形

ナリドシ、ナランドシ　柿。隔年結果（裏年）

ナリヲカマウ

あんたなんかチイト化粧シサイセヤア……。ナリ＝形、服

装(共)
ナル　桧の間伐材の用途。(ハダナル)。要長尺
ナルイ　達成一つ手前の感
ナルケツ
成程。なるほどのほど↓ホゾ＝臍。ナルヘソ(下山の人)臍から近くの尻(ケツ)へ転か
ナルテン　南天。ナンが難に通じるから
ナワヘック
田植えの箱植えは主に子の仕事。縄について行く
……ナン　①ナンカ、ナド②イクナン＝行かないで(命令)
ナンカカカ　何か彼か。——事が起きる。何やかや
ナンカコトガアルト　そのタンビに大騒ぎ。事件
ナンカチュウト　——出て来る(人)
ナンカトイッショデ　(その例は言わず)
ナンカラカンカラ　一切合財
ナンギイシテ　難儀して。苦を経て
ナンキンズサ　部屋壁の仕上げに混ぜる南京袋のスサ
ナンゴ　物柔らか(小原弁)
……ナンシ(女)
イイ日ダナンシ。イイオシメリダナンシ。優雅
ナンシイキタダ　何(を)しに来た(の)だ。先制のご挨拶

ナンジャトテ
何するものぞ(移入)。ナンジャラホイ。独り言用。[類]コイトレ、ナニヲコクゾウコメノムシ
ナンジャラホイ　何のことやら
ナンショ、ナンショカンショ　何しろ
ナンセ、ナンニショウガ　何しろ、何によらず
……ナンダ
過去形。せなんだ、やらなんだ……しなかった
ナンダアカンダア
——ハナカンダア。なんのかんのと、冗長を突かれる。馬耳東風、馬の耳に念仏
ナンダシラン……
なじかは知らねど。(名古屋)ナンダワカラン
ナンダッタノン　まあ一ぺん言って
ナンタルチア
何たる。斉唱だけの授業に「サンタ・ルチア」登場、昭和二十年代(戦後)、サンタル、チーアと覚えた
ナンダン
何? 何ですか。何ダネ。ネ↓ン。(東三河)ナンダンヤレ、ヤレが付いて柔らかい、親近性
ナンチュウコタアナイ　杞憂。台風通過

ナンチュウコトユウダ　この馬鹿モン
ナンチュウダ、ナンチュヤイイダ
初代野球解説、小西得郎（前、松竹ロビンス監督）の常套句、「何と申しましょうか」。場つなぎ。（播州）ドナイユンカ
ナンチュッタッテ　何と言おうと
ナンデ？ナンデダン　どうしてですか
ナンデソンスルトモ……（男）
——ネエナア。突発の損害。バカミタ
ナンデモカンデモ
何から何まで。何や彼やのように「何」「彼」を組んだ語は多い
ナンデモコイ　万能選手
ナントイワアガ　強行。何と言おうが
ナントカイッチャアドウダ　いわれっ放しじゃんか
ナントコイタ？（男）
ナニョー？売り言葉に買い言葉。風雲急
ナントコイテモ（男）　何と言っても
ナントデモイエ（男）
イワシトキャアイイダ。［類］コイトレッチュウダ
ナントノウ　なんとなく
ナントモイエン　①（快い）境地②意見を控える
ナントモナラン　無理。どうにもこうにも
ナンニショウガ
（続けて）カニショウが。何にしても
ナンニモセンニン　一人遊んどる（空いとる）。ヒマジン
ナンニモセンム
専務といえば会社の中枢、大概跡継ぎの要職の筈なのに
ナンニモナラン　無駄、無為
ナンニヨラズ　万事
ナンノアイソモナクテ　おもてなし
ナンノキ／ナシニ
辞書は何の／気無しと区切る。ラジオでナンノ／キナシニ（他所）。当地はナンノキ／ナシニと区切る。何ごころなく
ナンノコタアナイ　大山鳴動して……。ケンポチャネエ
ナンノタシニモナラン　助っ人の評価低し。足を引っ張る
ナンノトクニモナラン
メリットがない（嫌な語だね）。次のいずれが関連の語か（複数回答可）。オウジョウコイタ、クタビレホイタ、ソンモトクモナイ
ナンノく　（ナニガナニガ）
ナンノヤレ　①余の儀に非ず　②いいえ。気遣い御無用
ナンバーカライく（子）
鬼の子が唱える。ナンバーはナンバー（No.）か、ナンバ

（唐辛子）か？（オニゴチャ）

ナンバトウ　玉蜀黍

ナンベンカ　なんべんも。［類］イクツカ＝いくつも

ナンヤッタダ（男）　君は大失敗

ナンヤットルダ（男）　①今何を②君の作業に問題

……ナンヨ　オコルナンヨ。シヌナンヨ。諭す

ニ

……ニ　①この早いニ（のに）何処行くダン②熱いニ、埋めトクレン（風呂）

ニイサンマンジュウ……（子）　――ヨウクウナ。数字を唱え、人の顔完成

ニイヨンパー　国道二四八号線の愛称（マージャン用語先行）

ニオイガラス　風防ガラス。戦中、擦ると芳香。供給元は職員室を使っていた日清紡美合の設計班。岡工生配属、彼らから小学生に、ジュラルミン（ジュラ）、匂い硝子をせしめる

ニオイマッタケアジシメジ　しめじの種類。イッポンシメジ、センボンシメジ、ダイコクシメジ。噛んできゅっきゅっ。同じものは養殖不可

ニカイダテ　一塁高投

ニカイドオリ　二巡

ニガカツ　ショイ付けた荷の過分数。車の梶の浮き沈み、足取り危し。［対］アト荷。辞書では負担過重の意と。梶が沈む＝前荷

ニカケ　自転車の荷台

ニガス　人力で抗せぬ重力圧力を他へ向かわせる。力仕事

ニガマショクツブセ　（よくない言葉と言う）早ウ寝よ。ニガマショ＝急いで

ニギッタラハナサン　執心

ニギヤカ　植えた苗の状況（密植）。［対］サビシイ

ニギヤカシ　見た目を賑わせること。景気付け。実体は？

ニキュウシュ　清酒に等級、販売戦略も（わざと格を下げ拡販）。今無し

ニギリギンタマ　離さん。しんしょ

ニギル　漁法の一。川魚がオロッに静止（浮いて）のとき。探ってテヅカミ

ニク　二区。山綱町中柴。人口増で昭和に行政を分けた

ニクケ、シルケ　食事、お菜の類別

ニクメン　人。ニクメンタチ

ニゲグチ（共）
立木の伐採、倒す方角は見てあるが、何が起こるか分からン。予め人のを見て置く

ニコニコットスル　お日さんが雲間から笑顔

ニゴボウキ　ミゴ（稲穂の軸）ボウキ。石臼の上っ面を掃く

ニゴミズ　濁水

ニコリトモセン
にこりともしない。金を残すタイプ。なかなか少ない、と思って居たが、昨今の学生、生徒、若者の男女を問わず――

ニサンチ　二、三日（間）。イクンチ＝幾日

ニシオハン
西尾藩。旧山中村中、山綱のみが属したと。その痕跡隠し田？　畔桝姓（柳のツクリ独特）

ニシノコオリ
蒲郡旧称（一部）。往還（市道）に標柱（私製）あり。建てた人はこの道を山越しで蒲農へ通学の思い入れ

ニシムクサムライ（子）
二、四、六、九、十一＝小の月。小二で教えずもがな

ニジュウヨンノ……　「二十四の瞳」＝ニジュウシ

ニジンダマ
自転車、リヤカーのベアリング。割れてブキン〳〵

ニスイ　血の巡りが悪い。サンズイとも

ニセン　似ない。あの家に似センいい子だ

ニソニソワラウ　歯抜けで笑う

ニタリヨッタリ（共）　二と四の数遊び

ニチ　歯茎。（東三河）ねち

ニチヨウビャクショウ　今、土日百姓というより、委託

ニッカーズボン
（松茸山の客）ポケット大容量、割当超えの収納用

ニッキ
薄荷。お祭りで細い直根を赤い紙の帯で巻いて売る

ニッポンカッタニッポンカッタ
――ロシャマーケター。①日本をニホンではなく、ニッポンと言っている②投げ節（宮さん宮さん）調

ニッポンハドウナルダ
どうなっちゃうダ。大体、高年齢の人同士、面識のない人に嘯いて通じる

ニテクワアガ、ヤイテクワアガ
この娘は言うとおり（従順）の子だで。仲人言

ニドメ

再縁。［類］（男）フタリメ。シングルマザー、バツイチ＝堂々（隔世の感）。隠し通したりして（東三河）

ニナワ　リヤカー、荷車、ショイコのケツ（セワナ）に装着

ニバ
荷場。モヤのショイダシの終点。そこから蹴っ転がしたり

ニバンテ
決まってトップの次、「この子の方がいいじゃん」＝リリーフ投手評

ニヒョウハン　人。いっこく（一石＝十斗、一俵＝四斗）

ニミソ
『愛知の食事』（農文協）野菜料理。愛知の定番。ニュームの鍋で卵とカリカリ掻き混ぜて

ニモツオクリ
嫁リの当日、ヨメリドウグ（「ニモツ」）が着く。箪笥の抽斗から友禅を垂らし披露。注、油単（飾りの油紙）。ニモツノウケトリ

ニモツニナッテワリイガ
――モッテテットクレンカン。……ワリイケン、とも。ケン＝けど

……ニャア、ニャ
①……ねば。行かニャア、やらニャア②……には

ニャアチャウ
（名古屋）疎開っ子が苛《いじ》めた。泣いちゃうのナイはとても言いにくそう

ニャラニャラ
きりっとしとらん。田舎の弱点。［類］エヘラエヘラ

ニヤワン　猫と犬で――（似合ワン）。カップル評

ニュームカン（子）
ひご工作（模型飛行機）、ひごの接続。用途Tの字形も

ニョーライダイヒノ……

――オンドクハ身を粉にしても謝す可し、骨を砕きても賞ず可し＝講師の法話が終わると、自然に女性唱和。和尚曰く、伝道寺独自の習慣に非ず

ニワ　土間。庭のことは（オモテ）。穀物の干し物空間

ニワハキボウズ
寺男。昔は口減らしに、子の一人を寺へ出す。庭掃きなど雑用をして食わせてもらう。お経は不十分

ニヲツケル　背負い子（ショイコ）や車に綱で荷を装着

ニンゲン　どこの――だ。挨拶がわるいから言われる

ニンゲンガリコウナ　尊敬（多分）

ニンゲンジャネエ　冷酷非人間的

ニンゲンノカワヲ……

――被った狐。ルール破り(常習)。人倫に悖る(狐が迷惑)

ニンゲンノモノガイイ　モノ＝品質

ニンミテホウトケ

(豊田)俄か不動産屋(クニュウ、クニシ)の口癖(昭和四十年代)

ヌ

ヌイコ　お針子の別名。運針修行中

ヌカイタ

早い〳〵(通学団リレー)。家中で何で俺だけ遅いズラ。抜いた(競争)。シ↓イ

ヌカブクロ

「磨け教室心が光る」。廊下を各教室の児童に割り当て。競争に登場、糠袋。旧山中小学校(明治創立)の廊下は横張りだった(短い)。風景思う可し

ヌキギリ　杉桧の間伐。[対]ハダカヤマ

ヌキナ　間引きした葉菜、根菜(大根)。早漬けに

ヌギブチャリ

脱ぎ捨て。着物、履物。フチャル＝捨てる(京ことば)

ヌクト

(地名)山。扇子山の内。官林時代に仕事が出たので、ナカネと共に名が伝わる

ヌクトメル　温める

ヌケトル

①一点欠落(人)＝多く無自覚②道の行く先。××へヌケトル。例、吉良道、西の郡道

ヌスットニオイセン　バカナコタネエナア

ヌスト　盗人。(アタマノクロイネズミ)ヌストヲセル

ヌストギ

旧六ツ美にこの地名(盗人木)。落葉がポプラに似るが木が矮小、平地、土手に生える。地区にこの木が目立ったか(未検)

ヌストネコ　泥棒猫

ヌルクル　塗る(アゼヌリ)を強調

ネ

ネイシ　石カケの基石。マチの根石(小)の名の由来は?

ネウチ　割安、徳用(マッチ)、お値打ち。(共)人の――

ネウチノネエヒトダナア

戸主らの校長評。思っとったような人じゃ無えゼ(昔)。日

向ぼっこガテラ。前任一師出、尾張へ転出、代わりに糖尿の舌で唇の乾きを舐める仁

ネエ
①寝るぞ（［類］セエ＝しよう）②ノンと代替。「ようやるテネエ」③（共）無い。（名古屋）ニャア

ネエル　寝入る、眠る。ヨウネエットル

ネカイテ　寝かして。①アカ②麹（甘酒、味噌）。シ↓イ

ネガハエタ　長居。長っ尻。動けん

ネガサ　根が張る、値段がノス

ネギサン
祢宜（神官）。神社の掛け持ちが多い。F町のO氏ほか、M町の故S氏（地祭）。［対］お坊さん、おっさん

ネキモン　ヤケたりして売るに欠格の商品

ネギョウギ　寝相

ネクサイ、ネクサットル　異臭。生もの、発酵臭。根腐い

ネコ
①羽織の下が帯で猫の形（芸妓）②持参の三味の胴、三毛猫の雄の皮（芸妓）③サッシ、ガラス屋の運搬用具（車載）

ネコガオガミャガル〱（子）　早口言葉

ネコショイ　猫背。チョイネコ（洋服屋言）

ネコダマ
竹鉄砲の弾。ネコダマデッポウ。庭のリュウノヒゲの紺色の実。万両の実も用う

ネコノシッポキリ
鉈一閃。尻尾で呪《まじな》うのを防ぐ。猫アレッ。鼠を多く捕るようにとも

ネコロンビア
V社よりバッジ目立つやC社かな（康生某店）

ネコヲオウヨリサラカクセ
追うと言い、ボウと言わぬのは移入の語か

ネジハチ　張り切る。ねじり鉢巻

ネシマ　寝しな。就寝直後

ネジメ　しんしょ。ネジメがいい。根締め

ネジリバナ
捩じ花。田の畦に咲く。茎が強いのでスモウ（どっちが切れるか）に適。もじずり（捩摺）

ネズコウ
ワン公、ニャン公同様、身近。鼠公。最近見ない

ネズミタケ　食べレル。他にミミタケ、カワタケ同じく

ネズミニヒカレソウナ
閑散。ひとりぽつねん。ヒク＝後退、ねずみの習性

ネダガユルム

根太《ねだ》=床板を支える桁。振動に弱い？

ネタボケル　寝ぼける、寝とぼける。寝田惚ける

ネタリオキタリ
病状。〔類〕フッタリフランダリ。クッタリクワンダリ

ネチャネチャ　飴玉が溶ろけて（共）ねばねば

ネヅケオヤ
不動産、山師業界の故M氏言、真っ先に売主と接触した業者は、他人に仕事を継ぎ、儲けにありつけぬ。叩き台（値段）に終わる

ネツライ　照準。狙い

ネツラウ　照準を定める。猫が金魚を――。狙う

ネツヲフイテ　（隣村）孤高独演

ネブカ
数学、剣道のN先生のあだ名。（共）根深葱は別種の葱だが当地混用

ネブタイ、ネブタネブタ
眠たい、半分寝とる。うつらうつら

ネブツ　デキモン。おでき

ネブノキ　ねむ（合歓）。六ッ美地区町名（合歓ノ木）

ネヨセ、ネオセ　土寄せ。麦、ネブカ、根菜。鍬の接触注意

ネリナオイテモラッテコイ（共）
（出来損ない）。的確にして辛辣な指摘。コドモハネッテツクレ

ネレン、ネトレン　寝られぬ。「ラ抜き」の一例

ネンギョウジ　年行司、大年行司（お宮の役）

ネンチョウ（共）
まあ俺が屋敷じゃ年長だ。大体、本人が言い出す

ネンデ　寝ないで=徹夜

ネンバン　年番（お寺）

ノ

……ノ　①俺ノダ（弟息子）②××さんノが言ワシタ（家人）

ノ↓ン　ハランナカ、ヤマンナカ、ウミンナカ、ウチンナカ

ノイ　なだらか（↕サンガ）

ノウアガリ　農繁期の一服、農休み。日を定める

ノウセル、ノウナル
無くす。（ウシナエル）亡くす、亡くなる（亡失）

ノーエ、ノオ（男）　喃（ノウ）

ノーカン（子）　ノーカウント（まり、クギ）

ノーズロ
方言にあらず。ゴルフ、チップイン。麻雀にもストリップ

なる語

ノーノミソ　脳味噌（頭の中味）

ノーパン　パンクの因はチューブ、これを省いたは良いが、緩衝がないから砂利道に惨憺

ノーバン　遠投強肩

……ノガ　①……の方が（比べて）②××家の人が

ノギ（共）　稲麦のツノ。調整分離してホコリに。禾本《かほん》科に分類、のちホモノ科、今は？ 背中に入れたら痒くて（ハシカイ）

ノキビサシ　居宅部分

ノグ　脱ぐ

ノグソ
牛、馬、山羊、兎、中に人の――（ミチグソ）昔の道（草生）

ノコイタ
残した。シ→イ。例、ヌカイタ、コロイタ、マワイタ

ノコキズ　一番治り難い傷とか

ノコギリガマ（共）
疎開の人の移入。これとマタグワ、両方好評。子が持ち込んだのが鉄ごま

ノコス（共）
ホンネンノコイテドウスルダン。しんしょ。ノコランモンダナア

ノサマグ　ノソノソ、マグリマグリ

ノジ　田の脇の堆肥を置いたりする空地。野地

ノシタ　（地名）登記地名、野下。田

ノシテ　乗せて。セ→シ

ノシボウ　餅をノス。のし板の上で。粉を振って

ノス
①（共）餅を――（押して伸ばす）②カネガサが――（張る）

ノソイ、ノッソイ　のろのろ遅い

ノチダン
後産。胎盤を捨てる竪穴、石組の横の開口から投げ入れる。古くの戦の遺構（首塚）かも

ノッタアソッタア……

――××ゾウサ。大正期？ むら（上屋敷）の列伝。チョイトネブッタ××ジロサ、コスイ××サン。描写適確

ノッペラポウ　のっぺらぼう

ノツボ　野壺。畑の付近に埋めたクソガメ。下肥保存

ノドグリ（男）　喉仏

ノドチンボ　咽喉を覗くと見える突起。喉ちんこ

ノノオクリ　各字（町）で火葬した頃の儀式

ノノコ　麦の季節（女）。布子？

ノノサン（幼）　仏さん（ノンノンア）

ノビ
実面積が登記面積を上回ること。ノビても値段は延びず（ケンメン売買）

ノベ　延べ。百姓が千金を夢見て米相場（昔）

ノボセコム　熱中が高じる。（隣村）つけ上がる

ノボットル
雲行き。上り下りで気象（雨）判断。上りは東京？　京都？

ノボリト　登り口

ノママイ　飲みましょう（ノモマイ）

ノマメエカ（男）　飲もうじゃないか

ノミコマレル
山へ植えた苗が周囲の草に——。草を刈れば腰を切るのに

ノミノツンヅリ　雑草の名

ノモノ　建築の構造材

ノリコボレル
湯や川の中身が溢れ、淵（茶碗、土手）を侵す

ノル
①大水（出水）が川を溢れ畦を襲う②縄は二重に掛けるもの。ノルと絶対締まらない

ノン、ノンホウ
東三河ではノーンと伸ばす。声も太く。ノンホイ、ノンホエも。昔、豊橋向山ＣＢＣ（ラジオ）のんほいメロディ。ノンは「ねえ」

ノンキニカマエテ　姿勢の一つ

ノンノンア（幼）
大きくなってもナマンダブ〳〵のあとアとやる人あり

ハ

ハー？　ハーン？
ホウと問うハーンと答える。ホーハン製陶（高浜）の名の由来と（未確認）

ハアー　拳に息。汝は殴られて可

バアサンゴ（子）
お婆さんが庇《かば》ってヒトネタ子。家庭の事情もあるのだ

パアパア　財産浪費傾向

ハイ、チーン（幼）　鼻を擤《か》む

ハイ、ハエクソ　蠅。蠅の糞

バイアイ　奪い合い。取り合い。［類］ハヤイモンガチ

バイガエシ　売買契約を売主が解除して払う違約金

ハイガスベル
ハイ＝蝿（ハエ）。ツンツル、ピカピカの禿げ頭
ハイクソ　蝿糞
パイスケ
水ごと砂利をイナウ笊。丸いから頑丈。掘る方の道具は鋤《じょ》簾《れん》。いずれにも竹部分
パイスル　廃棄する
ハイソウ　――のお経。灰葬
ハイチョウ（共）
実権ある当主の夢。三河箪笥に似る。蝿帳
ハイテステルホドアル
ステルホド、クサルホド、売ルホド
ハイトリ
粘着の紙（B４大）や、リボンの他に、長さ三尺超サキッポのガラスの筒先盃状を天井にとんとんやる式（ガラス管）が高能率
ハイビヤ、タキモンベヤ、コナシビヤ
独立家屋。湿気、火の気、埃を遮断する
ハイビョヤミノヨウナ
体格、顔色に生気乏し。肺結核症状
ハイボ　灰
ハイリト　入口を入った辺り
ハエ
①マアハエ。ハエキタダカ②川魚の一種。ヤマブトー、モロコより少し大きめ、横腹に青色。北（山形）でハヤ（愛知県江南市方面も）
ハエエ（男）　（用例ハヤイの方が多い）
バカ
①鳥。もんつき（うそ鳥）②魚。ダボ、ダボチン③麦の埃
……バカ　コレバカ、コレバカツン。許り
バカイエ
とろいこと言うな。バカコケ。村芝居「口跡がわるい」の声に、「バカイエ、悲しいとこダニ」。他村同士の「返」応酬
バカイッチャカン
いかん→カン。広島イケン。馬鹿を申すでない
ハガウク
歯と歯茎の間が緩む。歯を噛み合せスーッと息を吸って試す。歯科必修の方言
ハカガイク（共）
辞書に掲げる（捗る）他に「量」もあるのでは
バカガカゼヒク　映画の寅さんは？「寅の奴」
バカコケ、バカコイテ

馬鹿言うな、バカイットレ。コク＝言う

バカジャネエカ　愚にも付かぬ

バカタレ　正しくはクソタレ（から派生）

ハガチガウ　つき合い不適。主張、思惑が異なる。ハ＝派

バカトケムリハタカイトコヘアガル

高所は目立つ。冷やかしも。自虐も

バカドリ　もんつき＝うそ。梅に来る。つがいを見ない

バカナコタネエナア　肚《はら》に納まらん。下っ端の悲哀

バカニナットヤイイダ　世渡り経験則

バカノオオアシタアケノコアシ……（子）

——チョウドイイノガクソダアケ。靴を履くとき言われたり

バカバーカイッテ

オカシイ人だヤア。バカ＝冗談。バーカ＝許り

パカパカ　①馬蹄音②方向指示器③危険表示灯

ハカマ

①土筆のミシル袴、徳利の履く袴②藁の袴（スグル）。葱の——（ソロエル）

バカミタ　見にゃあ良かった

ハカリコム　秤量。最後に入れ過ぎたが、まあいいか

ハキハキセン、ハッキリセン

①お天気②人の態度。旗幟鮮明ならず

ハクション

くしゃみ。漱石『吾輩は猫である』の「猫」の主人の姓名は珍野苦沙弥。他にハクチュンもあり。可愛い様だが左にあらず。大きな咳。チンハクのハクはこれ（狆がくしゃみしたような顔）。（共）狆くしゃ

ハグリジ、ハグリザカイ

隣村（大字羽栗→町）。昔争い裁定証あり（市保管）。頂上がすっきりなら揉めないのに

パクル（共）

万引き。この語とサボルは戦中既にあった（開墾試食会N先生）

ハゲチョロ　山の形容

バケツヲホル　「墓穴を掘る」を自嘲して言う

ハコウエ　さあ子供はナワにつくだぞ。田植の工夫

ハコザシコ（子）

自製。うどんの木箱に、ヒゴと入口。頬白（今、禁鳥）に良し。捕えたハナは暴れてメケンを割るから風呂敷でカクス

ハコブ　ザイショへ——。多く土産の積り嫁を姑が牽制

ハサグ、ハサゲル、ハサガル

狭い隙間へ押し入れる（挟む）、歯にものが挟まる

ハザラカス　爆発（ハゼル）させる（花火）

パシーン　張り倒す音。教壇から飛び降り簿冊で（のち卒業写真、教頭仰天）

ハシカ　①麦のほこり（背中）②子供の病気（麻疹）

ハシカイ　麦のハシカが背中へ入って。細かい棘に向きがあって上へ〳〵上る

ハシゴダン　剣道――、柔道――。実力者（自称）

ハシトラバー（子）　アメッチミヨノオンメグミーキミトオヤトノメグミワスルナ。待ちかねた昼、弁当の蓋がちゃ〳〵〳〵

ハシハシ　てきぱきに同じ

……ハジマリ　六時始まり＝夜学。時間によっては寄宿舎で夕食

ハジメチョロチョロナカパッパ……（共）　――アカゴナイテモフタトルナ。方言ではない。飯炊きの要諦の歌

パシャーン　タカビクを直す土塊の飛来（田植）

バシャバシャ（子）　水アビ、歓声（初心者）

ハシリヤンゴ（子）　走り合い↓走りヤイ↓走りヤッコ↓ハシリヤンゴ。（東三河）トビッコ。（勝山市）ハシリヤン「コ」

パスケン　定期乗車券（パス）。パス入れに香りの良い花びら（例、カラタネオガタマ）を挟んだり

ハソリ　お非時の仕度で使う鉄の大鍋。ヤシキの備品（山網の上屋敷）

パタ（ー）ン　転倒の表現の一つ

ハダ、ハダアシ、ハダナル　他所でハザ。稲架の一式。ハザグイ

ハタ、ハタヘンカン　（ハタケと言わずハタ）ヘンカン＝変換。地租、地券に由来か

ハタオリ（共）　キチキチ（飛翔の音から）。丈夫な脚を握ると身体を前後に振る、それで機織り

ハダカケ　刈った稲を稲架へ掛ける。子供の領分多し

ハダカデイイデ　（ヨメリ支度）人物本意。――キトクレン（親父サ言）＝ニモツの心配無用。青年思わずごくん（ああ、勘違い）

ハダシタビ　ジカタビ（直か→地下）。洗足

ハダテル　仕事の準備。「企てる」（クハダテル）か

ハタネズミ　稲に巣を作る。秋に子が居る。

バタンコ

元は織工の呼称。紡績（ガラ紡）女子に流用。（肥満）綿埃。非衛生

ハチ（共）　頭の耳の上の外寸、アタマのハチ

ハチガサイタ（子）

子の遊び。手の甲を重ねる。イチがサイタ……。八番目に災難集中。サイタ＝刺した。他にもシがイに変わる例多し

ハチコ

竹。はちく。甘いので虫が付く。筍が孟宗より遅い（手や足でへし折る）。竹材は節の枝が張り加工には不適。［対］マダケ。共に筍美味。道路に生える

ハチブ　村八分。今の世だって油断禁物

ハチフン　東京でハップン、当方が標準

ハチメゴオリ

（地名）山。もと火葬場

バッカ、バッカリ　許り。バッカシは他所（碧海）

ハッカノキ（子）

ニッキ。お祭りの露店に登場。赤い帯で括る。薄荷

バッカミタイ　語は新しいがぴったり感あり

パッカン（子）

①砂モダコト。往還の砂を田の字の土手にし、ホセを隠す。相手がつついて来て当たると「――！」②紐に通した丸い鉄二つに火薬の紙を挟み真っ直ぐ落す③ポンせんべい。鉄碗を合わせた工具を熱し米菓。爆ぜる音「ポン」

ハツキャク　結婚後に婿さんとザイショへ初里帰り

ハッキリイッテ

この際言うけど（少しく相手をなめているか）。憚る内容を広言

パックン

戦後飴ゴムの靴。下駄や藁草履からゴム草履とこれへ進化。難点は、けつまずくと爪先が――と口が開くこと。ゴム草履の緒もよく抜けたし

ハッタケ　茸の総称。最上格ホンバツの別名でもある

バッチ　バッジ

バッチイ（幼）　ババイ（汚い）、ババッチイ

ハッチザカイ

新箱根の鉢地とは山の稜線が境。蒲郡、羽栗（町）も同じだが羽栗乱れあり

バッチシ　ぴったり。新方言か（他所）

バッチラカス　ぶち撒けた様。一見収拾不能

ハッツク
貼っつく。ヒッツクとは微妙に違う。ヒッツイタリ、ハッツイタリ（喋々喃々）

ハッテアルイトル
いざって。労働姿の一つ。歩兵＝匍匐前進

ハッテンカ（共）（女）
発展家。新しい女性。［類］ホウソウキョク

ハツドウキ（共）
始動が一仕事。交代要員兼見物人。回るプーリーにベルトを嵌《は》めるのがまた難儀。怪我注意

ハットル
張っとる。①ネズミ取り（スピード取り締まり）の情報、ピカピカと合図（運転者気脈）②母親の乳房。出番間近

ハッパダゾウ
東京から鉱山師のYさん（のち定住、開拓組合長）、金を掘らんと山綱へ。珪石とマンガンを掘ることに。コンビのIさんは発破師、鉱道の責任者。下で子供がうろちょろ、石に当たれば一大事。大声で予告

ハツハツ　すれすれ。危険と隣り合わせ。（カスカス）

ハツヨリアイ
正月八日大字山綱の全当主、公会堂へ集合。中柴（現二区）は白髪の長身O氏を先頭、国道を迂回、徒歩参加。新年度の行事予算を諮る。恒例

ハデル　引き立つ。派手ぷらすル

ハナ
村芝居で投げるおひねり（花）。買芝居演技中に掻き寄せる。［対］マンニンコウ（素人芝居）は親戚からが多い

ハナガアングラカイトル
（アングラカス）胡坐鼻をかく

ハナガモゲテシマウゾー（子）
継子いじめをする者は——。語り唄

ハナカン・ハナゲ　牛の鼻輪

ハナクソマルメテ
——六神丸。馬の小便水薬。それを飲む奴、アンポンタン

ハナシガアワン　話が噛み合わん

ハナシガコワケタ　縁談不成立

ハナシガナイ
①周知不徹底（キイトラン）②縁談（イイハナシ）

ハナシガニエン　一杯出んと

ハナシガミエン　近う寄れ（密なるを要す）

ハナセン
ジグルマの車輪が心棒から外れぬよう差す栓（ツメ）。［対］ダイセン（牛車）

ハナダンボ　精子

ハナヂモデン

逆さにして鼻血も出ん。文無し。ナイチュヤナイダ。アルトキハアルダガ

ハナハカクトモギリヲカクナ

Ｙ小学校長、戦中、家康で無し、軍人で無し。三河武士訓斉唱（右はその一）と城山一番乗り行事

ハナビヲミルトコ

伝馬天神の花火など展望。アセボ、しめじ、トウヤクがある。痩せ山の中腹。岡崎空襲、照明弾の落下とろとろを一望

ハナモチ　花保ち。生け花、仏花の寿命。華道用語（共）か

ハニホヘトイロー（子）

国民学校二年（昭和十七年）。ドレミは敵性と。これはすぐ止んだが、ドレミは戻らず音楽は×。ひとりＮ先生（芸大へ）気を吐く

ハヌケジジイ

笑うと文字通り好々爺。［対］ウメボシババア

ハネキリ

秤量大サービス。竿秤、台秤。物差しや秤を指先で操作して量目、寸法をごま化す市《いち》の商人、その芸が人気にも。［対］サビイ

ハネクル　頭髪。ク一字入って適宜

ハネノエキ

現ＪＲ岡崎駅の通称。煙害（臭い、火事、汚れ）を理由に市中心部が嫌い、線路を羽根に通した（通説）。別に①東海道（道路）との重複②広島、門司（小倉）など軍都に直行③観光、産業上蒲郡に便（私説）。［類］ハネノケイバジョウ（小豆坂）。駅前、うどん（ヒライチ）、森永、日清紡

ハバ　端数。（他所）ハシ、ハシタ

ババ（幼）　うんこ。ばば抜きのババはこれ？

ババイ（幼）　ババイヤア、バッチイ。汚い。ババ＋イ

ババニギリ（子）　手相の一種。クソニギリ

ハマノホウ　蒲郡、御津、牟呂。ヤシキの水浴び地

ハヤイトコ　今のうち

ハヤイモンガチ　先着順

ハヤカス

（髭）（雑草）生やす、生えさせる。……カスの一例

ハヤグチ　早口。（共）はやくち

ハヨ、ハヨウ

――イカント。――セント。①急《せ》かす②お早う（お早く）

ハラガイタイ　笑い過ぎて

ハラカケ　腹掛《が》け

ハラガワリイ　腹黒。ハランナカガシレン

ハラカンジョウ　どんぶり勘定

ハラギシ　クイギシ食って胃が限界に。腹一杯

ハラニアル
①（ハエ）子が＝妊娠②怨念（肚に一物）＝含む所

ハラニオチル　納得（体感）

ハラバタ
はらわた（内臓）、臓物。①魚②南瓜③「蛙のハラバタ」＝畑の脇、石カケにシャボテン系、肉厚葉はブヨブヨ。絶滅、除草剤？

バラバラジケン　四散収拾難（物）。もとは戦後の猟奇事件

ハラビチ（子）　下痢、軟便。ビチビチ。腹下り

ハラペッシャン（子）
飛び込み。腹から着水（派手な音）。ワザトやる子も。内臓要注意

ハラヲクム　密約。ぐる。クム＝組む

ハランノハ（共）
ニギリメシを包む。濡れ布巾で拭いて。竹皮と両用（共に自生）

ハリガトブ
レコード盤に欠陥、元に戻ったり。新婚、写生も

ハリキッテドウゾ
終戦後、隣村から来て司会横取り、のど自慢の常用句。わざと猫背。青い背広流行（別の青年、猫背同じ）

ハリゴト
針仕事。オハリ（オハリコ＝縫い子）。先生格の下、座布団ずらり

ハリノミズ
針の目。通らんようになった。老眼の兆。見ずに通す？

ハリヲナガス
鋸目立。刃先の方から出来を眺める。針を刃の上に流すとつーっと元まで達する

パリンパリン
ワルキを割る。薪割り。成果は坪（三尺高、一間長を二列）で表わす

ハル
①（共）横っ面を平手打ち。横周防播磨守（ヨコズッポウハリマノカミ）②パンキをハル（打ち付ける）③水を――（田）、風呂を――（充たす）。張る

ハルナツレンゾクユウショウ
中京商業エース加藤君（昭和四十一年）。兄は享栄のファー

ストで甲子園

バヲトル　必要な①面積②位置、区画。場所の確保、占有

ハンカケ

完成前の中途あるいは中止時点の進捗度（ハンブカケ）

バンギ

板木。太い棒に鉄環、厚い板に「当番」（アリキ）。各戸巡回。誰かが記念に隠匿

パンキ（子）

めんこ、他所でケンパン。裏返るのをイク（イカス）と言う。競技者が一枚宛ハッテ開始。うそこ、ほんこ

ハンキュウ

半急。戦中か、名鉄。準急の前身か。美合駅は軍需の駅（日清紡）であり、停めた

パンク　出産

ハングサリ

思いきって食っちゃうか（あとは知らんぞ）。猪の撃たれ

バンゲ　オソーカラ、（西加茂）ヨーサリ（こんな夜更け）

ハンゴロシ　ぼた餅の別称。飯粒が半分潰れ

ハンジテ（共）　よう勘案して（判じて）。［類］勘考

バンセン　ピアノ線

ハンゾー　木製。金たががはまる。脚が長く、洗面用

ハンタイゴッチャ（子）　あべこべ、あらこら

パンツイッチョウ　半裸。その昔、フンドシイッチョウ

ハンデ　匍んで。匍匐前進（歩兵）。腹這い

ハンテン、ハンコー

半纏。子供の紺絣（通学用）。婦人用。農業用も

ハンド

「ハンドヲトレ」高い柱を立て四方のロップで操作

ハントボウ

攀登棒（上からの指示、常備の一）。模型飛行機を遠くへ飛ばすため登る（高鉄棒も）

ハンナキ　隠さんとすれど色に表れて

ハンノキ（共）

榛の木。この木程ワルキにし易い木はない。スジョウ良し。池の跡地を好む。ヨキが当たる前に割れるとか

ハンパ（共）（子）　仲間外れ。半端にする

ハンパニンソク　日当が人並み（イチニン）に貰えん

ハンブ　半分

ハンブカケ　（ハンカケ）カケ＝欠け、掛け。崖の町（欠町）

ハンブコ（子）、ハンブツ　仲良しの分配

ハンブネ　予想外の安値

ハンブハンジャク

完成の見込み薄し（分、尺は計量単位の語を流用）

ハンペラ（共）　物の片割れ（片）

バンヤム　万止むを得ず（不承不承）

ハンロハッシン

坂路発進。運転用語。今はオートマでスムーズに。［類］ダツリン（脱輪）

ヒ

ピイカピカ　ぴかぴか

ヒークレハラヘリ　（テングリマングリ）終日のそのそ

ヒーコラヒーコラ　貧窮悲鳴

ビーツク（幼）　ビービー泣く。女児

ピーピー　①しんしょ、悲鳴②腹下り

ヒール　蛭。当地水が冷たいので少ない。エビガニも同様

ヒエヌキ、ヒエコギ

クッツキビエは稲から分けて寝かし、根元を踏んでこぐ。戦中、柄が細くて長い径二センチメートルくらいの鎌を配ったが役立たず。シンガポールが陥ちた時はゴムの産地とてモノノイイまり。少し遅れて零戦の車輪を模したらしい金具付消ゴムは紙を削る代物、鉛筆は木質がさがさでナイフで削れない。他にも便乗セールス、大洋洲呑海（浪曲）、恩賜の鳩杖

ヒガオソイ

日照。宅地が山に付いている影響。↔ヒガハヤイ

ヒカキボウ

風呂用は丈長く先が狩又の矢の形、太く頑丈。カブツ（フロクベ）を操作

ヒガクレチャウ　のんびりしとると

ヒカゲニオッテモイロクロシ（子）

昭和十年代、子供のパンツ無しは珍しくなかった。きりっとしまって

ヒガシオカザキ

西の国鉄（ＪＲ）岡崎駅に対する名。名鉄の次（岡崎公園前）駅を西岡崎と通称する。新安城（旧今村）は在来のＪＲ安城よりも新幹線三河安城に対称するごとし

ヒガシヤマ

一号線から四キロメートル以上入って扇子山へ到着。旧山荘方向を西山、手前大滝方向を東山と呼ぶ

ヒガツキソウナ　極乾燥。水不足の稲。枯れ具合

ヒガライ　生大根の辛味

ヒキイ　敷居。シ↓ヒ。［類］ひちゃ

ヒキズリ
すき焼き。三河の語だが、山綱では聞かない。元は料理人側の用語か
ヒキダカワズ　冬、耕やして面会。蟇蛙。のそっ
ヒキマワシ　黒色、和服用外套。田舎の紳士に好適（大昔）
ヒキミシル
強く剥がす（むしる）。ヒキとヒンは同じ。ヒンムクなど。ひっぱたくの他、ひっちばる、ひっつかむ、ひんなげる、ひんめくる
ヒキャク
葬式のサタをする任を帯びたヤシキの伝令二人。今無し（電話普及、葬儀の個人化）
ヒギレトル
（カトエトル）ヒギレ＝日切れ。［類］カトエル＝渇える
ヒキワラ　敷き藁。ホシモンや畑の瓜の下敷き
ビク
（イチコ）鎌など入れてショウ小型筒状と、ツチゴエや諸を運ぶ背負うか天秤で担ぐのと二種。イチコと呼ぶのは現西尾、旧福地村、その前市子村、に由来する気がする。『市子町誌』（平成十三年一月、方言が充実）全誌を点検したが、この記述無し

ヒク　「引く」と「敷く」。挽く＝コビキサ
ヒクゲタ
低下駄。活発だから減りも早い（チビル）、跳ぶと割れたりして（一方）
ビクトモセン　志操堅固
ビクニン　①尼さん②野菜に付く黒い虫
ヒクミ　凹地
ヒゲスリ
「ユテ！」祖母、洗面器と湯手拭を出す。スルは縁起が悪いのは承知［類］南天をナルテ
ヒゲムシロ
織り上がった筵、火を付けた藁で手早くヒゲを焼き、擦って除く。ヒゲ＝ミゴ
ヒケル、ヒケトル
着物が強度を失い（ショウナシ）裂ける（ビロビロ）
ヒコウエ
田植の畝間が広過ぎと適宜中間アイタトコへ植え込む（予備苗活用）
ヒコウキトビ（子）
大車輪（予科練）は憧れの技、試す子なし。こちらは高鉄棒（コウテツボウ）。踵を付け半回転で惰力をつけ飛距離を競

う

ビコウチョキン

備荒貯金。農村の実行組合（現、生産組合）、凶作に備えてこの名。飢饉は無かったが残高ゼロ

ヒゴコキ（子）

サシコ、模型飛行機のヒゴを作る道具。鉄板にイロンナ径の穴。木に打ち込み足で踏ん張って釘抜きで禾を引き抜く

ピコピコ　電子音

ヒザガワラウ

ショイダシまたは登山の下山。荷重で膝に異変

ヒザボコ　膝小僧。膝頭。——が出とる（ズボン）

ヒジテツ（共）　風呂場の板戸に落首「肘鉄は悲しかりけり」（忍ぶ恋）

ヒシャケル

潰れる。ひしゃげる。シャーケル、クシャケル

ピシャン　音ぴしゃり。①頬を張る②戸を強く閉める

ビシャンギンコウ

尾三銀行。一九二九年金融恐慌で潰れた。当地の額田銀行、同時期お潰れ。人材、官界へ流出など

ビショ、ビショッタレ、ビタンコ　びたびたに濡れる

ヒジヲツク　頬杖はその一種

ヒズガナイ

生気乏し。ヒズはヒズルシイと同根か。この語、当地のではないが通じる（傑作）

ヒズルシイ

他所でヒズルイ。眩しい。日出るしい。方言中の出色

ヒダリグチ　玄関の戸の開閉方向。逆方向（家相）

ヒダリナワ　鼻緒、〆縄に使用。「左綯《な》い」

ビタンコ　ビタビタ、びっしょり

ヒチサン

七分三分（しちさん）。髪を左右にまっすぐに分ける。なお、「四分六」「五分五分」「九分九厘」は事の成否に使用

ビチビチ（子）　下痢の状態。ハラビチ（ひどい＝シャー）

ヒチリン、ヒチナラベ、ヒチヤ

シチヤ、ヒチヤ、どちらが正統？　ヒチジ

ヒッカカリ　端緒

ヒッカケル　高校のナンパ

ヒッカタグ　①建物②しんしょ。「傾く」（カタグ）の強調

ヒッカツグ

体いっぱいに担ぐ。［類］ヒッツカム、ヒッチバル、ヒッパタク、ヒンナゲル、ヒンニギル、ヒンマゲル、ヒンメクル、ヒキミシル

ヒックラカシ　山の反対の斜面。山ドコでも言う
ヒックラカス　ひっくり返す
ヒックリカル　（デンガル）ヒックラカスの結果
ビックリコイタ（男）　（オドケタ）ああ吃驚した
ヒツコイ　しつこい。［類］ヒチヤなど
ヒッシコイテ　真剣になって
ピッタシカンカン
テレビ（久米某）から広まる。状況にぴったりの語は定着し易い。定着度合いの深浅は似た状況の方言の存在など？ 研究の余地
ヒッチバル　捕縛。物を束ねる（強く縛る）にも言う
ビッチュウ
三本備中、四本――（単にシホンとも）。五本は田植専用（マンガ）備中の国（岡山県西部）から伝来？
ヒッツイタリハッツイタリ
（イチャイチャセル）＝男女べたべたと
ヒッパラレル
拘引。サーベルを下げた口ひげの巡長サン「ちょっと来い、本署まで」
ヒデコイデヒートーツー（子）　フータアツー
ヒトイキ　①一息②一時期　イキ＝機

ヒドー、ヒドモネエ　――ブツ。ヒドー＝ひどく
ヒトーツコト
①一つの事を繰り返し言う②AとBとは――（同一）
ヒトーリ　一人。数え方
ヒトーリギシ（子）
見回して孤独。（子）オンナノナカマニオトコガ……ワナにはめて（嘲笑）
ヒトカタ　大勢で担ぎ、まだ不足（潰れるか）
ヒトガナンチュワアガ　――ジブンハジブン。独立不羈
ヒトキレ　一片
ヒトクベ　ぬるい（風呂）、要追加（追くべ）
ヒトコ　一緒くた。ヒトコニスル＝混同する
ヒトコシ　あとひと踏ん張り（担ぐ）。ヒトカタ
ヒトサカ　急坂
ヒトサゲ　提げる限界に近し（ヒトフロシキ）
ヒトサワ
川の水、口元から水尻までの田全部。養子が退役したらと住宅まで祖父準備したが。予言が災いして
ヒトショイ
背負う荷（大量）。［類］ヒトサゲ、ヒトフロシキ、ヒトシンショ。カチニ（徒歩荷）＝一日の山仕事へ無料一束サービ

ス。重くて一ト休み嬉し顔

ヒトシンショ　一代で遺した財産。大荷物にも

ヒトセ

一畝。以下フタセ、サンセ、ヨセ……、ナナセ、ココノセと数える。十畝＝一反

ヒトツクネ　未整理衣類。ツクネ＝塊り

ヒトツグンジンハ

軍人勅諭。要領をもって本分とすべし（これは俗）

ヒトツダ

ワルキ用の尺を伐る作業をツダム。その一本。割って蜂起農民の武器

ヒトテマ　（あと）一工程

ヒトナル、ヒトネル

成長。人、植林。中野光（海部郡出）『ひとなった日々』。津島も同じ方言。方言中の出色

ヒトナンギ　一難

ヒトノコトダトモッテ　薄情。油断（手薄）

ヒトノコトナン……

……イットラアト。自らを律すべし。ナン＝など

ヒトハラ

出産一回当たり↕フタハラ（動物、人の戸籍の複雑にも）

ヒトフシ　少年たるんで（監督まむし言）開墾中指欠損

ヒトフロシキ　（ヒトサゲ）

ヒトマチガイ　人違い

ヒドモネエ

とてもひどく。［類］タントモネエ、ランゴカネエ

ヒトヤマイクラ　——で売っとる。安売り対象

ヒトヨサ　一ト晩。フタヨサ、ミヨサ……

ヒトヨヒトヨニ……（共）（子）

$\sqrt{2}$。ヒトナミニ……＝$\sqrt{3}$。フジサンロクニ……＝$\sqrt{5}$

ヒトラモン　独り者。「男やもめにに蛆が湧く」

ヒトリカケテモ……

——サビシイテノン（女）。——イカンテネエ、イカンテノン＝お悔やみ

ヒトリヒトリ　各個、個別、銘々

ヒナエ

雛祭りに江戸絵（浮世絵）をこよりで二段、壇を巻いて飾る。武者絵に痕跡（綴穴）を見ることあり。いつ絶えた？　何故？

ヒナタボコ　日向ぼっこ

ヒナノレーヨン

作家、尾崎士郎が吉良から自転車で二中（現・岡崎高校）へ

通う懐かしの景観と(某週刊誌末尾グラビア企画)

ヒネクル　捻る(強調)。ヒネル＝絞め殺す(鶏)、の時はクを使わぬ

ヒネゴメ　古米

ヒネトル　時期を過ぎている(人、物)

ヒネリ　商品を市場から市場へ転売(商人)。三回召集(最後ビルマ)を食らったロクサの晩年の技＝青果。(商用語)

ヒネル　縁の下の鶏、兎。トリの首をひねってもちょんぎっても素人では駄目。トリヤサにコシャッテ貰う。もっとも鰻はトリヤサでも無理

ヒノヨウニナッテ　(チンチンニナッテ)

ヒバカリ　蛇の種類。シマヘビ。毒は一日限り(命名の由来)。他に蝮、山かがし、内蛇＝青大将(脱け殻が石カケに下る。首に巻いて温かい)。近頃、蛇類乏し。昔は鼠の用心棒

ヒバサミ　オキをケシツボへ入れる道具

ヒビョウイン　秘病院。隣村(池金、本宿)に設けた。コレラ、チフス流行時代

ヒボ　紐

ヒマゲラシイ　この忙しい二何をやっとるダ。暇を見せびらかして

ヒマザイ　仕事中の人の手間を割かせる。ザイ＝割き

(イマ)ヒマナカン(女)　チイトしゃべって、「邪魔したノン」と辞去。ヒマな人などいない

ヒマニマカセテ　(共)暇に飽かせて

ヒマンナル　ニ→ン

ヒモダコト(子)　火遊び。「今夜寝小便が出るぞ」。タブー、しきたり。以下、ヨルツメ(夜爪)ヲキルト……、食後すぐ寝そべると牛になる、トイレに裸は禁(帽子も)、ミミズに小便＝男性が腫れる、雉が鳴くと地震、本を跨ぐな、鰻に梅干し(食い合わせ)、ドリを食うな、モノムライ治す井戸の呪い。岡崎市教委「俗信と云い伝え」(昭和四十五年一月)あり

ヒャク　戦後、青年が溢れ農村活気。「オラヒャクダゲエ」「チキュウノカワメクリ」村芝居盛んなれど以上の卑下も

ヒャクショウドコ　農業専業地帯。フクジ。ホンチャン

ヒャクショウヤ　農家

ヒャクニギリ(子)　手相。掌の拇指付根から横断一直線

ヒャクヒロ

鶏の解体。腸。出刃の背でツーと腸の内容物を押し出す

ヒャッカンデブ　［類］空気デブ。珍しい存在

ヒヤヒヤモン　冷汗三斗

ビュウビュウ　風吹く音。障子

ヒューヒュードンドン

しんしょ。ヒュー〱は寒風が障子の破れを鳴らす音？
ドンドンは火の車？

ビュンビュン　風切る音。短距離走

ヒョウズンゴ

方言の自覚ありてこの語。今は「共通語」が一般的。本書「(共)」と表示

ヒョウソウ

俵装。菰を巻きサンダワラを載せて最後、星にカガル。叺《かます》に変わっても俵装と称した

ヒョウヒョウ　穂を抜いて草苗。蓮華と混って田にあり

ヒョーロー

兵糧。戦中戦後、Iさん殿様蛙、Tサスベリヒョウ、Yさん早生柿(紋付き袴、メガネの奥様)

ヒョコタン

瓢箪。水中で押してひょこんと浮く(「浮いたか瓢箪」)

ヒョコチャン

戦災孤児。民生委員(戦中)引き取り最前列。本名ショウコちゃん

ヒヨトリ

日《ひ》傭《よう》取《と》り、日銭稼ぎ。野坂昭如「腰弁」。大きいとこ、小さいとこ、堅いとこ。サラリーマン

ヒョロン　痩せて背高い人、木。首に注目

ヒライチ

戦中、羽根(岡崎)の駅は出征兵士の見送りで賑わう。駅前のうどん屋のメニュー(店は健在)

ヒラケトル(共)　大人の見聞に長ず。開化、開明に通ず

ヒラペッタイ　平べったい

ヒリツケル

卵をひりつける。電灯の笠に＝ウドンゲ(の花)とはこれ

ビリビリ

千刃、並んだ歯へ稲束を打ち付けて引く。足踏式はカラカラ。脱穀用

ヒル(共)　屁、糞の放出。［対］マル(放尿)

ヒローズ(共)　ひりゅーず、がんもどき

ヒロゲル

①ホシモンの下敷きのワラを――（↕シマウ）②仕事（業容）を、しんしょを

ヒロシゲ　江戸の絵師、歌川広重。ゲは鼻濁音。当地と違う（横浜）。開化の東京、横浜を描いたのは三代目

ビロビロ　作業着は汗や雨、仇の様に年中着用するのでヒケて

ビワクビ　（地名）田

ビンカ　拓。枝が堅く直角に張る。若い内に刈り取る

ピンカクク　直角（建築用語）

ピンコシャンコ　鳥の威し。風を受けて真ん中の的が綱を引き両隅の竹が反り連続運動。「ソメ」の一つ

ピンサツ　ピンとした新札

ヒンシ　正装みすぼらし。「本物の紳士寂れてヒンシ絶え」

ビンタヲツル　ツルが方言。いきなりは不可ないと思う。戦争末期採用の教員I。簿冊で。あの世界では教頭までは行くとか。他にも例。頬を張る（張り倒す）。ツルは軍隊由来か。「往復ビンタ」

ヒンナゲル　ブンナグル、ヒッパタクの類。柔道。ヒンは強調

ヒンニギル　しかと握る。しんしょ。財布、人の核心

ピンピコ　ぴんぴん

ビンボウギス　湿気の多い暗いところにのそっと居る裸のギス。かまどうま

ビンボウグサ　（コレラ草）

ビンボッタイ　タイ＝たらしい。貧乏丸出し。［類］ヤボッタイ

ヒンメクル　布団を――。いつまで寝とるだ！　子供が転がり出る

フ

ファーミー　野球のファーストミット。グラブ（グローブ）もミット、ボール、バットも自製の頃、隣藤川小は皮製を揃えた。ガラ紡修理で箪笥にお札満杯の家の子を一塁に入れて道具の援助。もちろん珍しいこれも。お札といえば旧猿投の木節粘土の砿山の主も、戦後次々増えて数え切れなかったと

フイゴノクチ

山綱は南北に伸び、東も西も山に沿う。民家は山際にあるのが普通だが、両方の山が接近する奥の恋ノ口は北風が突き当たる

ブイブイ
①糸車。仕事が捗れば音も大きい（唸る）②釦に撚りを掛ける遊び

フイルム
フィルム（フィリピンをフイリッピン、と同）。写真と用具の変遷、関連業種、利用者の変化は目まぐるしい。［類］タイヤ廃業

フウ、フウグルミ　風袋《ふうたい》。計量用語

フウキ　（地名）山。急峻。柳ヶ沢の一部。通称

ブースカ〱　ブウブウユウ（ブーイング）

フウトウボク（共）
風倒木。芯を揉んで居て、立っとる木も用材不適とか。一九五九年九月二十六日（昭和三十四年）伊勢湾台風

フウフナカ　夫婦円満度

フウフモン　（↔［対］ヒトラモン）

フウフヤクソク　結婚を言い交わす

フウフワカレ　離婚。当世、「バツイチ」とか

フーン　稍《やや》疑問ある趣

フカイヅ〱
狐に化かされて山中一晩中薄《すすき》の海をぐる〱

プカプカ（共）
戦後、カネゴエ不足。魚粉に混じった烏賊の甲が漂う

ブカブカードンドン　喇叭《ラッパ》と太鼓、小学校の楽隊

フガフガ　入れ歯を外して発音不調（空気もれ）

ブキ　不器用（移入?）。（ぶきっちょ）

フキツボ
火吹き竹。昔、これを主役に祭りの見せ物（怪）あり、詳細は秘す。明治初期まで浅草奥山の「やれ吹けそれ吹け」あり。他に「やれ突けそれ突け」が分かりやすい。大阪今宮戎にも嘉永六年記あり。それが祭礼に流れて来たか

フキブリ　風雨

ブキン
①歩金（賦金）。談合の会費（非合法）②（ブキンブキン）指を折る音（無気味）

フギンタマ
①かまきりの巣②味噌汁に浮かす麩（熱さ内蔵）。往時盛況麩や金（元能見）。職人賑やか

フクイカケ
麦の土入れ、その道具（前進、後退）。備中、フリマンガも応

用

フクウ　穀物を抛り上げ籾や殻を選別

フグウ　選別し基準外を除く（穀物）

プクーン

膨れる。①頬ペタ（不満）②炭火の上の餅、ボロ、オコツボサン（落下して。灰をプス〳〵吹く）

フクガアル　生涯幸運の人

フクジュ

福壽（町）。近くの田町、木（材木）町、魚町に比べ、後発地名か。ビスケットの名に

フクスケ

昔々ある村の裕福な商家にカブンスウ（ご免）の子。福助だとダブルの背広。可愛がりますます繁盛。本物の由来も多分同じ

フクタチ　餅菜。シャモジ菜（小松菜）

フクヂ

どこの地か不明。田んぼで時々聞く（母、祖母）。田園地帯＝米どころのことなら、碧海、幡豆。小川村（碧海）福地（――のあゆみ＝本）があるが無関係。漠とした平野が浮かぶ。西尾の一集落のことか。山綱は西尾藩の飛び地という。畔桝（クロヤナギ）姓が関係（私説）。家康の案内を既に、地侍の畔桝＝年代を知る

フケイカイ

元祖ＰＴＡ。父兄会。いつまでも、（学業が）できたできんかったの土地柄。校長の品定めした当主ら。今の空気は？

フケメシ

軍隊経験。上官に悪戯、アオ痰も。本書に軍隊由来はほとんどゼロ（ビンタ、ラッパくらい）。亡父は「死んで」中尉

プサダダドイドイドイ（子）

オート三輪（キック始動）の模写。昭和二十年代初期。この子、のち叙勲警察官

フジサンガキ

大振り、晩生。樽柿（籾殻混合保存）、吊るし柿用の品種

フジミ　箕に竹製と藤蔓製あり

フジンノリ

自転車。ひらりと袴がる棒を無くしてある。子の練習（斜め乗り）に適

ブス

昭和二十年頃街の伯父から初耳。顔立ち整わず。当地ミグルシイ（［対］リッパ）

プスプス　燻る音。火事の初期

フセル

帽子（とんぼ）、かすみ網（ダボチン）。逃げ口無し。伏せる
ブタ××サ
養豚の人の呼称。豚舎は、むらを離れ独立（ベッヤ）だった
フターリ　二人。数え方フターッと伸ばす
ブタイモ
食糧不足当時、甘藷に出番。護国、農林系（農八）など、反収（豊川など畑作地帯）を競った。食糧増産の標語、小学生に表彰状（知事吉野信次、この人のち大臣）の枠飾りは藷蔓。不味くて多収、色白通称ブタイモ時代
ブタゴエ
でぶ。百貫――、空気――。でぶちゃん。豚が迷惑
フタコトミコト　私語急ぎ用件のみ
フタトコ　二ヶ所
フタハラ　異母兄弟の因
フダヲイレル　選挙、入札
フタヲキセル
鍬で畝を切って肥えと種、手を後ろに組んで足で――（麦）＝覆土の道具にも
ブチ　①猫の名②顔の日焼け均一ならず（ブチンナットル）
ブチドコ　（打チドコ）打撲箇所
ブチナグル、ブンナグル、ブチクラワス
（ブッ）＝打つ。打ち（ぶち）のめす
フチャル　捨てる。京ことばの名残り（私説）
プチンプチン
両側で布団を巻き上げ蚤取り。ＤＤＴ、ＢＨＣの時代
ブツ、ヒドーブツ
他人を打つ。当地、何かに当たる自損（打撲）。例、頭をブッ＝頭を何かにぶつける
フツウノカッコウ　平服
フッセ　蒔いたり植えたりせず自生した野菜や松杉桧
ブッタタク　（ブチナグル）よりキモーチ緩い？
フッタリフランダリ　降ったり止んだり
ブットク
（他所、豊田兵役）放置する（ホカットク）。何となく当地通じる
フットル　方位、方角（南北）、その行き過ぎ
フテタル、フチャッタル、フテブチヤリ
子の育て方。一年はネカイトクとか。放置。フテル＝捨てる
ブトー　ぶと。目へ乱入する。ブヨ。ぶゆ
フトバリ　鰻用鉤。段差に浮いてアカジジイが釣れたり
フナ

水が冷たい山綱に居ない。隣村、池金（鉢地川）に居る

フミアト　田植え、当地後退りで足跡へ植え浮き苗の因

フミタラゲ　衣服散乱。タラゲ＝平らげ、か。踏み放題

フミワケ　山の境の一つ。道の始まり

フミワラ　畜舎に藁を投入し牛豚に踏ませる（肥料用）

フヤ

麩屋。豆腐、蒟蒻の一村一店（往古は味噌屋も）に対し、商圏が広い。力仕事のためか、若い衆を多く使った（元能見「ふや金」）。今、用途減。即席に活路は

フヤカス　殖やす

ブラクル　（山綱の語に非ず、隣村池金）ぶら下げる

ブラツキボー

S教授語録。正、ぶっきらぼう。もちろんわざと。「ばらの木にばらの花咲く何の不思議無けれども」も同先生。これは正しく。母国へ移住の由。仏語、Y先生（名大）門下

ブラブラヤマイ　就労禁止（結核）も治療の一

フラワー

「今日は明人（疎開の子）の――だ」一輪挿し机上を巡回、O先生（終戦直後）。横文字流行、郡内公開授業

ブリガイイ（女）　（移入）男振り

ブリキヤ

樋を吊る、戸箱の銹、米の缶、道具は七輪にハンダごて

フリコメラレル　婚礼の日が雨。狐のヨメリでなく本降り。縁起良し

フリマンガ　麦の土入れ。子供、婦人。一人用、二人用

フルエガクル　震撼、戦慄

フルチン　丸裸。Full。フリチンはFree

フルナッタ

（他所）古くのくを抜くのは名古屋に限らず。岡崎の町でも。空襲の照明弾の赤青とろとろの見物を言うと、根石の子、赤ァなったり青ォなったりして逃げまわったと一発

フルフラン

（カカアノフンドシ）＝お腰。材質、ネル＝フラン、降るだか降らんだか今日は仕事をどうせえ。磨り硝子、色は赤

フレテアルク

フレテマワル①アリキ（回り番）「歩き」②ホウソウキョク。テレビ時代も変わらず。触れ、布令

フレル、フレトル、フットル

方角。南なら南、北なら北から少々東あるいは西へヒネットル。ところで気が触れると言うが、この振れる（ぶれる）ではなかろうか

フロクベ

特大のカブツ。ヤを打っても割れず。そのまま風呂の焚き口へごろん

フロヘイル　入浴。風呂へ入《はい》るの方言

フロミズ　オトシミズは溝から桶で畑へ

フロヤ
風呂場のある小舎、タキモンベヤと兼用あり。板戸に落首「肘鉄砲は〜けり」

フロヲワカス　風呂を立てると言わぬ

フワ　農用大人のデンチコ。軽い（女）。冬用綿入れ

ブン　①今来た——②俺の——だ（弟息子）。（シンヤブン）

フン　ＹＥＳ。鼻であしらっとるに非ず

ブンコ、ブンコナワ
藁を材料に糸で粗く織る（ブンコ）、藁を真っ直ぐなまま糸で巻く（ブンコナワ）。呉服の包み紙をブンコと呼ぶ（関係？）

フンゴム
①ジュルンコで長靴が嵌って縁すれすれ、ズコズコいって抜けない②田植のグタ（芥）、田の草の始末（踏んだのち、前へ押し込む）。踏み込むの変化

フント、フントナラ
フントダテ。フント＝本当。本来なら

フンドル
社交ダンス、フォークダンス、盆踊りのアトビッサリ（とくに下駄）の粗相に後ろの人（工員よく我慢）

フントン　本当に。ニ↓ン。辞書の②に「実に」と

ブンブン（幼）　ぶうんと羽音の虫類の総称

へ

ベイセンキシタ
籾摺機につなげる千石、万石＝鉄線上に籾を流して選別、下に零れた屑のこと。玄米の不良。コゴメ、アオ、シイナ＝鶏の餌

ヘエーチュットヤイイダ　若い衆「ハーン？」

ヘーキン　おおむね。経験則

ベースバン
人の顔。戦後、野球の普及と同時発生の語か。薄っぺらい（布一枚）、顎が張る

ヘーチョン（子）　平気

ヘエル　入る。ヨウヘエル＝食欲

ペカペカ　切れそうで切れない蛍光灯

ペカンペカン　油差しの音（ブリキ製）

ヘクサ　どくだみ
ペケ　×（バツ）
ヘゲモチ
ボロと同じく餅から作る。煎った豆を搗き混ぜ、日に干す。
他所でカキモチ
ヘコキ（人）
冗談にヒコーキのことをヘコーキと言うが、ロケットのことかも？
ヘコキムシ
石カケ附近に居る触角の長い甲虫類。ぷっ。屁ひり虫
ベコベコ
硬質で、押すと凹む物。セルロイド。ヤグイ車。鼈甲状（セルロイド様）の下敷をうちわ代わり
ベシベシ　折る。ベキベキとも
ベシャクシャ　マンダしゃべ（く）っとる
ヘソテン　（移入）臍を天井にして寝る（不時）
……ベタ
カイガンベタ＝海岸べり。ムコウベタ＝向こう側
ベダ
応諾拒絶（ヤデゴザル）。（東三河）イヤ（発音頭に韻（女））。
アカベダ。（共）あかんべ

ベタアシ　扁平足
ヘタアシテ、ヘタアスルト（共）
当落線上。前音（タ）の母音を延ばしてヲに代える＝方言らしくなる
ヘタヅケ
西瓜を食べたあと、包丁で果肉を少し残してそぎ、断片を擂鉢へ荒塩と共にぶっ込み、胸の高さで中身を抛り上げる様に二、三度揺する（豪快）
ヘタナテッポモ
――カズウチャアタル。確率論。教訓にあらず嘲笑自嘲
ペタル
ペダル。自転車の練習にはこれを半周ギッチョンギッチョン（大人用）
ベタル　高校昼食のこと
ヘタレヘコサクノムスメタレトモウシマスー
娘義太夫から？語の発生年代推して知る可し
（……モ）ヘチマモアルカ　ヘチマの方で迷惑
ベッカクカンペイシャ　人。家（別格）。むらの扱い
ベッコ　セルロイド。べっ甲に似た下敷
ヘッチン　雪隠。別棟多し。ヘッチン大工、コモゼッチン
ヘッチンダイク　厠は必須、失礼を申すでない

ベッツー、ベットコ、ベットウショウ　別等賞。賞と付けるあたり微笑ましい。ドベとも

ベツッコ　別扱い

ヘッテヘーレンコトハナイ　狭い縁の下などに潜り込みながら、ヤシキの見物に言う。入る→ヘエル

ベツバラ　別腹。腹一杯でも好物ならまだいける

ベツヤ　別棟。本宅と敷地を一つにする離れ

ヘデモカゲキヨ　景清さんも災難

ヘニハビープースウノミイロ……(子)　――アルガモットモクサイノハスウナリ。朝校庭にて直立、大真面目

ヘバカニスル　嘲弄。小馬鹿にする

ヘハヘモトカラサワグ　火は火元から騒ぐ、から

ヘビニギリ(子)　拳を握った形(尾部)や手相を見せ合う

ヘビニニラマレタカエル　(共)「――見込まれた――」カワズ

ベベ(幼)　オッコイヤア、モンモイヤア。着衣

ヘボ　①蜂。ヘボノス(取り)は、長野から南下して旧額田郡常盤村までか。当地のヘボはヂバチで半円トーチカ状の小さな土の巣。小型で温和しい。ヘボ狩りの蜂とは異なる②(子)ヨワンヂイ

ヘボイ　喧嘩でよく泣かされる。意気地無し(子)。ヘボ(泣き虫)+イ

ベボー　びゃくしん(柏槇)と称して床柱に人気。当地では耐水、強靭(しなう)の特性から桶や槽に実用。格が低い。葉の棘がきつい。下刈で若い内に刈るので成木が少ない。頂上付近に集中。オンドガメ(穴ずらり)でくべて蚊燻し(蚕室のダニ退治)。痩地に耐える(ヤセヤマノベボー)＝むらのことわざ

(ヨウ)ヘモコカン　評価が定まるのはこれからという人に言ったりして。ヨク→ヨウ

ヘヤ　寝るトコ

ヘラヘラ　蛇の目蝶、おはぐろとんぼの飛翔(コシタ)

ヘリコブタ　シリ(ケツ)コブタ(＝尻の隆起)なる語があるので。他所で複写機をヘコピーと呼んだ仁も

ベルトハンマー

山中（旧山中村）最古の工作機械につき紹介。引退。昭和十四年購入、製作者確か新潟。別名ベルト金槌

ヘルモンジャナシ　用役の貸借

ヘン！　気に入りません

……ヘン、……ヘンテ

アヤヘン、オヤヘン、ヤヤアヘン。……ヘンは京ことばが源（私説）。——センは東三河（渥美）。……ヘンテ、ヘンチュヤは強調

ヘンカン

ハタヘンカン。タニハタナラズ。明治の地租、地券の名残か。畑の呼び名に

ベンケイガナ（ア）／ギナタヲモッテ

カネオクレ／タ／ノムの類

ヘンゲル　変じる。変化《へんげ》から？ 方言中の秀逸

ヘンジョーカ

編み上げ靴。戦中、巻き脚絆、転把（ハンドル）など。軍隊用語

ヘンジヨカリシリオモカリ　動かん奴だなあ

ベンジョバチ

足長、黒色。人体に来ぬ。糞便専門の蜂なので汚れ付着を敬遠される種族。絶滅か

ヘンチキリン

へんちくりん。本宿の某荘ラーメン「珍竹林」

ベンチョハサミ

水生昆虫、たがめ。田んぼの底。クワガタの角。チンボハサミとも

ベントウツケテドコイクダン（子）

あれっ、と頬ぺたに飯粒

ヘントガエシ、ヘントヲカヤス

素直でない。相手の言を一旦咀嚼して欲しい。ヘント＝返答というより言い返し

ベントバコ（子）

アルミは酸に弱い。毎日の紫蘇、梅干に加えて石や箸で突いたり叩いたり、袋を振り回して何かに当てたりで蓋に穴が開く。真鍮製もあり。柳行李や木のわりごは囓されて一日で終わり。私も皮靴が一日限り

ベンベ（幼）

衣裳（べべ）。コレベンベ。べべに限らず物を見せびらかす言葉

ペンペラ　極薄。ペラペラ

ホ

ホイジャア　（上方）ほな
ホイダデ　それだから
ホイデ、ホイデモ、ホイカラ、ホイジャア
ホイジャアはさよならの代わりにも（それでは）
ボウ（子）　坊。男児
ボウ、ボイタクル、ボイカラカス、ボイマワス、ボイダス
ボウ＝追う。嫁さんをボイダスは昔のこと。今は？
ホウ、ホーイ
（東三河）ホイ、ホエ、ホーオ（女）、ホーチュヤ（女）。間合いの遠近による使い分け
ホウアンデン
奉安殿。御真影を収蔵とて、昭和十七年？　学校玄関脇の押し入れを転用。罰のため押し込められた子も。暗くて殺風景、敬遠される存在
ホウイッテ　気が付いたら。苦言を仰って下さい
ホウイッテヤル　言い付ける（ユイツケル、ユッテヤル）
ホウイヤ（ア）　――ホダナア、ホダワ。そう言えば
ホウガ　奉加。暮の一日、村やお寺の係が巡回。今は？
ホウカチュッテ　そうかと言って
ボウガトウ　男坊主ども。少年諸君
ホウカル、ホカル
抛る。毬をホウル。ホカットク＝放置する。蒲郡、ホカス
ホウキグサ（共）
庭箒（土間用）にする。畑に一本立てたのをこいで縄でまとめて。実は多色、食用可
ボウシ
保存の藁束を積んだ（スズミ＝稲むら）上に雨除け（同じ藁の――）を被せる
ホウジロガカゼヒイタヨウナ
（シグランドル）。言い得て妙。子らの冬の友（今、禁鳥）。方言の秀逸
ボウズガビョウブニジョウズナエヲカイタ（子）
雪舟？　早口言葉
ボウズボックイヤアマイモ（子）
「コンビニの印は忘れ山の芋」。ヤアマイモのところ、正しくはトウノイモか。ならば薩摩芋
ボウズメクリ（共）
百人一首。本来の（和歌）かるた取りはしない。姫と坊主
ホウソウキョク（共）　フレテアルク。広言癖

ホウダエ(男)、ホウダン
ホッカ、ホウッカホッカ(相の手)に似るが、初耳や、意外な事柄を聞いた場合はこうなる
ホウダラ
そうだろうが。[類]ソウズラ、(岡山)オロウガヤ
ホウタン　――ガオチソウナ。頬ぺた
ホウチョン　包丁
ホウッカ
そうか。ソ→ホ。[類]ホンナ、ホヤホヤ(それはそれは)
ホウッカホッカ
人の良いおばさん(Tサ)常用。これが当地の代表的方言かも。むら(上屋敷)の当主のアラを並べた唄の中にもホッカホッカの××ウサ。この人安城に縁の人
ホウボ　方々
ホウホウユウ　ああ失敗った、ああ損こいたと独り言頻り
ホウモシトレン
長居無用。ホウ＝ソウ。「ホウユックリモ……」
ホウロク(共)
①豆を煎る②小麦粉と卵、砂糖でケーキ。土製(炮烙)ではない鉄製。餅はこんがり茶色に焼けるが煙臭いが難
ボウヲオル　我慢しきれず。棒＝辛棒

ホエビソ(子)
子供の泣き方にも吠えると言うのがあるようで
ボーダイ
藤川(市場町)にあった肥料商。商標タテに矩形巾広の棒、脇に大の字(大須賀)。広重保永堂版東海道五十三次「棒鼻ノ図」に縁の屋号か。今無し
ホータル　蛍。唱歌で伸ばすのは作詩者は三河人?
ボート　ボルト。ボートーとも
ホカ　余禄。発音、頭に韻。ホッタに同じ
ホカシダス　(池金)さらけ出す。丸出し
ボカスカ　スコンボコン拳骨の嵐
ホカットク、ホカッタル
子の育て方?(ステタル、フテタル)放置流
ボキボキ　――に折る。指の関節音。無気味。ブキン〳〵
ボク
木の瘤。割れない。枝の障害による木の突起(ウロ)。キミトイッタハタマゴノキミカボクトイッタハキノボクカ
ポクポク
木魚を叩く音。宗派不問。祭りのチャンタケは浴衣の股にこれ(小型)を吊るして
ポケー(子)　――としとる(ボケタン)

ボケタン(子)　他の子が見とってやらんと。牛に衝突
ボケボケ　……しとる。ぼさぼさと同じ
ホゲンモ
縁故疎開のS君(今池)。ホンネンモの意味(通じてしまう定着はせず)
ホコ〳〵
(ツチゴエ)発酵して白い息(イキガアガル)。大阪、焼き芋の売り声「ホッコー」の由来同じ
ポコペン　戦前。支那語の一つとされた
ホコリ　脱穀で前へ飛ぶ。おっかさんが熊手で時々掻く
ホコリマルケ　ロール引き、脱穀。ホコリ、ハシカ
ボサ
松の丸太二、三本、長さ三尺を二タトコ縛る。戦後、モヤと共に瓦屋によく売れた。開拓山、中学生のバイト。悪友の妨害、支払いは事務所、Tツァ?　ボサボサしとると、ボサになっちゃうゾ
ポサポサ　髪。ぼさぼさと併用する
ホシイ　欲しい。Y君、お非時で「オシイ(お汁)がホシイ」
ホシケヤ　欲しくば
ホシニカガル
俵装の終わり、俵の頭と尻にサンダワラ(サンダラボウシ)、上から縄を星型に。多分に装飾。過剰。昭和三十年代に叺《かます》、さらに袋詰めへ簡素化
ホシモン
藁の下敷をヒロゲタ上に筵を合わせて並べ、米、麦、豆を天日乾燥。裏返しの熊手や木製専用具でテをカヤしたり、日が落ちる前に筵を折りつけて縁側へシマウ、竹の棒で藁を片付けるのは子供の仕事。隣を手伝うのは皆シテ、オモテで早く遊びたいから
ホズ　ほぞ。枘。建築材組み合わせ突起
ホセ、ホセンボロ
痩せぎすの子。ジャコメッティこれで大当たり。地面に図を画く、土をほじる、ポキッと折れる程度の強度を有する小枝。トンギリボセ
ホソバ　垣根の槙。実が美味
ホダ、ホダ〳〵(男)
男の会合、内容は聞こえぬが、これだけ聞こえる
ボタゴエ
麦の寒肥(カンゴエ)、籾殻に混じる生の鶏糞。箕が当たる腰の横へ帆前掛
ボタモチ
店のがお萩。別名半殺し。自家製は特大、おひつに重ねる

からネクサくなる

ホタルカゴ
小麦の稈（ムギカラ）でパゴダ状、螺旋に出来上がる。取っ手も付いて

ホタルグサ
ホタルカゴに霧を吹いて入れる。すぎなに似る。今見ない

ポチ　小突起

ポチョン〱　雨垂れ、洗濯モンの雫

ホッカ、ホォーッカ　相の手。「ホッカホッカの××ウサ」

ホツケル　解れる

ボッコ、ボッコヤ
繊維屑、紙屑。それを買い集める人。（共）ばたや。語源は反《ほ》古《ご》か。ボッコヤ＝資源回収業

ボッコイ、ボッサイ　物の値打が相当低い。ボッチイ（子）

ホッコー
大阪弁で焼き芋。当地ホコホコ（ツチゴエ）の語あり。大阪生まれの幼い僕は、これを叫び上の山道を疾走

ホッコクノカミナリ
百姓の着た（キタ）なり（祖父、マイナーか）

ホッソイ
細い。［対］フットイ。［類］アッツイ、ツベタイ、タッカイ、ヤッスイ、ノッソイ

ホッタ
（ナイショガネ）。由来は懐を当地ホトクロと言う、内緒の意がある。ホッポ（懐）↓ホトクロ↓ホッタ。ホッタニセル

ホッタゴ　内緒の子（私生児）

ホッチ　そっち

ホッツキアルク　どこと定めず歩き回る。ほっつく

ホッポ　（ホッタに同じ）ホトクロ（懐）

ホッポカイテ
ホッポリダス（放り出す）とホカットク（放置する）の合成語の如し

ポッポコ　原付二輪車。のちのホンダ、スズキ

ボトウヒカゲ
木のおぼと側と裏側。これをよく睨んで割れと

ホトクロ　懐。ホッタ

ホトケノワンデ……　――叶わん（金碗）

ホトケホットケカミカマウナ
何やら達したような言い条。［類］尻喰え観音。オトマシイ語

ボトボト　ぽとぽとに同じ。雫、涙

ホトル　火照る（ホテル）

ホニ、ホニヤレ（男）　気付かなかった。ほんに（隣村、池金）

ホネカワスジエモン（男）　人（ヤセホセ）の体形。（共）かも

ホマイカケ　帆前掛（冬のボタゴエ用）

ホメテツガワス　褒め言葉に乏しくて

ホヤ、ホヤア　（ソヤ、ソヤア）それは気が付カンカッタ

ホヤホダ　おまんの言う通り。相槌

ホヤホヤ

①――ヨウ来トクレました。それは〳〵②新婚――（湯気が立つ）

ポヤポヤア

いつまでもフルチン同士、洗濯石に並んで覗くと隣も露の玉

ホラジャネエガ（男）　法螺である

ポリサン

ポリ公に比べ親近。今パトカーにPOLICEを大書。交番＝ポリボックス。［対］ドロチャン

ボル（共）　徴発。のち飲食店の暴利営業

ホレケニセンデモ　そんなにしなくても。ケ＝具合

ホレタハレタ

恋愛（珍しい＝昔）。役場の一組、鬼ごっこを見せつける

ホレミサレ　それ見たことか、見やがれ

ホレミヨ（男）

それ見たことか。ホレ＝それ。「ほれ見りん、その木は渋いちゅったじゃん」拙句

ボロ

餅に砂糖、小麦粉、ふくらし粉を混ぜて搗く（搗き難い）。細かい金網の道具で煎る。粉が火鉢に落下して煙たい。本体が落下しぷすぷす燃えることあり。霰。三重県伊賀でキリコ。他各地に米菓

ボロカクシ　ボロ（見苦しいところ）。また、アラカクシ

ボロガッコウ

戦後、国民学校から小学校に戻った。師範もチンピラ風。生徒を煽って隣村へ行進「××小学校、ボロ学校」。授業中に突然の合唱だから仰天、報復にこちらも出動。なにしろ運動会に隣村の教師にひっぱたかれるだもんね

ボロクソワーゲン

私ごと（豊田にて）市で新車九～十番目を僧と争う。フォルクスワーゲンの悪口（単なる語呂合わせ）

ボングイ　棒杭

ホンケホンモト　発売元兼製造元の如し

ホンコ（子）

パンキ、カチン玉。（↔ウソコ）負けただけ取られる。年下

の子から取り過ぎて子の兄からたしなめられる（返納）

ホンシキ　正規

ボンチタビナシ（子）　タイツリブネニヨチンベイサクと対。逆に読ます。旧額田一円（岡崎も？）で愛唱？

ホンチャン　本職。専門。プロ

ポンツク　魚取り。語源、由来不明。仇名ポンチャン

ボントショウガツ　盆と正月が一緒に来たような。一家の賑わい

ホンナコトユウナラ　絶交寸前

ホンナヤサシイコトデ　――ウゴカアカヤア

ホンナン　――イランワ。そんなの

ホンネン　――シテモラワンデモ。――ノコイテドウスルダン（しんしょ）

ホンバツ　只ハッタケとも。茸中の最上格

ポンポン　①おなか（幼）②腹が――ニハル（食い過ぎ）③ツチゴエの発酵、――にイキル（ホコくとも）

ホンモン　本物《ほんもの》

ホンヤブシン　大工の勲章、施主の試練（直営）

ポンユウ　朋友。遊び友達

マ

マア……　――アカン、――イカン。「もう」が縦の系統だとして、「まあ」と横を使うのが当地の特徴。ダロウでなくダラア、イコウでなくイカア、ヨカロウでなくヨカラア。モットでなくマット

マアー　口先に泡（子をあやす）

マアイイ　頼まん。もうよい。モ↓マ「縦の変化」（私見）

マアイッペン　もう一度

マアクンナ　もう来るな

マアコソ　怒れた（奮起）

マアジキ　もう直き

マアチイト　もう少し。モウチョイ

マアハエ　えらい早いジャン。愛知県江南でモーヒャア。岩手、モウハヤ

マーワシマーワシカキマワシ……（子）　縄跳び

……マイ

イカマイ、ヤルマイ。行こう、やろう。イコマイ、ヤロマイ(ヤロミャア)は他所。イカメエ、ヤラメエ(男)

マイカケ　前掛け

マイゲ　眉毛《まゆげ》

マイマイシトル　(メエメエスル)マイ=メエ。迷

マエ

アラスのションボケに「前」と墨書。シャークの当たる側を定める。だんだん塩気と柄杓の接触で擦り減り間違わなくなる。今はポリエステル製

マエアシガツヨイ

目立ちたがり、出世欲まる見え(人)

マエク

隣村、桑谷は俳句の趣向。「三河」主宰同所、故鈴木煙浪(友吉)氏は、その後代か

マエビ　前日

マカジン　マージンを態と。輝ける委員長A氏(故人)

マガリト　曲がる箇所

マガリナリニマッスグニ

(エガミナリニ……)カーブの道を直進? 田植え(昔から)

マキギャハン

巻き脚絆。小学生も着用。戦況不利。東条(陸軍)から米内(海軍)。海軍ゲートルへ。海洋少年団、手旗、モールス信号、軍用草木の採集など。一夜にして海軍色は見事

マキコマレル　渦中の人に(思わずも)

マキコム　種子、肥料使い過ぎ。勿体ない

マキザッポ

ワルキの一本。角《かく》になった部分があり一揆の武器にも。ヒトツダ

マキツク

①抱き付く②藤蔓が桧に――。お藤サがT次イサに(冗談)

マキドキ　播種適期

マグシネル

サンダワラの尻、ビクのケツ、スズミの帽子。藁の先をまるめて処理する。マグ=「曲ぐ」であろう

マグソ

馬糞《ばふん》。往還で拾って投げる。牛糞より乾き早し。円盤投げの要領。揺れ方同じ

マグリマグリ

クレテク(ヒークレハラヘリ)。まごまごしとる内に

マゴサ

松本孫衛氏。岡崎軟式野球名門大孫起毛(材木町)を率いた(社長監督)リーグ名物の人。小太り確か二塁手。巨人千葉

同じ（守備、体型）。野次「ご苦労さん」。チームには元プロ（一塁大西＝元中日）。公園の見物が「二本続けてストライキ」「ダブリュープレイ」と言った頃

マジナウ
猫の尻尾切り。①ネズミを捕るように②尾が呪《まじな》うから

マショクニアワン　学校バッカできても。マショク＝間尺《ましゃく》

マズイカントシタモンダ　経験則。↔ヨシトシタモンダ

マズッタ　（移入）失敗した

マセグチ　（地名）田畑。柵口

マゼクル　混ぜ合わせる。クは強調

マセボウ　牛がカタカタやるので脂で艶々。柵棒

マセボタン（男）　誰が名付けた？社会の窓。マセボウとも

マタ
股。山やオモテで伐木をツダム時丸木を×状に打ち込む。山はふかふかでかなりバウンドする

マタアメ　――ハションベンダイ。また雨か、に対し

マタイ　（西加茂＝土木）固い（比べて手堅い）

マタイチカラ　新規巻き直し

マタキタ　キタアヨ。子から孫から

マタクラ、マタニセエ、マタコウ（男）
また来るわ。ルワ↓ラ

マタグワ
股鍬。耕具の位置が身体の中央。尻の後へ柄が突き出る。小面積に適。疎開伝来普及の鍬使い

マタヤ、マタア　またか

マチ
街。山中から見て。美合、大平からか、欠からか。市電の走ったとこは概ねマチに該当

マチル、マチトル（女）　待つ。待っている

マチンヨ
待てよ（はてな）。チョイマチ、マットクレンヨ。オマチンと同じ。語尾のヨは命令を柔らかくする

マッキッキ　黄色の極み

マツグミ
松の成木の高所にあたかも名鳥に捧げる如く寄生し実を結ぶ蔓のぐみ。宿り木

マックロケノケ
復員姿の青年団長、（隣村、池金）敬老会で沖縄替え歌（「ヒラケトルノウ」）。「次は――であります」

マックロケブシ
方言にあらず。古い流行（旋律も）。お嬢さん、自転車乗りは良いけれど、チョイト見えたが――、オンヤ――。「オッ

ペケペ節」（川上音二郎）よりも後の流行

マックロスケ

夏休み明け。日焼けした子を前へ並べて賞めたが、年中色の黒い子であった。明治四十年代山中小学校の休み前の頒布書（活版刷）によれば、校長曰く夏休みの目的は休養にあり勉強するなと

マッコウ

香花。子供の稼ぎ。山で採って自転車でマチへ。大金（売上金）所持を先生に咎められた話（一日貯金）。遊廓を知らず、何で二階から笊が下りるのか。辞書では、お香のこと。当地は仏花（しきみ）のこと。地区縄張りあり。子供のお花売り「お花ァ花」（恥ずかしくてウフフ）

マッタイラ　↕マッタテ。真正水平

マッタケ　松茸（まつたけ）。「ッ」「つ」に御注目有れ

マツタケデングラカイテ（子）

「一月一日」（松竹立てて……）の替え歌

マッタケヤマ

松茸は村（神社）の物。入札の最後は全山（山綱一区）で二万円、神社へ寄付同然。盛期には入山料一人四百円か、山で飯炊き、壜の酒、土産付き。欲張りのズボン、置いていかれて、田の畦で熟睡、傍にカミナリバナ満開

マッタテ　↕マッタイラ。垂直。先生マッチョク

マッタラス

タ＝トアなら「もっと」だが、ここは真（マ）の筈。アラス＝新品

マッチボセ　耳をほじる。マッチの軸。ホセ＝細軸

マッテク

帽子、唐傘、ビニールシート……が強風で高空へ

マット　もっと。マ（横）→モ（縦）

マットッテツカウ　兼業農家。待ちかねるヨメサン

マットットクレン　ナ→ン。命令形。待っていて下さい

マツバンゴウ

松葉のゴ。ゴと言えば松葉に決まっているが、昔は他の落葉もゴであったか？ 昔、安城に文化誌「まつばんご」

マテエ　まて貝（山向こうの蒲郡）

マドロッコイ　まだるっこい

マネカン　足首不調

マネシマンザイ、コウヤノコジキ（子）

人真似と知って囃す

マノジ　間抜けに非ず。間に合わぬ也

マハンタイ

近頃は真逆と言う。類語の「正反対」は辞書にあり

ママエル　（西加茂）手出しする。ママ＝儘（我儘）

ママゴチャ（子）　ままごと。［類］オニゴチャ

マミ

穴熊？　狸？　冬のスポーツ。獲物の出入口を見つけ他の一方からセルロイドで燻し出す。発音尻上がり。兎の罠も

マムシユビ（子）　拇指の形を指摘（骨格）

マメシイ　まめまめしい

マメナカン（女）、マメナカエ（男）　「マメナが一等」

マメヨル　箕を膝へ載せてムシクイを除く。ヨル＝選ぶ

マヤ　牛舎、馬舎。馬だけでない厩

マリムシ　ダンゴムシ

マル　（シイコ）↔ヒル（うんこ）。大小共通＝タレル

マル（子）

パンキの一種。武者など図柄が良い。風圧はさ程ではないが遠くへ飛んでも円盤の回転よろしく表を見せて着地

マルイカレ

元も子もない。すってんてん。こてんぱん（ワンサイド）、イチコロ、イカレタ（イカレポンチ）なる語は昭和二十八年頃出現。しかしマルイカレはより古くから？

マルイタマゴモ……

——キリヨデシカク、モノハイイヨデカドガタツ。口の利き方の教訓。［類］イヌガニシムキャオハヒガシ、アニキャオレヨリトシウエダ……

マルカイテチョンく（子）

タテタテヨコヨコ——。止まらなくなりそう。地面に図形（土筆の茎様）

……マルケ

ドロ——、スナ——、ホコリ——。だらけ、まみれ

マルケル　丸める（物）

マルコッタイ

体格、物体の形の表現。丸味を帯びる。ビール樽、セメン樽

マルサラ　まるごと

マルマットル　寒い日、猫、鶏、人

マルマル

マルマットル。（体）丸くなる。マルゴト＝全部の意も（マルサラ）

マルワカリ　明々白々。筒抜け。丸見え

マワシガイイ　仕事の——（回転）。段取りがいい

マワリマワッテ　因果は巡る、尾車の

マンガ

①田の草取りの道具②牛馬、ズリマンガ。人、フリマンガ。万鍬、馬鍬

マンガネ　一万円札以上は大金

マンキーサ　万吉さん

マンゴク　万石通し。針金の傾斜で選別。米選機《べいせんき》とも（千石、万石は商標かも）

マンサツ　一万円紙幣

マンダ　——ミニシミトラン。あれだけ言ってやったに。まだ。マンダサキノハナシ

マンダハエソロワン　生意気だと。［類］嘴がキナイ（黄色い）（共）、青臭い（共）。生えたて＝ポヤポヤアの項

マンニンコウ　素人芝居。万人講。村の中か隣村のセンセエに付く

マンマ（共）　①御飯②侭。①と②発音区別。オマンマノクイアゲ＝失職

ミ

ミ　箕。竹と藤とあり。口が広く底が平。穀物を手で掻き寄せて掬う

ミアイ　美合（町、駅）。明治二十二年岡、保母と和合（その前明治十一年生田、平地、馬頭を合わせ）の三つ合わせて美合村。［類］隣リュウガイ（旧村。龍谷）は二大字桑谷＋龍泉寺。藤川（村）は三大字、村名に合成無し

ミイ　見よう。見てミイ（ニ→イ）。ミラアカも

ミイイク　見に行く。ニ→イ

ミイカケ　箕と（イカケ）の中間、竹製。両横に提げる穴があり、土砂、ツチゴエを運ぶ。逆さに使ってポンツク（足でオロツをボウ）

ミール　東濃、瀬戸へ窯業の燃料（焚き物）の供給（小原、藤岡地区など）と河川水車による珪砂の加工（釉薬用）がある。正しくはミル

ミイロ　校庭で真面目くさって、「屁にはBee-, Poo-, Sueの三いろあるが、最も臭きはSueなり」演説を揶揄しての語とすれば時代古し

ミガイル（共）　果実が熟す。実る。稲穂が稔る。入る

ミガカルイ
軽業。高所得意。(子)キワタリ、墜落も(小学校校舎西裏、ポプラ、T君)。別のT君、運動会の最後、跳び箱(最高段)上の逆立ち模範演技(柳商業卒。右事実を子息知らず)。今どきの体操選手の見本

ミガデル　空砲に非ず

ミガハイットラン　たるんどる

ミカラスベレバワガコモドウゼン
義太夫から?　(マイナー)当主股引き快音。買ったばかりの由

ミカワダンス
桧製。別名ハイチョウ。昔、当主の自慢の種

ミカワノツレションベン(男)
今も通用。時は冬、消防横一列麦田放水

三河武士
戦中、隣村(羽栗)出身S校長。前歴は梅園、岩津。山中小から県視学へ。三十歳代の若さ、何しろ恩師(代用教員出)が教頭在任だった程。毎月の「城山一番乗り」(全校)なる体力作り、運動場で唱和、家康では無く三河武士の信条「折り目切り目をシャンとせよ／鼻は欠くとも義理を欠くな／腰は立たずとも一分を立てよ／不自由を常と思えば不足無し(順不同)」不自由を～は家康公遺訓と同じ(蛇足、当時家康は不人気)。思うに戦意高揚の気は皆無であった。上意下達を阻み教頭ヤキモキ、生徒に飛ばっちり

ミカンセイ
商った店あり(明治、隣村舞木)。オレンヂジュース

ミカンヤマ
山向こうは蜜柑の坂本。南斜面と北(開拓)では気候大違い

ミギッカワ　右側。ミギベタ

ミギムケチュヤミギ(女)
——ヒダリムケチュヤヒダリだもんねえ。若亭主、右顧左眄。頼り甲斐不足。純情かつ従順

ミゴ、ミゴボウキ
稲のミゴで作った箒。ミゴ＝稲穂の実を除いた枝梗。室内(障子の桟、叩きと併用)用、石臼の掃除に適

ミコ、ミコヲトル　見込みを取るに由来。教員性癖噂通り

ミゴト……　やってみるか(やれるモンなら)

ミコナシ　見ることなしに(ミモセンデ)。選定方法の一つ

ミシクル　むしろのけば、畑の草。むしる。ミシルの強調

ミシテ　見せて。セ→シ

ミシミシ　建築物が重さに耐える音

ミショー(男)　見せろ。[類]ヤラショー

ミシロ　むしろ(筵)。綴る太針は(ムシロバリ)と言う

ミシロヲタタク　ロール引きも終わって。二人、手拭でマスク、竹で交互にぱん〳〵。埃を払う

ミズアビ　水遊び。浅瀬で手を付いてデボデボ、(デボチン)犬掻き、上級生監視付き

ミズカケ　水浴び。浅いところで先ず始まる水のカケヤイ

ミズクチ　田水の取入口クチモト(↕アト)

ミズケ　水分、湿気

ミズゲキョウ　川の水源、漸く流れが始まる高所に生育。背丈低く色鮮やか(紫)。桔梗というよりリンドウ。採取され絶滅か(蘭の弘法サン同じ)

ミズジリ　ユから水が回る一番終わりの田。水はここから元の川へ戻る。土地改良後は配管の傾斜で一番水の心配がない田

ミズタアケ　山向こう蒲郡、水竹。[類]タアケムラ(竹村＝豊田)、バカバヤシ(若林＝同)。カッケリョウマチ(欠、両町＝岡崎)。イイがイイが／イイダイイダ(伊賀、井田＝同)

ミズトリ　餅搗きの途中、カツブシとしょうゆで旨い〳〵(熱いまま)。ミズモチ＝餅の賞味法

ミズナガレ　山の境の一。大雨で位置が変わることあり

ミズブロ　沸いていると思いきや(五右衛門風呂)。ぶるぶる

ミズミチ　①川のユから田んぼへ来る溝②畦塗りのため、備中で田の中に拓くみち。水車に行くのは(スイロ)

ミズモチガイイ　(↕カゴタ)田の保水能力良し。町の篭田(公園)に水の件は？

ミスル　失敗する(非方言)。ミスする

ミズヲハル(共)　田んぼへ、風呂へ(フロヲハル)

ミセエ　見せよう

ミセヤ、ミセヤサ　店。ハヤルかハヤランか。ヤットル(営業)

ミソアエ　ぬた。三河名食。味噌和え

ミソセンジ　みそさざい。最小の鳥。山裾の崖下を飛ぶ。この頃見ない

ミソダマ

土間の上へ吊るす。チンチコのやけどしそうな大豆の玉を握り、芯にした女竹の串を抜く。冷めたら縄を通す（玉の間へ女竹をハサグ）。青かび良し、黒かび悪し

ミソバ

青木の一種。神さんが青木さんなので、山のを別の名で呼ぶと。味噌ではなく、タマリをカク時葉を入れた筈

ミソヲカク

甘酒の場合もカク。醗酵はネカス。カクは掻く（掻き混ぜる）であろう。家《うち》味噌の最終工程。道具、頭に板

ミゾヲキル　畝を掘る

ミタトコ　見てくれ、ミバ（見場）。（共）見たところ

ミタラシ　甘辛い団子を串刺し、三河の味

ミチガエタ　お世辞。往還を下る盛装の娘に

ミチグサ　みちくさ。漱石作の題の読みも「クサ」

ミチグソ　人（ノグソ）。草密生の道

ミチツキ　運搬に便。山、田畑

ミチベタ、ミチグロ　路傍

ミチャオレン、ミチトレン

仕事下手。または危くて（はらはら）。目も当てられん

ミチヤク

年中行事のお役の中の代表格。今、舗装（道普請）に感謝

ミチラシイ　（豊川）栴檀は二葉より芳し。幼にして聡明

ミチヲフム　セオリー通り

ミツイチ　三分の一。サンブイチとも

ミットモハズカシイ

体裁が恥ずかしいと同じく冗談めいて

ミツミセ　子の出生が隔年

ミヅライ

見辛い。見にくい↔醜い（音同じ）の混同を避ける語になっている

ミツヲスウ（子）

椿の花の尻。また紫、房状（ホトケノザ）の花は枝サラを持って

ミテオボエヨ

いちいち聞く子に一喝。正面で見て反対に覚えたり（鍬使い）

ミテミニャ、ミテミンコトニハ　実見主義

ミトオシ　見通し。山の境の一

ミトヤガル

隠せ。企業秘密（見ていなかったから、今聞かれても）

ミトラアト　手伝え

ミトランデ……　知らんだあ

ミトルマニ　見る見る

ミトレン・ミチャオレン　正視に耐えず

ミネ　屋根の一番上、鬼瓦から向こうの鬼瓦まで

ミミ（共）

筵《むしろ》や叺《かます》の——。造りたては硬いデ、手の甲や指に擦り傷も

ミミタケ　茸の一種。食用。［類］カワタケ、ネズミタケ

ミミダレノキ

花がぼたっと落ちる。槿。耳垂れという病気（子）

ミミノカワ

猫の耳の皮の剥離は、蛙を食べ過ぎたせいとか

ミモセンデ　（ミコナシ）ミンドイテ。一顧だにせず

ミヤア　①見れば②名古屋弁、見なさい

ミヤコジ

旧額田郡福岡町の清酒銘柄（社名）。地名土呂（土呂本宗寺門前）、都路

ミヤジヤマ

宮路山。山綱経由鎌倉街道の行き先（赤坂）。名物コアブラツツジ

ミヤヤマ　↔オテラヤマ、ムラヤマ

ミヤワカルダラア　一々聞くな。ワカランダカ

ミョウガヲタベルト……

——頭に悪い（栽培、自生共に当地適するが、愛好者は少ない）

ミョウタン

柿の品種。幸田町深溝に茗鍜の小字あり。発祥？　大木になる。実が丸い

ミヨチ

旧三好町の大字、現みよし市の町名。明知と表記するが、読みは？　この市には福谷（ウキガイ。旧、浮貝）も

ミヨトウチャンノハゲアタマ

戦中「見よ東海の空明けて」替え歌

ミラシタ　敬語。ミトイデタ

ミラニャ、ミランドク　ミニャ、ミンドク

ミリン　見なさい。ミテミリン。オミリン。命令

ミルダケ　——ならタダ。冷やかし

ミルの変化

オミリン、ミショー、ミセエカ、ミトラン、ミルカン、ミトル、ミルカン、ミシテ、ミヤア、ミニャ、ミテミル、ミテミンコトニハ、ミトルゾン、ミトカッセ、ミトキン、ミラッセ、ミトラッセ、ミトラニャ、ミリン、ミテミリン、ミトリン、ミトレ、ミョウ、ミイカ、ミマイカ、ミイ（ミラア）トセル、ミイイク、ミトカア、ミタゲエ、ミタゲル、ミレン、ミト

レン、ミレンカッタ、ミン、ミンカッタ、ミンジャッタ、ミンクナル、ミレンクナル、ミンヨウニナッタ、ミラロー、ミトラロー、ミンドク、ミンドル、ミンナラン、ミヤヘン、ミン、ミンデ、ミモセンデ、ミンドッテ、ミンヨ、ミタカネエ、ミチャオレン、ミヤ、ミヤア、ミヤガル、ミトヤガル、メール、メーン、メーヤヘン。見え難い(見辛い)=(ヨウ)ミエン(メーン)。ヨウミン=オソガクテ見ることができない

ミレン　見られない。顔形劣等

ミンカッタ、ミンジャッタ、ミランカッタ　見なかった。京都同じ(テレビより)。ナ→ン

ミンドク　見ずに置く。デオ→ド

ミンナガミンナ　——チュウジャナイダ、一色ならず

ミンナシテ　——いじめるモン。合同、総意

ミンナラン　見にゃならん。行く、来るの変化も多いが見るの変化の語群が一等ではないか。(別項、ミルの変化)

ム

ムイテモムイテモカワバッカ(子)　らっきょう(猿)

ムカショムカショナァ(子)　男子。前でしゃがんで。「昔々」の転

ムカゼ　百足。天井から枕元へぽたっと落ちた。デ→ゼ。[類]クマゼ、ナゼル

ムカッテクル　挑戦。対抗心むき出し

ムギカラ　麦稈(麦藁)。ユーミン「ヘイムギワラ〳〵」

ムキムキ　その人の向き〳〵。それぞれの個性、特性

ムキヲカエル　戦中、谷下(ヤゲ)へ水あびに向かう長い畦道。田んぼの真ん中(字木下)。不意の艦載機。白いパンツ一丁の二人。信じられぬ早さでムキヲカエルのを見て、小さな柿の木の下の麦稈の山へ飛び込む。相手も少年を見逃した。ムキ=方向、方角

ムシガスカン　一瞥

ムシガワク　腹の中の虫=回虫

ムシクイ　虫や鳥による果実、穀類の食害(辞書)のほか、作物などの列の欠損、文章の欠落にも用う

ムシクダシ　回虫下剤

ムシクル　むしる。クは強調

ムシザシ　柿。早ようアカランドル訳だ。虫食い

ムシットスル
言われっぱなし。何であんな奴に。怒りが込み上げる

ムシヅナル　穀物がそれを食べた虫の排泄物で繋がる

ムジムジ　お蚕さんの一斉の食事の音

ムシロダテ
単にタテとも。むしろをむしろ針で縫い円筒に立て、中へ乾籾をぶちまける。むしろは新しい方が倒れない。タテマワシ

ムシロバタ
①筵を織る機《はた》②（旗）一揆にこれと武器、マキザッポ

ムシロバリ
筵（ミシロ）を刺して綴じる。鉄製、太く長い。先端は優しい

ムダナテイコウ
やっても無駄。大戦後の言葉。立てこもりに対し警官呼び掛け

ムチャセル
――デぃかんワ。いかんダ。ヨウ勘考セニャ。軽挙妄動

ムニャムニャ　夢で何か会話。意味不明

ムラウ　貰う

ムラヤマ
字有林。法人格がないので役員三人の名で登記したり。今は法が手当

ムリイスル　無理する。ヲ→イ

ムリコムショーニ、ムリコヤッコ　強引

ムリセンナンヨ（女）　身体をこわイちゃおしまい

ムリニトハイワン　半強制

ムンズリスケベ
某農高教師列伝（歌）。「ムンズリスケベのKさん」（教師）昭和二十年代

メ

メイジノタイホウ　ゴルフ用語。打球失速

メイチュウ　妊娠（半分冗談）

メイデンヤマナカ
名電山中駅。東の掘割は朝鮮人苦役の跡。南北に細長く伸びる山中学区の中心にある。元の名、愛電山中

メエー（幼）
叱る。拳にハアーと息（殴るぞ）。［類］親指を立て（チミキルゾ）

メータ　最も大量に使う瓦

メーダ　手が出る前の一睨み(拳に息)

メエメエカゼ

ミを肩に風利用の穀類の調製。風向がころころ変わる

メエメエセル

(マイマイスル)メエ〳〵、マイ〳〵は「迷う」

メーメーヨーヨーカンムリコ(子)

「学校」の漢字(学の旧字、學)。大阪から縁故疎開のK子ちゃん。お河童、上を向いて、田んぼの畦をひどい外足。家に着いてやおらオモテにホセンボロで——キイロクカケルッ(校の字)

メール、メーン　見える、見えん。ミエ→メー

メガキチキチシトル

近頃見ン。仕事に間に合いそうなタイプ

メカタヲツル　竿秤。[対]台秤＝ノセル。重量を計る

メガチラクラセル　あんまりいいもんばっか並んどるで

メガツブレル

①本を跨《また》ぐ、枕を踏む、本を寝ころんで読む、オトマシイコトヲセルト仏さんの罰が当たるぞ②鋸が木にクワレテ——

(要、目立て)

メガネグサ(子)

猫柳の下、冬はつららを下げて川岸にゆらゆら。春、柔らかい黄色いコーンの出穂。曲げて上下瞼へ突っ込む。珍妙な顔に

メカラホシガデタ　イッテエ！

メクソハナクソ

目くそ鼻くそを笑う。低級同士の嘲笑。メクソ＝「目やに(脂)」の方言を多く用いる

メクレル

①皮(皮膚)が②(ホシモンの)むしろが風で③裾が(マクレルも)。幻の走者、運動会名物、通学団リレーに現れる隣村の農婦の早いこと、裸足で着物。一芸に凄み。メクレエガナニガミエエガ皆呆然、早い〳〵

メグンドクレ

物乞いの如くだが、親しい同士の些少な物のやりとり。ワケトクレ、オクレ＝主に(男)。煙草一本、一円ゼン

メケン

メジロ(目白)、ホウジロ(頬白)は昔、子らの冬の友。サシコの檻に首を突っ込むのでメケン(眉間)がワレル。暫く風呂敷を被せて興奮を鎮める

メシツボ

飯粒、ゴハンツブ。工作に使用。他に、巻いた糸に蝋を垂らして固めたり、ローソクの火でひごを曲げたり

メシドキ　食事どき。トキダナア（旧岡崎市内）

メシメエ　これから食事

メジャネエ　標準外

メシヨリスキ　食事も忘れて夢中（没入）

メズラシイジャン

メセセリ　ヤアット見ンカッタなあ。ヤットカメ

メセンリョウ　ぶよ？ 集団。糠蚊。黒色好き、目に来る

目の器量抜群。他に、マスク美人、コロナウイルスで急増

メタテ　鋸。家、山でも毎度やるが、時には本職へ出す

メタテヤ

鋸目立の本職。能見の仲平、八幡の生駒……。誰かに誂えることも

メダマガトビクレル　——飛び出るに同じ

メタラク　むやみやたら

メタラクタラ　がむしゃら。無茶苦茶

メッソー

①鰻の子。当地産と思う（海洋産説に対し）②売買などで（一ト山いくら）推量で良しとする。目分量、肚勘定

メッボニトル

ある事柄を集中的に非難。目の敵にする。一つの欠点をあげつらう。ことあげ

メノコシ

田の草の稗。豆のアラ。脇で見トヤ分かる（岡目八目）

メノショウガイイ　ようホンな細かい字がメールなあ

メノホヨウ　眼福

メノヤリバニコマル　目の毒

メバチヤカ　美人の表現。目元ぱっちり

メヒカリ　山向こう蒲郡の人の好物。山綱の人は知らぬ魚

メメズ

①ナゴヤメメズ、シマメメズ。「——が這ったような字」②自転車、リヤカーのチューブに付属。唾で機能を検す③立ち小便を引っ掛けるとチ××が腫れる（みみず腫れとは異なる。これは物全体に害が及ぶ）

メモアテラレン　惨状。正視に耐えず

メリメリ　重量物が裂ける音（段取りのミス）

メヲシカカシカセル　神経性？「裕次郎の兄です」

メンソレ、メンタム

メンソレータム（近江兄弟社）。疎開の子の曲ゴマで鉄ゴマを受けるにこの薬の蓋を重宝。指二本でまあるく包む

メンツー、メンタ　雌

メンドッコイ（子）　煩わしい。メンドイ

メンナカヘヘーレ　祖父から孫へ

メンパチ　目高の一種

モ

モアー（幼）　唾の泡。七色の虹が揺れて（あやす）

モウケガシラ
姿質。①長男でない②百姓ドコの出。Tッァは例外

モウケタ（共）　何か拾ったな

モウチョイ　重量物の始末。集団緊迫

モウチョイショウ
すんでのところ。ショウは賞。残念賞、他にピッタリ賞、たぶんテレビのクイズ番組がルーツ

モウリ、モリイ
弟妹の御守りは子の仕事。他所の特定の子のお守りをする習慣もあった（モリイサ）。私の番は二軒裏のMちゃん。女学校、恋愛事件

モエカス　燃え殻。［類］食べ残し＝クイカス

モエデガアル　燃焼余力（デガアル）

モーションヲカケル
男→女、青年団→処女会。行列隣誘いのリレー（手拭）

モーチョイ　ベットー賞が出るなら、――賞もあって然り

モオル　漏る

モグル、モングル（子）　水あび、相撲

モシチュウコトガアルト　それがアルダ

モズキチ　キチキチ啼く。百舌鳥

モダコト
むだこと。弄ぶ。テモダコト＝机の下、先生から丸見え

モタン　①（良過ぎて）堪《たま》らん②しんしょ。とても保たん

モチイ、モチイボク、モチイダンゴ
旧暦一月十四、十五、十六日養蚕の行事、割木の中心に、あるいは石臼に渋柿の若木をまるごと刺す。径一寸くらいの団子（まゆの形も）を飾る。部屋の半分を占めて、背景は黒い板戸。砂糖が多いと純白でなくなる。他所（豊田）で、動物の形などを挿す、オコシモンと言う

モチイバナ
鶴田卓池の句集『もちばな』はモチイダンゴを柿の若木に挿して飾るに由来。ただし、どすんと石臼や割木を用いて立てるモチイボクと違い、小枝の飾りもあった筈。そちらが「もちばな」のイメージ

モチカル
糸、人が絡む。縺《もつ》れる。もちゃつく。［類］ホツケル（解れる）

モチツキガニ
蒲郡の塩浜(現競艇場)取水口北側にずらり並んで潮流に一斉に鋏を振り下す。まさに(共)潮招き

モチツキノチカラハオヤカラモラットラン
前半こねる難儀に言う

モチトリコ
搗いた餅が板に粘着せぬようにノシイタ上に振り撒く米粉

モチナ　餅菜(フクタチ)、小松菜

モチナゲ　餅撒き。祭礼、上棟の行事

モチノキ(共)
甘皮を削って石の上で叩く。蜜柑の輪切りと囮、メジロを待つ。粘着の脚を洗う(今禁猟)。なお、小麦(生)を噛むモチもあり

モチャゲル
地搗歌「そーれモチャゲヨ〳〵」ロップを操作。部分のみにて略。持ち上げるの縮

モチヨリコガタカイ　主物よりも予期せぬ従の出費

モチヲフンダヨウ　——ニナッテ。収拾不能。モチ＝餅

モツ
①地業、土盛り(かさ上げ)、保つ②しんしょ。よう保っとる(↔モタン)

モッタイナクモ
——カシコクモ。単なる言葉遊び。勅語風

モットイキン　お持ちになって。ナ↓ン

モットルナア　ひとの財布を覗き込んで

モト
①以前②元本。「コエビシャク」＝モトガニギレン

モドイタリカヤイタリ　カヤイタ＝返した。悪酔い

モトガフトイ　モト＝元、元本。資金力万全

モトジク
本宿《もとじゅく》。急行停車駅。パチンコ屋は新宿《しんじゅく》、山師故Mさんの運試し

モドシグワ　鍬使い(均し鍬)。整地

モトッコ(子)
熱戦。ホンコの出入の後、枚数玉数変わらず(パンキ、キンコダマ、カチンダマ)、中身は変わった

モトデラ
(地名)登記地名、本寺。宅地、畑。昔、お寺の存在皆知らず

モトモコモナイ(共)　すってんてん(＝擦る)

モトヤシキ　住居跡

モトヲヒク　元を取る(元本回収)

モノガイイ　品質良好。人にも言う(ニンゲンノ——)

モノガチガウ　（モノガイイ）特段

モノチョンガイイ

物（品質）が良い。［類］ケーチョンがイイ（景気がいい）

モノハカンガエヨウ　思案は広く。諦めもつく

モノムライ

瞼にできるネブツ。ヨロゲ越しに井戸の底へ「井戸神さん〳〵」（祓う）

モノヲイワン　人柄が謎（何を考えとるダカ）。無口（家風）

モマス、モマカス　意見は出た方がいいと言うけれど

モミジヤマ

小字、紅葉山。お地蔵さん＝字地蔵の入の口元に

モミダネ　苞《つと》。川↓たらい、水銀剤ウスプルン（今、禁止）

モメテ〳〵　ウチンナカが。悶着

モモクリサンネン（共）

——柿八年に追加、梅はすいすい十三年（酸い、を掛けて）

モモタ　腿。田辺聖子『女は太もも』

モモタカアゲエ（子）

戦中、学童分列行進、「頭《かしら》ァ右」も。深田祐介『歩調取れ、前へ！　フカダ少年の戦争と恋』

モヤ、モヤシバリ、モヤヲタネル

①モヤ＝燃焼材（燃やす）から。タネルは厚鎌か鉈、エマガリ（鋸）で縛り易く整形すること。数え方、一把（イチワ）または一束（ヒトタバ、イッソク）②モヤ＝建築の構造材。発音モヤとモヤ。「お爺さんは柴刈りに」＝下刈り。なお「柴犬」の由来は枯れ芝の毛色、ならば「芝犬」も

モヤイコ（子）

共有。遊具を秘密にして土に埋めたり。農機具の共有は「共同」

モヤカツ

屋号あるいは呼び名。モヤ、ワルキを副業、イモデン（隣村、澱粉用甘藷）、シロネズミ（隣村、床屋、刺青（碇））、セントキンサ（街道、銭湯のち糀）、タガミッツア（隣村、桶屋）、チャヤテッツァ（隣村、字茶屋河原住）、ブタ××サ（隣村、養豚）。明治俥屋の官許を取った人（複数、自身が曳くことはなかったかも）。鍛冶屋、魚屋、蒟蒻屋、豆腐屋（以上隣村は業種名で呼んだ（一村一職）。味噌溜りもあった筈

モヨウ（女）　思い悩む。右せんか左せんか

モライアワセ

家を永続させるための方策（リョウモライ）。実子がなくて夫婦を養子

モライコミ　トランプの切り符（パス）

モラットキン　（遠慮は損料ダニ）

モリイ(女)
子守り。他所の子のお守り、私はMちゃん。昭和十年代まで

モリガイイ
若いと見て(ご法事)、ギツンチュウグライクッタ

モルタル(共)
セメントと砂を水練り。大容量のションベンがめ、防空壕にもなった地下室等。生石灰を混ぜて

モロコ(共)
ヤマブト(ヤマブトー)より少ない。色黒。丈夫。他所(長良川)モツゴ

モロハノヤイバ　=誤り(豊田)。正、諸刃の剣

モン
①イイ――(物)アゲル。掌を開けば馬糞②ヤマツナの――(者)

モンキーアーム
猿腕。古くから使われた英語。戦中、少年の腕を指して。地元某カントリークラブの渋滞中、例の職人(カラオケの野次、モダン通りの妨害走行)、遠くから「その腕は、ゴルフ駄目」。見ず知らずに対し、これが岡崎のマナー

モンクタップリシゴトチョンビリ
効能書きはいいが。某大手からの転職者評

モンクタラタラ
タレルは上から。これはお互い(水平方向)

モンクフソク　少数意見

モングル　潜る。①子供角力の一手②水遊び

モンジャネエ　問題じゃネエ(移入)。鎧袖一触

モンツキ
(ウソドリ=バカ)。じょうびたきも斑点あり馴れ馴れしい

モンデ、モンデヤア　(東三河)モンデ多用

モントモノシラズ
門徒(浄土真宗)は一見悟ったようなのが多いが、他の宗派ほど達していない(と信心深い門徒が言う)

モンブショウスイセン
内容がエッチでない演目。映画の最初の字幕から。稲垣足穂氏、戦中『飛行機物語』が「危うく」推薦に成りかけた、と

モンモイヤア、オッコイヤア(幼)
べべ(衣服)。足をツンツク〱応答

モンモン　(身体)斑模様

ヤ

……ヤ、ヤア
①イカアヤ、ヨッテカーヤ、今のは何ダヤ、地震カヤ、意思の表明（宣明）と疑問②マタヤ、クエースカヤア。言えば、すれば。ホウイヤ、ソウセヤア

ヤア（男）　呼び掛け（知人）

（△△）ヤアイチャンポコポコ
失踪者を村中出て探す。鳴り物入り（昔）

ヤアット　長い間、ずうっと

ヤアラシイ　嫌らしい

ヤイ（男）　呼び掛け（知人）

ヤイヤイ　またやっちゃった

ヤウチ　一家総勢。家中《うち》。ヤウチゴッソリ＝盗難

ヤエル　重複する（ダブる）

ヤガテソウナル　ニュースに同感

ヤカマシイ　アキデー――。コノヤカマシイニ。忙しい

ヤグイ、ヤグタラシイ　脆弱。①人の体力②工作物

ヤグルウ　死にもの狂い

ヤゲ　（地名）登記地名、谷下。田、山。水浴び場

ヤケクギ
使えるものは無駄にしない。石の上でとん〳〵伸ばす

ヤケダサレ（共）
山上から岡崎空襲の照明弾赤青とろとろドーンドーンを見物（山綱の人）。翌朝乳母車押して一家本家へ来る（根石学区から）

ヤケヅル　火傷するの縮形

ヤケノヤンパチ　自暴自棄

ヤケル　①田畑。雨が降らず②キモン（日に当たり過ぎ）

ヤゴ
①蜻蛉の幼虫、動きがのろい（共）②腋芽。スイカ、トマト、これの除去作業、ヤゴカキ

ヤゴメ　やもめ

……ヤサ　ミセヤサ、トリヤサ。敬称のサ

ヤシキ
①むらの組。大体十五――二十戸六組②一軒の居住区画

ヤシキバタ　前菜（センザイモン）を作る

ヤシキマワリ　本宅周辺

ヤシャラゴ　曽孫の子。玄孫。（共）やしゃご

ヤスカス××チョノカース（子）
囃す。安、靖、保の付く男子ご用心

ヤスカロウワルカロウ　「安物買いの銭失い」。ヤスキャイイチュウモンジャネエ

ヤスフダ　割引券。［類］タダフダ（招待券）

ヤスミコナシ　無休（作業）

ヤセノオオグイ　体格のわりに大食。［類］ギネハヒャクネン（豊田）。弱く見えて長生き（他所）

ヤセヒボセ　痩せ細る。ヒボセ＝日干し

ヤセホセ　綽名はホセンボロ

ヤセメガック　水稲。葉色が黄ばみ、セイ今一つ

ヤセヤマノベボー　孤軍奮闘。ガンバリズム。逆境に耐える。ベボー＝柏槇

ヤダ　いやだ。（東三河）イヤ＝頭に韻。当地言うならイヤのヤに韻

ヤダケ　山中八幡宮本殿の脇に密生。矢竹

ヤダヤア（女）　①いやだ②？（ヤラシイ）

ヤッカイボウズ　腕白な癖に家を手伝わん

ヤッカイモッカイシリモッカイ　ユッテモ聞きゃあへん

……ヤッコ、……ヤンゴ（子）　走り――、取り――。ごっこと同じ

ヤッサン　靖夫さん、保夫さんの呼称

ヤッスイ　これは安い（だだの安いと区別）

ヤッタレンナア　碧海地方産の語か。「8時だヨ！～」荒井注出番「やってらんねえよ」（反抗）

ヤツタンモッテケ　（ワルイノン）。お返し無用の口吻

ヤッチャエ　やってしまえ

ヤッテク、ヤッテケン　しんしょの運営

ヤッテミイ　ミイ＝見よう

ヤットカメ　久し振り。名古屋の専売にあらず、当地でも常用

ヤットル　――カン。営業中、開店中。ヤッテケル＝存続可

ヤッパ　九州発から全国区へ

ヤッパカシトレ　静かにしとれ

ヤッパシ　やっぱり

ヤツハシイリメヘンカ　初めての京ことば（修学旅行）

ヤデゴザル　不服従

ヤナギガサワ　（地名）登記地名、柳ヶ沢。山

ヤナギドウリ　モダン通り。旧岡崎の祐金から井田。半分柳が残る。一時

期、柳商業(学校)も

ヤニグル
しんしょ。綱渡りよろしく緊迫のやり繰り。ヤグルウに通ず

ヤニバル　こないだ突いたでダカ、目が——

ヤハイ、ギャハイ　ざまみろ

ヤバンジン(共)
私のこと(夏休み大字ごと林間学校、O先生)

ヤブウグイス　ケキョばかり

ヤブガミサン
隣、舞木町の地主社(全国に分布、元は京都)。旧鎌倉街道に接す

ヤボ、ヤボタクレ、ヤボコク
常識外。お江戸の野暮と全く違う。なかなかヤボジャネエゼ＝意外な出費。ヤボ＝途方もないこと

ヤマイチゴ　酸味。食べる時苺のぱさぱさのひげが邪魔

ヤマガウナル
戦後、後家連大勢の山仕事。中に声のよく通る人(シイチャ)。皆が笑って——

ヤマゴシ
山越え。官林の一本松から塩津へ四十分。昔は徒歩で松原海岸へ海水浴

ヤマサワヤ、ミドリヤ
康生の旧名店(百貨、洋品)。戦後市電停留所東の喫茶和田屋が賑わう。向いの井野屋(レコード)は土地評価のポイント

ヤマシゴト　植林、手入れ、伐採……。冬の農閑期の仕事

ヤマツナ
山綱。額田郡山中村大字山綱、現在は岡崎市山綱町。浜松伊場遺跡出土の木簡(荷札)に「山豆奈」。鎌倉街道三河八驛の一。一区は蒲郡境い、山を隔てた二区は一号線南側、本宿に接す。綱の字は①名産綱、網(広重東海道五十三次行書版「藤川」に商いの景)②山が頼りになる。他の字《あざ》よりも山が肥え、冬の仕事になるの説も聞くが。木簡の山豆奈＝奈辺、つまり山つ奈＝山家《やまが》の名が古く伝統的

ヤマツナジカン　近年正確

ヤマナカ
旧額田郡山中村、今、小学校区。更級日記の山中は現本宿も含む

ヤマナカズイカ
戦前、主に羽栗、舞木で名産のギンズイカ。山綱でも細々。シャリシャリして甘し

ヤマノコウ　旧暦一月七日、二十日、山へ入ると怪我する(山の講)。行事無し。昔は新年最初に山へ入る時、ハイリトにお飾りを供えた

ヤマノソウジ　山仕事の一。下刈間伐。ゴを掻く

ヤマブトー　山綱川で最も多かった魚。鳶色、背に黄色が入る。バケツへ入れると同寸のモロコと違いすぐ弱る。各種の魚が縦列せし風景

ヤミンボウ　病人。そのイメージ

ヤメ　——にしとくわ。止め(不参加)

ヤメラッセ、ヨサッセ(男)　止(や)めて置きな、止めなさい

ヤメル　痛む。フシブシが——。アタマガヤメル。①頭痛、損傷②心配事

ヤヤア、ヤヤアヘン、ヤラアトセン　やれば、やらない、やろうとしない

ヤヤコヤシイ　単にヤヤコシイを上回ったヤヤコシイ感じ

ヤラアズン(男)　やるとしよう。やろう↓ヤラア。京ことばヤラアズ＋ン。[類]イカアズン。京ことばの語尾ズにンを付けきつくなったと所感、旧鎌倉街道の京の名残りと信ず(私説)

ヤラカイ、ヤラヤラ　軟らかい。[対]コワイ、ゴワゴワ。(島根)ヤオイ

ヤラシイ(女)　嫌らしいの意ばかりではない

ヤラシタ　(セラシタ)敬語

ヤラシテ　やらせて。セ↓シ。[類]乗シテ、見シテ

ヤラニャア　やらねば

ヤラレチャウ　売上に比し、経費の大に利益を持ってカレル

ヤランナラン　センナラン

ヤリ　……ノヤリ。一本槍

ヤリオル　小原弁の代表的言葉、インネより密着性強し。小原を越え、勘八まで及ぶ(私見)

ヤリカンボウ、ヤリスケ、ヤリテ　他を意に介せず独り我が道を往く仁。ケツヲシメルヒトが必要(傍観者言)

ヤリツケン　お追従や畏まった挨拶は——(不馴れ)

ヤリデトル　風景に突出

ヤリヨウ　しんしょの——。どういう——しとる。運用

ヤル、ヤッタ　①遣る（ヤッタンモッテケ）②（何かを）する

ヤルコトガハデ　公衆の面前で大失敗（ワザと？）

（マンダ）ヤルダカン　暗くトッテヨウ見えるノン

ヤルマイ　やりましょう。名古屋ヤロミャア

……ヤレ

ナンダンヤレ、ホニヤレ、クヨヤレ「ホウダカヤレ〳〵ヨーオ」（祖父の子守歌）

ヤレーヘン、ヤヤアヘン、ヤットレン

ヤル＝する↔ヤラアトセル。やれない、やらない……

ヤレナンダアソレナンダア（女）　（移入、東三河海辺）

ヤレヤレダノン　上の学校が受かって

ヤロウ　①縁《へり》のない畳②ヤロウ（サン）＝男性

……ヤン

マサヤン。マサが各ヤシキにわたって何人か居るのでアクセントで区別

ヤンナル

嫌になる。まあどうでもヨウなっちゃったヤア。ニ↓ン

ユ

ユ、ユセギ、ユガアガル

堰《せき》。イ（井、堰の意）から転ず。田の取水用。常設と随時と。ユヲセグ（堰き止める）。オオユ（村仕事＝流域）

ユイツギ

一戸宛順送りの伝言方式。留守の家は飛ばす。イイツギ

ユイン、ユッチャイン、ユッタゲーカ

言いな。言ってオシマイン（ナ↓ン）代わりに言いましょうか

ユウガトウ

誘蛾灯。蛍光灯は付けっぱなし。下の稲がボケて実らない。アメリカシロヒトリ蔓延、角盆（ブリキ）に油を張って墜死を待つ

ユウゲン

有限、合名と聞き馴れぬ文句ゆえ屋号の如き流布（藤川、ガラ紡）

ユウコタアネエ　①出る幕に非ず②文句無し

ユウコトガアヤ　伝言引き受け。アヤ＝あれば

ユウコトガイイワ

呆れてものが申せん。ヨウイエルテノン

ユウコトトヤルコト　——が違う。言行不一致

ユウコトヲキカン

ジュンチョサンを呼ぶぞ。ユウコト＝言い付け（指示）

ユウダケ
有言不実行。——ナラナントデモ。↕ユウダケノコトハアル

ユウダケヤボ　言ってもショウガナイ（無駄）

ユウダラアトモッタ
案の定、その言を待ってました。その言や善し

ユウチ　殊に。言う内

ユウトオリダモンネ（女）　男子の従順を見かねて

ユウナア　お陰で気が晴れた。胸がスーッとせる

ユウトナンダケド　放たれた火の如く（噂）

ユウナンヨ　内緒

ユウニイエン　苦労の程。筆舌に尽くし難し

ユウニコトカイテ
事を壊す。あろうことか。失言は野に放たれた矢の如し

ユウニモホドガアル　言い過ぎを慎しむ可し

ユウヨリテガハヤイ　身体コミュニケーション

ユエ　言え。ユッチャイン

ユガユガ、ユガンチョ
田植。疲れて来ると片膝へ手を付く。姿勢が歪めば列も歪む。かえって収量を増すとか

ユゲガタットル　新婚のホヤホヤ

ユサユサドンドン（子）
子らのワヤク（腕白）に、大人は寛容。［類］炭焼き窯の天井を踏み抜く（オトス）、ドンドン土橋

ユサンギョ
（イサンギョ）金沢でゴリ、長良川でヨシノボリ、顔は隈取り。水あびの友。琵琶湖でイサザ（えり漁）

ユスラ
ゆすら梅。低木で庭に植え、桃色の実を食す。弱い木で、いつの間にか消滅している

ユスリコム　叺《かます》や俵の口へ箕の米を追加

ユセギ　ユ＝イ（堰）をせき止める

ユタン　嫁入りのニモツを覆う飾り布。油単

ユックリイソイデ　慌てるな

（ソウ）ユックリモシトレンダ　（マタキトクレン）

ユッタイワン　紛争。舌は禍の根

ユッタッテキキャーヘン　忠告しても馬耳東風。涼しい顔

ユッチャアナンダケド　お耳障りのこと

ユッテキカス　言い聞かせる。ユットカント。ユッタル

ユッテミルモンダナア　成果。「言うは易く」に挑戦

ユッテヤル、ユッチャウ　言い付けるぞ。ホウユッテヤル

ユテ　当主の髭剃り。ユテノゴと聞こえたが（湯手拭）

ユトリ　風呂からアカを受け取る大き目の布
ユビアナ　田植え。浮苗の因
ユビヤミ（イビヤミ）。手指の筋肉の痛み
ユミアキ　忌明（イミヤキ）
ユヤア　言えば。――イイジャン（ユッチャイン）
ユヤアガッタ（男）
イヤアガッタ。（東京）イイヤガッタ。東京の方言も面白そうだよね（著書少なし）
ユリカエシ　満員通勤電車、カーブ乗客の爆笑、微苦笑
ユリタ　マア――。お許しが出た
ユリネ
鬼百合の根。食すとしんねり。地産に適かも（猪害如何に）
ユルユル（↔キツキツ）衣服、腰の辺。大き過ぎる靴
ユワンデイカン（女）　ユワニャワカランジャンカ
ユンベ　夕べ（昨夕）。昨夜

ヨ

ヨイチ（ベエ）　財布。「縞の財布に～」（仮名手本忠臣蔵）
ヨイトクレ（女）　おやめ下さい（よしとくれ）
ヨウ……
――イワンワ（女）、――ユウワ（女）、――イエルテノン（女）、――オイデマシタ、――オマイリトクレマシタ、――オヤリトクレマシタ、――シタモンデ、――ホニ、――フリマス、――フルノン。ヨウ＝よく
ヨウイワサシテモラワンワ（女）
ヨウは良く、であるが、前項ヨウ……の中にも分かり難いヨウがある。婉曲な言い方、小嫌味
ヨウオットメニナリマス　ご法事の客から祭主に
ヨウカンガエヨヨ
（いいか）よく考えるのだぞ。終わりのヨで温かく
ヨウキタく　娘婿孫一式（キタアヨ）、里帰り
ヨウケ　沢山。余計。名古屋ルーツの語か
ヨウコタナイ　とてもじゃねえが、かも
ヨウシグチ
養子先の縁。［類］ヨメノクチ。養子娘（おおむね一人娘＝何故か福々しい）
ヨウシサン
うまくいくのは初めから家を継ぐという役割意識を持つから
ヨウシタモンデ
よくしたもので。東三河はモンデ多用。（豊橋、豊川）モン

ダイ、モンデヤア、オカシナモンデの類

ヨウシムスメ 家を継ぐと決めそこへいい養子サン。複数の時は長女から順序。M町M家九番目迄待った

ヨウジンガワルイ 田舎の戸締まり

ヨウスガイイ 繁栄ぶり

ヨウスヲキク 縁談の聞き合わせ。これの好きな人が居って。様子見＝関所が有って筒抜け。例、後家の口、シンショネライの判定

ヨウナル 天気が、病気が、仲が

ヨウハイル 食欲旺盛

ヨウブ ワルキにする雑木、皮のきめが細かい。リョウブに同じか

ヨウフリマス 梅雨時の挨拶定番

ヨウヘモコカン(男) 言われっ放し。人物評

ヨウホイデモ それでも。ヨウ＝よく

ヨウホニ よくもまあ。ほんに

ヨウモ〱 イエタコンダ。人情紙の如く薄し

ヨウユッテキカセル ――デノン。ご忠告ありがたく

ヨウヨウ ようやく

ヨウラク 瓔珞。田の草でもんぺの腰に挟む幾条もの稗

ヨウリョウヲ…… ――本分とすべし。軍人勅諭(「一つ軍人は……」)の転

ヨウワスレン ワスレレン(忘れられない)こと。よく→ヨウ

ヨーサリ (みよし市など)深更

ヨーナベ 大戸の潜り戸を開けると一家全員電灯の下、エンバラで縄綯いや草履作り、ビクを編む。子の一人は土間で藁叩き。夜なべ

ヨーマ 夜間。(西加茂)ヨーサリ

ヨーメシ 夕食(夜食)

ヨガアケン まんだ皆寝とる

ヨガアル 十俵の余がある(豊作)。目算

ヨカチンチン 座布団を折って珍なる消防芸。彼の安木節より、素朴において勝る。ヨカベンベンも

ヨカッテ (結果が良くて)名古屋人の放送に。野球解説、雑談、噺の枕……放送についお国言葉が混じる(当地のではないが)

ヨカネエ 良かあない。ヨカ＝よくは。[類]寒カネエ、やりたかネエ

ヨガヨデアレバ　世が世なら

ヨカラア　良かろう。皆もそれでいいな

ヨキ

ワルキを割る。仕事が捗るにつれ地べたが掘れる。杭を打ち込むにも使う。（共）斧（小型）

ヨキャア　良ければ

ヨクダ、ヨクノカワ、ヨクノフカキチ、ヨクノカタマリ

最も人相（特に目）に表れるとか。意地ワルと同じ

ヨクテ……　良かったとして

ヨクナル　二人が良くなる（恋仲になる）、ヨウナル

ヨクボケ　欲に目が眩みっ放し。死に欲まで

ヨクモトクモネエ

くたびれホイタ。くたびれ儲け。トク＝得

ヨクヲカク

慾張る。このカクが分からない。勿論「欠く」ではない。掻く？（味噌をカク）

ヨケ、ヨケウエ

冷たい水を温めるため手畦を回らすがそこへも植える。粃《しいな》が多い。ヨケ＝余畦？

ヨケアイ　交互退避。単線の待機

ヨケル　避《さ》けるの語を使わぬ。物を除けるは退（ド）かす

ヨコウエ

田植で縄に付いて先行しハコを作る。子供が役立つ（ハコウエ）

ヨコオヨギ　泳法

ヨコショー、ヨコサッセ（男）　寄越せ

ヨコズッポウハリマノカミ

横っ面を張る（ビンタを食らわす）。ズッポは素っ頬か。殿様らしい名にして横周防播磨守

ヨコチンニシカンク、ダイホンエイハッピョウ（子）

ヨコギンというのも。水褌の着用の有無、使用状況。どぼーん。ヨコチン云々は、ラジオの空襲（または警戒）警報発令元横須賀鎮守府（司令長官）から

ヨコッチョ　横側

ヨコネ

モモタの付け根のグリグリ（リンパ腺）異変（——がハル＝張る）

ヨコノリ（子）

自転車の練習。道具は大人用だから、これでギッチョン〳〵。初から曲芸

ヨコハンボー

すし飯を団扇で冷ます。搗いた餅を並べる。木製大きな小

判型桶

ヨコビンチョ　もみあげ。ビン＝鬢

ヨコヤ　脇の棟。本棟と共に一画を成す。東の家《うち》、西の家

ヨサソウニ　貴方任せ（鷹揚）。文句は言いません（?）

ヨサッセ（男）　よしな。［類］ヤメラッセ、ヤメリン

……ヨシカ　……よりも。松平出の先生多用

ヨジキ　（チャノコメエ）一日四食。重労働時代

ヨシコウ（男）　男性器

ヨシトセエ　自ら一段落

ヨジュウ　よもすがら

ヨシワルシ　諸刃の剣

ヨシヲカケル　犬のゴールデン・レトリーバーが人の脚を抱え込んで胴を震わせるが、種の特性であって、これではない。ヨシはヨシコウ（男性器）のヨシか

ヨスミヲトラレテゴヲウツナ　囲碁教室にてS先生

ヨセル　ホシモン。籾の入ったミシロを柏餅状、受け口の形に折りつけ縁側へ走る。あと下敷の藁をクマゼや棒で縁の下へ。降ったら大ごと、子供の仕事

ヨソイキ　（↔ツネ）一着ギシ。「——の顔」

ヨソカラキタヒト　新風を吹き込んで

ヨダリイ、ヨダルガル　物足りない

……ヨッタ　ようあそこで泳ぎヨッタ。……したものだ

ヨッタヨウナ　——コトヲコイテ。発言不得要領

ヨッポドカ　（イケンカ）。余程をよほどと言わない。ヨッポド、イッポドを両用する

ヨツモジ　交差点

ヨツワ　四輪（自動車）

ヨド、ヨドカケ　よだれ

ヨノアケルノガオソイ　勤勉さ今一つの一家

ヨノナカガイイ　豊作

ヨハチジョウ　四八畳。その上級はムハチジョウ。大きな家と定評。隣村池金（通称棚田）の某家

ヨバル　①呼ぶ（呼ばわる、から?）②招く

ヨブヨリソシレ　悪口の現場に偶然本人が現れること多し。ソシレ＝謗れ

ヨミカキソロバン　国語算数（さえできれば）

ヨミチニ……　——ヒハクレマセン、夜は長い、ごゆっくり。宮の森、芝

居、夜星（ヨボシ）。おKさん「Tヤン、うまいこと……」

ヨメサンノキテガナイ　↕モライテガナイ

ヨメタタキ
たらの木。棘だらけ。山菜の王。猿取り茨、嫁叩き、共に方言ではない。昔、これの密生（カラハシ）あり

ヨメリ　嫁入り。嫁さんに行く。ヨメリドウグ

ヨモヤニカカル　総力集中

……**ヨヨ**　こぼさん様タベヨヨ。ハヨセヨヨ。諭す

ヨリカ、ヨシカ　……よりも

ヨリデガアガル
水稲。水不足（カンカンニヒル）。葉がヨレル

ヨルトサワルト　人また人

ヨロゲ
篩《ふるい》。他所でスイノ。ヨロゲル＝その用法。ヨル（選別）に由来か

ヨワッタコトダナア　難局

ヨワンジー（子）　虚弱体質。弱虫。泣き虫。ヘボイ

ヨンコ　四つ。ニジュウヨンノ瞳（壺井栄）、正、ニジュウシ

ヨンデ　（少し）分けてね。［類］ヨバレル（食事招待）

ヨントダル　四斗樽。シトダルとも

ヨンメンソカ
紳士間違い集。シメンを麻雀語に誤る。この人、商才見事。シンタイタニマル（谷まる）（正、キワマル）を。ただし、場に合わせ承知の上の誤り。某教授（外国人）のブラッキボウ、正ぶっきらぼうをわざと。某古本店で大佛次郎を宗教の部も愛嬌か

ラ

……**ラ**　ルワの縮。マタクラ

……**ラア**
らあずと言う上品な部類の語、京ことばに由来か（私説）。ダラア、ヨカラア

……**ラアカ**
①ヤラアカ（あげましょうか）②ヤラアカ（やるもんか）

……**ラアトセル**
……ろうとする。［類］（行）カアトセル、（寝）エトセル、（見）イトセル

……**ライ**　シットライ＝知っとるわい

ラクウシテ、ラクウセル　楽をして

ラクショウ　楽々達成

ラクヅメクガミ

（全国共通？）横着で爪が伸び、苦をすれば髪が伸び

ラクンナル
お召しが来たら。往生安楽国。チーン。地獄の毎日

……ラシタ　ヤラシタ、ナラシタ＝敬語（……ラッセル）

ラチャアカン
埒が開かない。ダチカン（西加茂）を同じとする説もあるが、当地の「処置なし」であって同じではない

ラッキョ　らっきょう（ムイテモムイテモカワバッカ）

ラッセ
ヤラッセ。［類］カッセ（行――）、サッセ（止――）、ガッセ（脱、泳――）、マッセ（休――）、ワッセ（脱いじゃ――）。命令

……ラッセ（男）　マットオコッテヤラッセ

……ラッセル　怒ラッセル。敬語（……ラシタ）

ラッチャアカサカゴユドマリ
らちがあかん。宿場の名に懸けて

ラッパ
（軍隊）軍隊用語など全国へ伝播し（共）となる。以下ラッパの音解も同じか。①（起床）オキロオキロミナオキロ　オキントハンチョサンニシカラレル②（突撃）ケサネコガオレノチンポカジッタ③（消灯）トットトカカネテプスショー（つづく）、シンペサンハツライヨネ　マタネテナクノカヨ。略した方がいいのも

ラッパソツ
昔の修身（キグチコヘイ）。敵艦見ゆは隣村、本宿。本人昭和四十年代まで存命

ラッパフキ
戦中小学校校庭、行進などに五、六人務める。①ソッパになる②（？）猫背になる（発破師の子I君）

……ラロー（男）　オラロー、ミトラロー。敬語

ランゴク、ランゴカネエ
乱極。正視に耐えず。乱雑。①チラカイトル②ワヤ（物）

リ

……リイ
タリイ、ドズリイ、ワリイ、ケンダリイ。ルイ↓リイ

リガイイ
利回りがいい。「利がいいと臼挽きの日に局の人」定額貯金最高に乗らず

リキサ（男）
（他所）力仕事に登場。タイリキオサト（女）。リキ＝力。な

お、しゃかりきと言うが釈迦には力が似合わない、となると「しゃか」は何なんでしょか

リコウダ　その方が利口だ。勘考の判定

リコウナ　（ニンゲンガ――）

リソウガタカイ(女)　まあ一寸下げや貰い手が山程。高望み

リッコウショウノハゲアタマ　祖母の時代、オジャミ。李鴻章は日清戦争（明治二十七～二十八年）の相手、中国のドン。歌は投げ節（品川弥次郎＝のち大臣、東上、トンヤレナ）系。古い

リッパ　顔立ち。［対］ミグルシイ。身なりにも

リヤカーイッパイ　①都落ち。豊橋へ来て薩摩芋②元経理課の税理士言、伝票の山

リョウシマチ　漁村

リョウテコ　両方から挺子を働かす。効率良い成就に言う

リョウテヲアゲテ　諸手を挙げてを誤る。通じますが

リョウテンビン　二つの道

リョウホウト　両方とも

リョウモライ　家を存続するため夫婦を養子（モライアワセ）

……リン　アガリン、ミトリン、セリン、ヨウオミリン＝命令形。［類］泳ギン、脱ギン（ギン）、脱イジャイン（イン）

リンリキ　人力車。国道筋で免許複数（明治）。ただし営業したか（車夫）、車両購入（貸付用）のためか不詳

ル

ルイガナイ　先例無し

……ルウ、ルン　どうするウ、どうするン（女）。男も用う

ルーズベルト(子)　戦争末期、「ルーズベルトのベルトが切れて、チャーチル散る散る花が散る」。ラジオ初戦「出て来いニミッツ、マッカーサー……」

……ルエ(男)　どうするエ＝打診

……ルワ　そうするワ、そう（セラア）、知っとるワ（知ットラ）。同意、決断の表明。ワで終るが男も用う

レ

レッ
植栽した苗や株の一線。――が歪む、穴が空く（抜ける）

……レル、……レン
ラレルとレル。ラ抜き云々は方言では別世界。イケレル、イケレン、イケレンクナル、タベレル……

レンチャン　連続。麻雀のでなく、パチンコ（連発）由来か

ロ

ロウジ、ロウジンボ
茸の一。苦いので藁を通し日に干す。茸の中で食味これが一番かも。他所で違うのが出てがっかり

ロウビ（子）　手持ち花火。チカチカより炎が大きいが短命

……ロー（男）
語尾ラ行。居る、見る→ラロー。行く→イカロー。敬語

ロールビキ
臼挽き。共同を持ち回りの時代は苗代の苗だったから稲刈が遅く、概ね明治節（文化の日）で終了（トウスビキ）

ロクズッポ　碌々。（共）ろくすっぽ

ロジ
「此呂地一枚無クスル者ハ金弐円申受」ちゃんとあります。
上田軒分工場殿

ロップ　ロープ

ロッポンノカシノキ
気分屋（気難しい）。これはマイナーかも。ただし内山順『五本の樫の木』（昭和三十七年）という偶然

ロレ　呂律（ロレツ）。ロレが回らん

ワ

ワ！　しゃっくりを止めて呉れと頼まれて

ワア〱ユウ、ワアック〱
周章の様子、見とる方が堪らん

ワカイデ（男）　水などの粗相に言う。ワカイデコボス

ワカクトッテ　若くて居って（若いのに）

ワガシャ　我が（会）社→何かやる自分の意

ワガスレタ　荷車時代「忘れた」をこう言った

ワカッタヨウナ……　――ワカランヨウナコトヲイッテ

ワガマワル（マワットル）（子）　自転車の子をハッとさせる

ワカヤヘン　分からない。……ヘンは当地の特徴

ワカラン

①コトの理解ができない、これが真正のワカラン②コトの理解ができているのにイセテ、ヘンなことを言う（ワカラン人）

ワカランコト

お祖父さんが何か——を言っとラローゼ。敬遠気味

ワカランモンダナア　百まで生きると思ったニ

ワカランヤツダナア　いくら言っても効き目無し

ワカリガワリイ　（右に同じ）

ワク　①蛆が——②クソゴが——

ワクワク〱（幼）

お祖母さんとアカとどっちが遊んどるだか

ワケハナイノン

早く片付いて。羨望？ 言葉通りに受けること

ワケブチ　分け前

ワケブン　分家（シンヤ）がもらう財産。シンヤブン

ワケヤマ

分け山。明治政府になりお墨付は反古。地租を払うか没収（官有）か。登記面積で地租の公平をとり分配

ワザトヤルダモンデ（子）　シットッテ

ワサワサ　腋毛豊穣

ワシ、ワシャガ、ワシントコ

儂、儂一家。ワシントウ（儂等＝複数）

……ワシタ　行ッチャワシタ。死ンジャワシタ。敬語

ワシニイワセルト　一言申そうなら

ワズカナコトデ　些細な原因で

ワスレチャアシマウ　忘れて許り。チャア＝ては

ワスレモセン　あの事件。ヨウワスレレン

ワスレレン　忘れられぬ（ラ抜き）

ワスレンウチニ　先に渡しとかあ

ワタシ　①請負（[対]ヒヨトリ）②私（女）

ワタシャモチャツクモチャツカン

①私ゃ餅は搗くケン、もちゃつくことなンセーヘン②私ゃもちゃついてパッカで餅なン搗きゃヘン

ワタス、ワタサン

家の実権。嫁ゴを貰って子ができて、ベツヤに居る身が主家（オモヤ）を明渡せと（サイフを——）

ワタボコリ（共）

戦中、硝子に英国旗状に紙を貼るお達し（爆風）。ガラ紡（水車）のKさん、綿埃を指で寄せて間に合わす。ガチャマン、バタンコ、マスク着用

ワタワタ　本来の強度無し。綿状
ワチャダナア
ワヤと無茶との混合か。N先生（豊橋）多用。現職の時は気が付かなかった
ワッカリシトル
こう言われたら嬉しい。［対］トショークッタナア
ワッパ　輪。九州でワッカ
ワナ（共）
①チカラグサを結び足を引っ掛ける。ステーン②山兎のワナ。針金のスッコキ、低い山吹の軸の垣根、入口に白菜。③猪用のトラバサミ、藷蔓で隠した落とし穴（コンボウ二匹ヤシキで分配、行列、美味）
ワマワシ（子）
太い針金にぢゃら〳〵音がする環が二、三個付いた専用から、自転車のリムへ。昔はタガ（竹→金たが）マワシ。結構弾力がありバウンドした（未舗装往還）
ワヤ　収集不能（東三河）
ワヤク、ワヤクボウズ（子）　ワヤの状態を作り出す。腕白
ワラウトダメヨ（子）　――オップップ。にらめっこ
ワラエチャウ
↔オコレチャウ、ナケチャウ。ワラワスモンデ。チャウ＝て、しまう（自然発生的）
ワラシャンネ（子）　笑わすな
ワラノット
イドヤの隅。塩がぎっしり。歯を磨くのでどぶの近く。傍に葉蘭、雪の下、井戸。菊の霜除けもこれ。種籾を川や溝に漬けるのはミシロのつと
ワラヤネ　藁葺
ワラワスモンデ　噴いちゃう
ワラワンデモイイジャン
例、人生の指針、松岡修造の著書との答に複数失笑。例、小学校、ド近眼の子の眼鏡（一人だけ）をみんなで囃す。この子は生涯眼鏡も交友も絶った。今に続く「いじめ」の源流
ワラヲスグル　藁の加工の準備。加工の前、袴を取る作業
ワリイ　申し訳ない。謝まっとるジャン
ワリイケン　ケン＝けど。頼みごと
ワリイコタイワン　騙されたトモってやってミリン
ワリイコトスルナア
意表を突いて悪戯。呆れて物が申せん
ワリント　其の割に。ワリト
ワルイノン　こんなんして貰って、いつもワルイヤア
ワルカッタネエ　①慰め②居直る

ワルカッタノノン　①詫びる②お気の毒様

ワルキ
ワリキとも。積んで何坪、たがをはめて叩き込んで一束《いっそく》、一《いち》杷《わ》

ワルナル
（名古屋）。当地では、ワロウナル

ワルモン
わしが一人——にナットヤいいダ

ワレヤサキヒトヤサキ　浄土真宗の御文

ワロコク　悪口を言う。間接が多い。悪く（ワロウ）言う

……ワン（女）
イケンワン。カナワンワン。ンを付けて優しく

ワンチュエ
犬。オスワリ。オッ手。サンペンマワッテ——。なかなか食べさせて貰えぬ

ワンバン
地面一触。まり。一触無し＝（ソク）。掌でキッテ逆回転の技。テニス、天下落とし。順番の行列

ン

ン
ノに代わる場合＝デキモン、イイモン。その他代用あとがきにあり。東三河は鼻にかかる（トンヨハシ）ので、多彩である

ン？　①何か言ったか？②はてな

……ンカッタ　知ランカッタ＝知らなくあった。クア↓カ

……ンクナル　イケンク、イケレンク、ハシレンク

……ンジャッタ
イカンジャッタ＝行かずに終わった。ヤレンジャッタ＝日が暮れて

……ンダル、……ンドル
ヤランダル（やらんである）シランドル（知らんでいる）

……ンデモイイジャン
オコランデモ、ナカンデモ、ワラワンデモ——

……ント
ハヨセント、肥えをヤラント、……リン、ラッセと同意。急ガント＝急ギン、急ガッセ、急ガマイ

ンナバカナ　ドウカ腑に落ちない。そんなばかな

……ンナラン
ヤランナラン、センナラン。しなくてはならない

ンート　次の文句が出て来ない。ウーント

あとがき

方言は、地域の風土、人情と切り放せない。生活暮らしぶりが、語感、音韻の好みを生み、方言を醸成する。

以下、辞典の語句を、ここの言葉の特徴を探るためにまとめてみる。

①母音を引っ張る（拗音）

シージュウ、シーズカニ、ジーット、シーナビル、ソート、タマーニ、ターント、バカバーカイッテ、ヒール（蛭）、モール（漏る）、ヨーナベ、ヨーマ

当地は、拗音を好む。話し言葉だから、音韻、韻律を整えるため、また柔らかさを出すために拗音が使われる。

②一音に母音、撥音、促音を充てる

共通語と比較、共通語の中の一音が、方言では母音になっているものがある。

アオオナル、アスビイイク、アナアアケル、ウソオコケ、オソオナル、サタアセル、セワアスル、ナンギイシテ、ミイイク、メシイクッテ、ラクウセル

アオオナルは、共通語の青くのクがオになっている。母音だから、①の拗音を採るのに似るが、同じではない。アスビイはアスビーと聞こえるが、①（拗音）は、ただ平板に伸ばすのに対し、アスビイのイは、直前の音と区別される一音と思う。会話の抑揚（アクセント）によって、そのことが解る。拗音などを好むことが関係はしているが。

ア行（母音）の他に、ッ（促音）、ン（撥音）を充てる。これも音韻の選好が関係していると考える。

クンナラ、サンダス、ドッカ、トングワ、ボングイ

他に、アヤ（ア）（＝あれば）、コヤ（ア）（＝これは）も音韻の好みから使われることになったと思う。

③一音（拗音、促音、撥音）を加える

拗音は前述（①）。共通語と比較してみると、一音多いものがある。

アッツイ、アンマリ、オンナジ、ケッチイ、ケッタオス、コッスイ、サッキン、ジョウブンナ、ダンレモ、チンギル、ツンバナ、ホウカル、マンマ、マンダ、ワリント

一音加えるのは、三音を四音、二音を三音にするわけで、韻律の好みが関係する。

右のホウカルは、抛るという言葉にカ一音加えたとも見えるが、方言のホカルにウ一音を加えた（つまり前音を伸ばす①の部類）と考える。

西加茂のインネはイネから来ているかも知れない。少しの意味のチイトは、古いチトに由来するのでは。

なお、右①から③まで、共通語と比較しているが、共通語の一音を変えることによって方言が創られたというつもりではない。念のため。

④動詞中のシに代えてイを用いる

アマイチャウ、ウゴカイタ、オトイタ、カヤイタ、コボイタ、サ（挿・刺）イタ、スマイタ、ダ（出）イタ、ナガイタ、ネカイタ、ハナ（話）イタ、ホッポカイテ、マワイタ、モヤイタ、ユルイタ、ワカイタ

これも母音好みの証であるが、このイの使い方の歴史は随分古いのではなかろうか。

⑤ンについて

ンは、否定アカンのほか、左のようにナ行全音に換わる。

（ナ）イキン、イソギン、セリン
（ニ）ドゲンカ、ラクンナル
（ヌ）イカンドル、オモワン
（ネ）イクゾン、ドウダン
（ノ）ウチンナカ、ココントコ
……カンドル、レンクナルという特徴的な表現がある。これは、カンとドル、レンとクナルの結合であって、ンはヌである。

末尾をンで終わると、柔らかい感じを残す。……カン、ゾン、ダン、ノン、レン。命令のキン、ギン、リンも、上にオを冠せると柔らかになる。……ワンは（女）用、カン↓カエ、ダン↓ダエ、ノン↓ノーエンをエに変えると（男）用である。

⑥短縮
話し言葉には簡略、短縮が行われる。
（1）会話の切りに用いる語群として、
……してしまう↓チャウ、でしまう↓ジャウ、という↓チュウ、じゃない（か）↓ジャン、であろう↓ズラ、ダラ
ズラはずろう、原型はずる、これは相当古い。
（2）連音
である↓タル、である↓ダル、↓でおる↓ドル、ておく↓トク、こたえられん↓コテラレン、どだいこうだい↓ドデコデ
マットットクレンは、待っていて下さい（オクレン）。テオ↓トの短縮（連音）が二カ所行われ、オクレンの

オが隠れた消失した。
（３）一音を省く
て行く↓テク、こやいかん↓コヤカン、と思う↓トモウ
この他、これは↓コヤ、すれば↓セヤア、せよ↓ショー、しょう↓セエ。

⑦強調・誇張
（１）頭にド（ドゴスイ、ドズルイ）を付けるものもあるが、東三河の（ドオオキイ、ドヘンナ）程ではない。
（２）クル、コクル、タクル
オコリタクル、ケタクル、コネクル、サバクル、シャベクル、シャレコクル、ヌルクル、ハネクル、ヒネクル
動作、事象の強調表現のためにｋ・ｒの音を使うようである。
タクルはたける、ではないか（例アタケル・本文参照）。
（３）カス、カラカス
アラカス、アングラカス、オドカス、ケッカラカス、コガラカス、コロバカス、モヤカス、ヤリカラカス
オドカスは驚かすで、嚇すに非ず。カスは、自発の行為であることを強調するため、末尾のスの前にカを挟むヒックラカス、デングラカスはどうか。ひっくり返すの、返すの部分がない。これは返すがカスになっているのではなくて、カスはアラカスと同様、強調で加えたカであろう。

⑧敬語
オイデル、オラシタ、オラッセル、オラロー。オイキル、イカシタ、イカッセル、イカロー。オセリル、オトサシタ、セラシタ、オタノモウシマス、オシニタ、シナシタ、シンジャワシタ。オセリル、セラシタ、ヤラッセル

なお、オイキル、オシニタ、オセリルは主に（女）。……ラシタは、佐賀にもあるらしい（ＮＨＫテレビ）。

⑨合成的な語

名詞の横着にイを付けて、オウチャクイなど。

イロム、キュウクツイ、ケッコイ、コツボイ、コンキイ、コンキト、ジャマッタイ、ズルモッテ、ソソイ、ヅツナイ、ナマシイ、ハシカイ、ヘンゲル、メンドッコイ、ヤケズル、ヨロゲル、ワッカリシトル

⑩京の言葉・古語の伝播（仮説）

（１）……ヘンについて

アヤヘン、オヤヘン、セヤアヘン、ミヤヘン、ヤヤアヘン、ヤレエヘン

三河弁を「ジャン、ダラ、リン」と形容するが、これを「東」とすれば、当地の……ヘンは「西」のものであろう。

東（渥美）で…セン（アヤセン）、西でアリセン、助動詞センは動詞センと同じ。…ヘンは助動詞のみ、…センと同じくもっぱら打ち消しに使う。ヘンの語感は、否定としては弱い。柔らかいのを好むからといって、出自がない言葉を使うわけはない。私は京都のオヘン、その末裔がヘンではないかと推量する（旧蹟「鎌倉街道」山ツナ驛の存在）。オヘンの文法的な活用がすべて否定的であるところから、ヘンが助動詞となって伝播したと考えるからである。

（２）ダラア

である→だろう、これを縦の変化（オ列）として、別に横の変化（ア列）である→だらあがある。発生の前後は分からない（京のあらあず、やらあず）。横の変化の例はもっと→マット、もう→マアなどがある。さて、イカア、カエラア、ヤラア、ヨカラアなど横の変化群に…ズンを付けることがある。「するとしよう」の意である。

このラアズこそ原形である。
ダラアは語感が今一つ。弛緩、ぶら下がるを連想し締まりがない。昨今は、東京で、遠州や三河の代名詞のごとくに扱われるので敬遠する様だが、元を正せば京の正当の伝来では。
（3）ズラ
原形＝ずる。縦の変化、ずろうに対する横の変化、ずらあの由来と考える。ダラアと共に古い言葉の筈が、田舎弁の代表みたいになって敬遠されている。
（4）イジャ
京《みやこ》の臈たけた女性《にょしょう》の物言いそのままだと思うが、当地では男ことば。同じ意味のイカマイ（これも特徴的）の方は、誘い促す（いざなう＝命令）で、京のいじゃと同じであるが、イジャは、行くぞ、それも強要の語調であるため、使われなくなった。もっともイジャと言われてオウとかヨシと返す雰囲気が薄れたせいかと思うといささか淋しい。

あとがきが長くなりました。この辞典の舞台である岡崎市山綱のことば（敬遠されるダラア、ズラ）にも、立派な由来あり（仮説）と力が入ったようです。方言の格は、礼と思いやり（ハート）にあると心して、これからも使い続けるつもりです。

最後に、辞典の前身となった連載の活字化について判読の労苦をいただいた民友新聞・故池田俊孝氏、前著の出版に声援とご指導をいただいた風媒社・故稲垣喜代志兄、実際の編集に当られた同社劉永昇氏に厚く御礼申し上げます。また今回の大幅改訂には風媒社、新家淑鎌氏に苦労をいただきました。

著者

[著者略歴]
髙橋 昌也（たかはし・まさや）
1935（昭和10）年１月１日生まれ。
大阪府（和泉ほか）に５年を過した後、故郷である愛知県岡崎市山綱町（旧額田郡山中村）に戻り25年を過ごす。
その後、豊田市山之手に15年居住し、岡崎市梅園町に移住。
最後は本籍地（山綱町）に定住したが、その間に大切な母を失い、妻と三女も失った。

※本書は『三河ふるさと辞典』（2001年、風媒社）に増補改訂した新版です。

わたしの三河ふるさと辞典　岡崎・山綱ことば

2024年2月25日　第1刷発行　（定価はカバーに表示してあります）

著　者　　髙橋　昌也

発行者　　山口　章

発行所　名古屋市中区大須 1-16-29
電話 052-218-7808　FAX052-218-7709
http://www.fubaisha.com/
風媒社《ふうばいしゃ》

＊印刷・製本／モリモト印刷

ISBN978-4-8331-5451-2